コロナ禍の
中小企業と
法変化

金子 由芳【編】

揺れ動く日本・アジアの
公助と契約文化

SMEs and changing law
under COVID-19 pandemic

神戸大学出版会

目次 CONTENTS

第**4**章 コロナ禍における「**法的地域セーフティネット**」の形成に向けて

「民事裁判のICT化」と弁護士・地域金融機関の役割を中心に ……… 川嶋 四郎 94

第**5**章 コロナ禍における**紛争解決手続等のIT化**と

更なる発展への期待 ……………………………… 豊島 ひろ江 122

本書の目的と方法

金子 由芳

リスクの社会的再分配 − 災害法学の課題

　新型コロナウィルスは、2020年の年明け間もなくから世界各地で人々の行動に自粛を強い、ほどなくして国家行政による感染症対策としてロックダウンや緊急事態宣言などの公法的な行動規制が開始した。そのような行動の自粛・規制は本書執筆時点まで2年にわたって断続的に続き、経済的側面では消費・生産活動の減退をもたらし、中小企業をはじめとする経済主体への影響は甚大なものとなっている。この間、日本のGDP（国民総生産）は第一次の緊急事態宣言中（2020年4〜6月）に前年同期比マイナス28.6％を記録し、2020年度通年でも前年度比マイナス4.6％を喫した。

　感染症のまん延が続くかぎり、経済的影響を理由に、行動規制を止めるわけには行かない。日本国憲法（22条1項）のもとでは、「営業の自由」は、国民の生命・健康に対する危険の防止などの「公共の福祉」に服するとされており、感染症抑制はその典型的な局面である。しかし、感染症対策に伴う負の影響が均等に負担されず、声なき主体に転嫁され偏りを生じているとすれば、正義に反し、リスク負担の社会的な是正が問題となる。

　災害リスクの分配は災害社会学で盛んに論じられてきたテーマだが[1]、とくに感染症においては社会全体が被災地と化し、各社会が平時から抱える分配の歪みが全面的に顕在化する局面であると考えられる。災害リスクは通常、自然的要因（hazard）と、これに立ち向かう社会的対応力の強弱を意味する脆弱性（vulnerability）／強靭性（resilience）との兼ね合いで説明されるが、感染症では、自然的要因じたいが人間行動を介するものであり、また社会的対応力では自然災害時におけるような瞬発力や迅速性より以上に持久力や自制力が求

1）　Beck（1992）参照。

められるため、そのリスクは人間行動を既定するそれぞれの社会の制度的要因
や文化的・社会的な基層的要因に大いに左右されると考えられる[2]。それだけ
に、感染症は、法と正義の乖離に注目する「災害法学」にとって、リスクの社
会的分配をめぐる構造的な制度課題に気づきを持ち、是正に取り組むべき機会
となる。

　ではそのようなリスク再分配とは、誰が、何を、どのように行うのか。おそ
らく現在、各国・社会でそれぞれ、社会的対応力の脆弱性として立ち現れた制
度的・文化的要因に働きかける多様な取り組みが続けられているだろう。本書
はとくに、平常時の硬直化した法制度に対して変容を迫る、コロナ禍の法慣
行・法文化的要因に注目し、日本を含むアジア各地の現象の観察と比較検証か
ら、ポスト・コロナのリスク再分配について論点を探り当てていきたい。

　その一つの場面は、国家が主体となる公法的な調整であり、損失補償や補助
金支給などを通じてリスク負担の再分配を行う介入主義的な対応が考えられる。
国家の役割は、各国の憲法体制や政策志向により多様であると考えられ、表1
に大まかに整理した。ドイツやフランスなど欧州諸国はコロナ対策の初動から
ロックダウンなどの厳しい行動規制を敷いたので、損失補償ないし協力金とし
ての国家の義務的な支給も手厚いが、加えて福祉国家的な政策傾向から裁量的
な提供にも前向きである。これに対して、日本のように法的義務を伴わない自
粛型行動規制を採用した諸国や、スウェーデンのように行動制限を行わず集団
免疫をめざした非介入型では、国家による損失補償や協力金の議論は回避され、
平時の社会保障制度に若干の支援措置を積み増す対応が中心と見られる。とく
に日本の感染症対策は、国民の生命・健康に対する危険の防止など「公共の福祉」
のためにするいわゆる消極的な警察規制（憲法29条2項）であるとして、公
用収用（憲法29条3項）とは異なり、たとえ休業要請等によって私的財産権
に対する負担を生じても損失補償を要しないと解されてきた[3]。ただ消極的警
察規制においても限度があり、判例法では「比例原則」の要請として目的適合

2）　人口当たり死者数等にみる感染症抑止成果は世界各地でばらつきを見せ、その背景要因を
　　めぐる議論が開始している。たとえばEUをスポンサーとする共同研究HERoS Consortium
　　（2020）等。
3）　小山剛（2020）p.146参照。

性、必要性、目的と手段の均衡性を要請しているので[4]、感染症対策で特定の業種に犠牲を強いるような局面では、社会的負担の偏頗を是正する協力金等の支給が正当化される。他方で、このような比例原則の文脈とは別に、コロナ禍の影響を緩和する「公助」の文脈があるが、プログラム規定である憲法25条（生存権）に基づく行政裁量に依存する。新自由主義的な「小さな政府」のもとでは公助は限定され、福祉国家的な「大きな政府」のもとでは裁量はより手厚くなるだろう。このように、国家によるリスク再分配は、各国の憲法体制や政策志向を反映して多様であり、詳しい分類を行うためには、緊急事態宣言の発動のタイミングや法的効果、行動規制の強弱や継続期間、損失補償や補助金の有無、平時の社会保障制度などの相違に立ち入って類型化が必要であろう[5]。

　また他方で、企業や金融機関など市場内アクターによる、契約再交渉を通じた私法上のリスク再分配の場面が考えられる。とくに感染症対策において要請主義・自粛型の行動規制が採用された日本では、国家による損失補償が義務的でないため、公法的なリスク再分配は限定的であると考えられるため、むしろ市場内のアクター相互の私法的調整により多くの期待が向かう（表1の右欄）。本書は、中小企業を中心軸とする契約関係に注目することにより、そうした市場内のリスク負担の相互調整のあり方に関心を向けていきたい。本書第1部では、日本の論者が、取引先企業・労働者・金融機関・賃貸借関係などのステークホルダーとのあいだで、コロナ禍での契約再交渉がどのように動き、またそこで弁護士などの法曹がどのような役割に任じているかについて、実証に即した論点を提示する。またさらに、そうしたコロナ禍の契約関係の変化の基盤として、契約履行の制度インフラもまた変革を迫られているとの視点に立ち、特定調停などを活用した準則型私的整理や民事訴訟のIT化など、社会的セーフティネットとしての紛争解決制度の変化に注目する。

　平時の論理で形式合理的に構築された資本主義法が、危機に臨んでどのような方向へ変化していくのか。平時に封印されていた法解釈ドグマが危機に臨んで蛇腹を開き顕現しているのか、あるいは紛争当事者間の相互理解と合意形成

4）　最高裁判決平成14年2月13日、民集56巻2号331頁。
5）　主要諸国の感染症対策の制度比較の試みとして、Ginsburg（2022）がある。

を通じて、実定法を塗り替える新たな法規範の立ち上げが起こりつつあるのだ
ろうか。本書は企業・金融機関・法曹などへの聴取りを中心とする実証的アプ
ローチを通じ、コロナ禍の私法的なリスク再分配の実像に迫りたい。

表1：コロナ禍での政府対応と市場的対応—感染症対策と経済対策の類型化

感染症対策 ＼ 経済対策		国家的対応（公法）政府の補償・補助	市場内対応（私法）契約再交渉・紛争処理
国家介入型（Zero コロナ）		補償・補助（大）	期待（小）
自粛要請型（With コロナ）	IT 活用	補償・補助（小）	期待（小）
	IT 不活用	補償・補助（小）	期待（大）
集団免疫型		不要	不要

（筆者による整理）

資本主義法の変化

　コロナ禍は、私法秩序に変化を迫る契機ともなっている。日本では明治近代
化以来、不平等条約改正の外圧のもとで「継受」された西洋資本主義法制は、
富国強兵を旗印に、国を挙げての開発主義の道具立てであった。民法典はその
根本法規で、物権と債権を泰然と区別して所有権を絶大なものとし、所有権の
利用としての契約は意思主義によって発効も解消も容易であり、ただし所有権
の売買は「取引の安全」を重んじる外観主義の形式要件によって保護されるな
ど、全編を通じて資本主義経済の促進に仕向けられた法的道具主義に貫かれて
いる。しかしそのような資本主義法制の実施過程では、階層分化が否応なく進
み、二度の世界大戦や世界恐慌以降の経済変動リスクは最も脆弱な階層に転嫁
され、小作紛争や労働紛争が噴出した。そうした社会変動の時代、日本の法学は、
実定法の自己批判を開始し、社会運動から立ち上がる新たな規範が、裁判・調
停などの紛争解決の場を通じて法典解釈を揺り動かしていく過程を探究するよ
うになった。関東大震災から昭和恐慌の経済変動の時代に産声を上げた末弘厳
太郎の法社会学はその先駆けであった。所有権売買に対抗する弱者の借地・借

家法、小作調停、労働調停、戦後の農地改革と農地法、国家収用法や土地区画整理法などの公的な開発圧力に抗う小所有権、公害被害者の差止め請求、解雇制限法理、非正規雇用の社会的保障…。法学が論じてきたテーマの系譜は、資本主義実定法が奉仕する開発原理に疑問を呈し、その修正に論拠を与えようと苦心を重ねた先学の足跡を記している。

　バブル崩壊から東日本大震災を経た現在、明治以来の日本の追い求めてきた資本主義的発展が天井に達し、新型コロナ禍はそこにとどめを刺したかのようである。右肩上がりの成長過程では富裕層からのトリクルダウン（滴り落ち）の恩恵で凌ぐことのできた層も、いまや明日の生活をつなぐことに疲弊している。国家はなお、インフラ偏重型の財政投入に依存する百年来の経済開発モデルを墨守しているが、もはや右肩上がりの成長を再現することはできない。ただ無為に膨大な財政赤字を累積し、国債残高は GDP 比 250％の世界最悪水準を常態化させている。

　国家が持続可能な社会経済のあり方へ向けた梶を取りあぐねる間、コロナ禍の社会的リスクの再分配機能を、市場サイドが否応なく引き受けざるを得ない。古い資本主義を脱ぎ捨てていく、私法の法変化が起こりつつある可能性である。かつて末弘厳太郎が関東大震災後の上野公園に法律相談所を設け、現実から立ち上がる規範を読み解こうと務め、つづく時代に民法典修正型の一連の特別法の登場を導いたように、コロナ禍を生きる現代の私たちもまた市場内アクターの行動観察を通じて、次なる段階の法制度への何らかのヒントを読み取っていけるかもしれない。

変遷するアジアの開発主義

　西洋資本主義法を「継受」し、その修正に苦心を重ねてきたのは、日本ばかりではない。じつは明治日本が法典整備を本格化させたはるかに以前から、多くのアジア諸国では植民地法制としての資本主義法を受け入れていた。それらは各地の社会との軋轢と試行錯誤を通じて、最も合理的な資源搾取の道具立てとして洗練されてゆき、宗主国本国にむしろ逆輸入されて、西洋資本主義法制の完成を促していったとも考えられる[6]。

　しかし多くのアジア諸国は、植民地独立後にその西洋資本主義法制のくびき
から意識的に逃れようとした経済的自立の文脈をも有している。末弘法学以降
の日本で探究され始めた資本主義法の修正は、アジア諸国ではいち早く取り組
まれていたテーマであったとも言える。日本植民地からの離脱以来、日本法が
踏み切れない先進的改革を先取りし続けている韓国や台湾。オランダ由来のナ
ポレオン民法典を、時間をかけて分解解体し続けてきたインドネシア。スペイ
ン由来の民法典を、米国法を参考に書き換えたフィリピン。旧宗主国英国法の
動向を睨みながら独自の法整備を歩むインド、シンガポール、マレーシア。ま
たベトナム、ラオス、カンボジア、ミャンマーなどアセアン後発諸国法には、
社会主義法の改革の発想が随所に織り込まれている。

　1997年のアジア通貨危機を一つの契機として、アジア諸国は、世界銀行や
国際通貨基金（IMF）による救済融資の付帯条件（コンディショナリティ）と
して、広範な構造改革を迫られ、その一環で、会社法・倒産法・担保法・土地
法などの主要な経済関連法制における立法改革を促された。その際に提供され
たモデル法は、主に米国のデラウェア州法や統一商法典などの効率至上主義的
な資本主義法制であり、その構造はかつて第二次世界大戦後に克服を試みた植
民地法の設計と類似している[7]。

　新型コロナ禍のアジア諸国は、アジア通貨危機後の構造改革で導入された法
制度の検証場面に出会っているといえるだろう。搾取的な法の論理に従って、
コロナ禍で淡々と経済的弱者の淘汰が進むのであろうか。あるいは、植民地独
立時代のように、リスク再分配型の独自法の模索に再び立ち上がる機会となる
のだろうか。

6）　金子（2019）参照。
7）　アジア通貨危機後の倒産法制改革の帰趨について、Kaneko（2022）参照。

コロナ禍の中小企業セクター

　アジア各地の中小企業セクターは、コロナ禍の経済的リスクを最終的に転嫁
されかねない立ち位置にある。加工貿易国・日本の輸出付加価値を生み出す源
泉は製造業を中心とする中小企業のサプライチェーンであるが、その産業連関
は、川上では輸入商社による価格変動リスクの転嫁を受け、川下は最終的に消
費者市場における大企業ブランドにつながり、交渉力の不均衡から消費者需要
の変動リスクのしわ寄せを受けやすい。そのため平常時から利益率は薄く、ま
た負債比率が高い体質であるなか、コロナ禍では川上における輸入材のひっ迫、
川下では消費者市場の需要変化により、サプライチェーンの中間に位置づけら
れた中小企業は双方向からの経済的リスクを転嫁され、容易に資金繰り危機に
陥りやすいと考えられる。このほか、土地・建物の賃貸借関係、労働者の雇用、
金融機関に対する元利支払いなどが、固定費となって中小企業の存立基盤を圧
迫している。こうした危機的状況において、平時の契約内容がそのまま硬直的
に維持されるならばまさに八方塞がりであり、コロナ禍の危機に臨んで、自主
的な契約再交渉、また紛争処理を通じた契約修正の必要性が高いと考えられる。
　コロナ禍ではたして、中小企業を取り巻く複雑な契約関係において、現実に、
そうした契約修正が動いているのだろうか。直接の当事者間の主体的な契約再
交渉が難しい局面では、はたして法や市場慣行が、危機における契約修正を促
す動因となっているのだろうか。
　また政府の施策は、そうした市場内の契約修正を促進ないし補完しているの
だろうか。むしろ健全な契約再交渉に逆行する政策誘導が懸念されるのではな
いか。日本の中小企業庁の近年の『中小企業白書』では、中小企業の低い労働
生産性が日本経済全体の成長の足かせであるとの論調が見られ、スポンサー
による吸収合併（M&A）を通じた淘汰を推奨する論調が見出される[8]。学界
にはコロナ禍をそのような淘汰の好機であるとする議論も行われている[9]。ア
ジア諸国に対しても、アジア開発銀行研究所（ADBI）などのエコノミスト

8）　たとえば中小企業庁（2020）。
9）　小林・寺澤（2020）等。

が、コロナ禍の選別的補助金や倒産法の活用を通じた中小企業の淘汰促進型の政策介入を推奨している[10]。しかし、川上川下のサプライチェーンに構造的に搾取され低い利益率を余儀なくされながらも、ものづくりの喜びを収益性に優位する価値的動機として、長期持続的な経営を存続し、雇用を維持し、経済の屋台骨を支え続けてきた中小企業セクターに対して、単に労働生産性（従業員あたり付加価値額）の低さを論拠とする淘汰論は的外れである。高い技術力や優良な取引関係などのバランスシートに上らない「のれん」を有する成長企業が、収益率の薄さのみを理由に解散や売却を政策誘導されていくのであれば、日本経済は立ち行かない。自由主義社会における政府の市場介入は、中小企業淘汰を推し進める選別的補助金や倒産法改革などの誤った直接介入より以前に、まずは市場内の主体相互による契約修正を促す間接介入を通じて、サプライチェーン内部の利益分配率を見直す市場内調整を促す方向性が望まれると考えられる。本書は、そのような市場内の契約修正に資する政府の間接介入について、提言を引き出すことをも、目的の一つとしている。

アジア比較の視座

　日本の中小企業セクターが置かれたコロナ禍の状況を客観視するために、近隣アジア諸国との比較の視座は有益であると考えられる。本書の第2部ではこの目的に立ち、日本とともに中国・韓国・インドネシア・ミャンマー・ニュージーランド・フィリピン・タイ・ベトナム各地の研究協力者との連携で、同一の質問票に基づいて実施した、各国の中小企業・労働者・金融機関に対する聴き取り調査の結果に依拠しており、なかでもとくに韓国・インドネシア・フィリピン・ベトナムの共同研究者による書き下しの論考を加えた。
　日本とこれらアジア諸国の制度比較を可能にするいくつかの共通の与件がある。第一に欧米等に比べてアジア諸国におけるコロナ感染症の蔓延が比較的抑えられており、制度比較の土俵が成り立っている点である。たとえば人口十万

10）　たとえばADBIの2020年度年次大会における基調報告Sonobe（2020）やGrourinchas（2020）参照。

人当たりのコロナ感染症による死者数などのデータでみた蔓延状況は、アジア諸国間では大きな違いはなく、他方、欧米はアジアより2桁から3桁以上も多く、制度的要因以前のより根本的な要因の影響が考えられる。第二に、アジア諸国の中小企業セクターのあり方は、とくに製造業を中心に、かつて「雁行形態論」などで語られたように日本を模するサプライチェーンを形成し、構造的な類似性がある。また第三に、アジア通貨危機以降の世銀・IMFによる構造調整の影響を受けた、経済関連法制の類似性を指摘することができる。これらの基本的な類似性を基盤とすることで、コロナ禍での各国の政府介入の態様や市場内の法文化などの相違点がより一層際立つと考えられ、日本の中小企業セクターが今まさに直面する課題に有効なヒントを得られる期待がある。

本書の構成

　以上の問題関心を受けて、本書はまず第1部で、コロナ禍の日本の中小企業セクターを取り巻く状況に注目し、社会経済的リスクの再配分をめぐる契約関係の修正、それを支える法曹の役割、また社会的セーフティネットとしての紛争解決メカニズムの変化について、研究者や実務家の論考を集めている。第2部では、周辺アジア諸国のコロナ対応に目を転じ、国際比較の視点から、コロナ禍の各国政府と市場内アクター間の対応状況を明らかにしつつ、今後への示唆を引き出している。

　第1部では、はじめに第1章（金子由芳）で、コロナ禍の日本政府の感染症対策の法的枠組みと特色を整理したのち、神戸周辺の代表的な中小企業及び金融機関に対する聴取り結果を軸に、長期化する感染症対策によって影響を被る中小企業セクターの実情、またとくに中小企業の金融面を中心とする柔軟な契約修正が、雇用関係や長期的取引関係における契約関係の存続を支える傾向を明らかにし、そのうえで、政府周辺で聞かれる中小企業淘汰論や選別論の妥当性について問題提起を行っている。

　第2章（髙井章光）は、日本弁護士連合会中小企業法律支援センター副本部長として、法曹による中小企業支援を牽引してきた弁護士の立場から、コロナ禍の中小企業支援の実情を紹介する論考である。従来、法曹による企業法務は

大企業を対象に展開されてきたなか、中小企業セクターは法的支援の空白ともなってきた。コロナ禍の窮状こそ、中小企業に対する法曹の寄り添い型支援の好機と捉える健闘ぶりが、具体的な紛争解決のケース分析を通じて、描出されている。

　第3章（赤西芳文）は、元・大阪高等裁判所裁判長、元・近畿大学法科大学院教授、弁護士である筆者が、長年のライフワークとして関わってきた民事調停法に焦点を当て、コロナ禍の今後のステージにおいて必要性が高まると考えられる準則的な企業破綻処理の一選択肢として、特定調停制度の活用課題を探究している。

　第4章（川嶋四郎）は、民事訴訟法の専門研究者の立場から、コロナ禍で必要とされる社会的セーフティネットとしての紛争解決制度の新たな変化を鳥瞰している。コロナ禍は奇しくも、日本の裁判制度のIT化元年の当たり年に生起し、また民事調停法100周年に差し掛かり、新たな時代の紛争解決のあり方を展望するにふさわしい機会を与えている。

　第5章（豊島ひろ江）は、関西一円の企業法務や国際紛争解決を牽引する弁護士の立場から、保守的な日本の裁判制度がコロナ禍を契機に本格的なIT化に踏み出していること、海外渡航制限により国際紛争解決は否応なくオンライン仲裁・調停を推進中であること、弁護士業務も遠隔地のクライアントとのオンライン相談を活性化させているなど、コロナ禍が中小企業を始めとする経済的弱者にとっての司法アクセスを高める機会となりつつある実情を伝えている。

　本書第2部では、アジア諸国のコロナ対応の法的特色に、視野を広げている。はじめに第6章（金子由芳）では、神戸大学社会システムイノベーションセンターにおける国際共同研究として実施された、アジア9か国（中国・韓国・インドネシア・ミャンマー・ニュージーランド・フィリピン・タイ・ベトナム）の研究協力機関との連携による調査結果の概要をまとめている。

　第7章（金 暎根・鄭 玟政）は、高麗大学社会災難安全療養センター所長である金暎根教授らの論考であり、韓国政府のコロナ対応が、感染症対策においても経済対策においても「大きな政府」をめざし成功を遂げた制度的要因を分析している。他方、市場セクターについては、本件共同研究による聴取り調査から明らかになった知見として、中小企業金融における選別的な破綻処理など、

コロナ禍における契約文化の変化の兆しを見出している。

　第8章（ルディ＆チャイディル・アリ）は、インドネシア国立ランプーン大学「法と開発」研究所のルディ所長らによる論考であり、インドネシア政府のコロナ対応が、財政節約的判断から、緊急事態宣言のもとでもロックダウンなどの強制措置を避けたまま推移し、結果として感染まん延を長引かせ、社会経済にダメージを与えていることに責任があるとする厳しい分析結果が提示されている。

　第9章（クリストファー・ベルゼ, クリステン・デダセ＆リアンヌ・デパンテ）は、フィリピン大学レジリアンス研究所の所長である、ベルゼ博士らによる論考であり、フィリピン政府がロックダウン等の果敢な感染症対策を採用しながらも、効果は挙がらず、長引く行動規制のもとで社会経済が甚大な影響を深める現実を紹介する。コロナ禍の克服は、一国の対応能力を超えてグローバルに取り組まれるべき人類的課題であるとの提言を行っている。

　第10章（ズオン・アイン・ソン＆ヴ・キム・ハイン・デュン）は、ベトナム国立大学ホーチミン経済法科大学の法学部部長ズオン教授らによる論考である。ベトナム政府はコロナまん延開始当初に厳しい行動制限を実施し、ゼロ・コロナ政策による感染抑え込みに成功した例として、中国やタイと並び称されてきた。しかし2021年には変異株がまん延し、その抑制のためにロックダウンが長引いた結果、国民経済が疲弊し、ウィズ・コロナ政策への転換が進みつつある現状を紹介している。

　本書を通じて、執筆者は共同で、政府の感染症対策や経済対策における役割、また市場セクターにおけるリスク分配のあり方、そのための制度や支援について、よりよい回答を探り出すことを目的とした。本書は、必ずしも唯一の回答に辿り着いたわけではない。日本のように政府対応が損失補償論を避けて自粛要請に終始し、結果として、民間セクターの多大な影響を長引かせていることからすれば、中国・ベトナム等のゼロ・コロナ政策に見る果敢な強制的措置により短期決戦型で感染を制圧することが、社会経済に資するように思われる。しかしそうした政府介入主義の下では、逆に、民間セクターが粘り腰の契約再交渉を通じて生き残りを図る気運が起こらず、たとえばベトナムでは安易な契約解除や清算が相次いでいる。また政府が強制措置を採用しても、効果が上が

らないフィリピンの例もある。逆に韓国のように、自粛要請に徹しながらも政府部内の連携やITを駆使し成果を挙げたとされる例もあり、コロナ禍の政府の役割については多様な仮説が残されたままである。ただ、本書が明解に引き出したいくつかの結論もある。

　一つは、コロナ禍の困難のもとでこそ顕在化した、市場メカニズム内部に働く「共助」の論理である。コロナ禍は、個人の「自助」の範疇を越え、しかし「公助」が不足する諸国では、アジア各地で企業経営者が雇用を守り、また金融機関が体力の続くかぎり債務繰り延べに応じ、コロナ禍のリスクを分かち合い凌ぎ合う姿を見出した。その「共助」の度合いは各国の法文化・経済慣行によって強弱があるけれども、緊急事態宣言の翌日に被用者を解雇し、困窮する中小企業に嬉々として貸しはがしを掛ける銀行はどこにも見られなかった。コロナ禍を不採算中小企業の淘汰の好機として倒産法を積極活用すべしとする学者の見解について、筆者が聴き取りを行ったある金融マンは、「資本主義に反する」と一蹴した。かれら市場アクターが体現する「資本主義」とは、よきライバルに塩を送り最後まで持続的に闘い続ける、相見互いの道義である。市場の目的は利潤のみならず、倫理である。そうしたものが市場経済を動かしているという信念を、コロナ禍の市場アクターの言動のなかに見出したことは本書の成果の一つである。そのような倫理は新自由主義のとめどない跋扈に一線を画し、今後の資本主義法を導く灯火のように思われる。

　もう一点、コロナ禍の国家の役割についての理論的な整理の必要性である。政府が行政裁量で行う困窮者に対する「公助」とは別に、政府が感染症対策のために特定主体に長期にわたる特別の犠牲を強いる局面で憲法上の義務として負担せねばならない「損失補償」、また政府が感染症対策に失敗を重ねいたずらに経済的負荷を加重する失策における「国家賠償」の義務を、分類整理する必要がある。社会全体の富の偏在と矛盾を乗り越えていく社会の持続性・安定性のためにこそ、人間社会は国家という制度装置を有してきたのであり、コロナ禍はこの国家装置による「公助」を最大限に発揮してよい局面であるはずである。しかしふり返れば日本の災害公助は明治近代化の当初から、第一回帝国議会が富裕層の納税する国費を困窮者救済に当てる備荒儲蓄制度を廃止して以降、災害救助は自治体事務として責任転嫁され、戦後の災害救助法や災害対策

基本法でもその基本構造は変わっていない。コロナ禍で祝祭に沸く投資市場に
キャピタルゲイン課税すら導入しえない「小さな政府」が、今後とも国費によ
る災害公助を避け続ける道を歩むとしても、憲法が国家に要求する義務として
の「補償」や「賠償」は免れず、その追及はコロナ禍の法と正義に関わる法曹
や研究者に託されている。

参考文献

・金子由芳編（2019）『アジアの市場経済化と民事法―法体系の模索と法整備支援の課題』
　神戸大学出版会
・小山剛（2020）「自粛・補償・公表―インフォーマルな規制対応」『判例時報』2460号
・小林慶一郎・寺澤達也（2020）「コロナ危機下のバランスシート問題研究会提言―事業構
　造改革の加速による成長実現戦略」『金融法務事情』No.2147, pp.20-26
・Bech, Ulrich（1992）*Risk Society: Towards a New Modernity*, Translated by Ritter,
　Mark. London: Sage Publications; 邦訳としてベック, U.著・東廉・伊藤美登里訳（1998）
　『危険社会: 新しい近代への道』（叢書・ウニベルシタス）。
・Ginsburg,Tom（2020）"Foreword for special issue on legislatures in the time of
　Covid-19," *The Theory and Practice of Legislation*, Vol.8, pp.1-2
・Grourinchas, Oliver（2020）"COVID-19 and SME Failures," proceedings at the 2020
　Asian Development Bank Institute Annual Conference: The Impacts of the COVID-19
　Pandemic and its Policy Implications
・HERoS Consortium（2020）D1.1 Recommendations for governance and policies in the
　COVID-19 response, Vrije Universiteit Amsterdam
・Kaneko, Yuka（2022）*Insolvency Law Reforms in the Asian Emerging Economies:
　Consequences of the Donor Model Designed for Economic Crises*, Springer Kobe
　University Brief Series in Social Science
・Sonobe, Tetsushi（2020）"The Impacts of the COVID-19 Pandemic on Micro, Small, and
　Medium Enterprises in Asia and their Digitalization Responses," proceedings at the 2020
　Asian Development Bank Institute Annual Conference: The Impacts of the COVID-19
　Pandemic and its Policy Implications

コロナ禍の日本の中小企業と法変化

第1章

コロナ禍の中小企業を
取り巻く法と契約

金子 由芳

「新型コロナは、来るべき時代を一気に進めたと思っている。それは、皆がひそかに待ち望んでいたものであったかもしれない…」

これは、本書執筆に当たって筆者が訪問した神戸近郊のある中小企業にて、オーナー社長がさらりと語った一言である。時代を受けとめ、危機のさなかに守るべき価値を全力で守り抜く構えである。同時に、これを契機に、脱ぎ捨てていくべきものもある。その脱皮を支える繭のようにして、政府の公助が機能し、また取引関係において契約修正が働いていることが望まれる。

本章は、筆者の所属する神戸大学とゆかりの深い神戸周辺の代表的な中小企業7社、また地域経済を担う地域金融機関4者に対する聴取り結果に依拠し、中小企業セクターを取り巻く日本の制度状況の変化について考察する。以下1.は、公法面で政府の感染症対応の制度的な特色を確認し、2.で私法面における市場内アクターの主な契約関係に注目する。さらにコロナ禍の契約修正の実態に立ち入る目的で、3.は企業への聴取り結果を、4.は金融機関に対する聴取り結果をまとめる。5.は総括的考察である。

1．公法面：日本の感染症対策の特色

（1）目的の両義性

日本の新型コロナ感染症対策は、1998年感染症法、および国民に対する行動制限についてより詳しく規定する2013年新型インフルエンザ特別措置法（以下「新型インフル特措法」と略す）により実施されている。新型インフル特措法は、2009年に新型インフルエンザのまん延を経験した兵庫県・神戸市の検証報告を受けて制定されたが、2009年の事例は感染者が兵庫県全域で371名に留まり、2か月で収束した軽度の事例であった。軽症事例を受けて設計され

た同法が果たして、新型コロナ感染症の対策根拠として相応しい法規であるか
は議論の余地がある。以下では、新型インフル特措法の特徴について、目的規
定の両義性、行動規制の法的強制力の弱さ、また損失補償の問題に注目しつつ
整理する。

　第一に、新型インフル特措法の目的規定（1条）は、「国民の生命及び健康」
の保護と並び「国民生活及び国民経済に及ぼす影響が最小となること」を掲げ
ており、つまり感染症対策と経済的影響緩和を対等の目標として掲げる両義性
が特筆される。この背景に、同法制定に先立って公表された上記2009年の兵
庫県の対応についての報告書が、休業要請やイベント開催自粛要請は事業者の
主体性を重んじ適用範囲を狭めるべきことを提言し[1]、また神戸市の報告書で
も「神戸モデル」と称して通常の社会生活の維持を感染対策と並行する両輪の
目標として強調し、経済的損失を回復するキャンペーンや、休業要請に対する
国費による損失補償を提言していた[2]。このように両報告書とも経済的影響の
緩和を重んじ、私権制限に謙抑的であったことが、2012年新型インフル特措
法の設計に影響を与えたことが考えられる。軽度なまん延であった2009年の
事例にとっては両義的な「神戸モデル」が妥当であったとしても、新型コロナ
禍について、感染症対策と経済的配慮を同格に据える両輪の対応が果たして適
切であったのかは論点である。

（2）法的強制力の弱さ

　このような目的の両義性は、新型インフル特措法における行動規制の法的強
制力の弱さに帰結している。同法の感染症対策は、国民の行動制限と医療提供
が2つの柱から成るが、このうち行動制限は都道府県知事が主管する。国によ
る緊急事態宣言がなされる以前は、都道府県知事の権限は協力要請に留まり（24
条9項）、また国が緊急事態宣言を出して後は、知事は原則として、住民への
外出自粛等の要請（45条1項）や施設管理者等への制限停止等の要請（同2

1）『兵庫県新型インフルエンザ対策検証報告書』（兵庫県新型インフルエンザ対策検証委員会
　2009）pp.107-8参照。
2）『神戸市新型インフルエンザ対応検証報告書』（神戸市新型インフルエンザにかかる検証研究
　会2009）Ⅳ.1.や3.3（2）参照。

項）を行うが、しかし「要請」は行政指導に過ぎず法的強制力がない。施設管理者等が正当な理由なく要請に応じない場合には、知事は「特に必要があると認める場合」に限って「指示」を行いうるとし（同3項）、ここにいう「指示」とは法的強制力のある行政処分と解されている[3]。しかし同法が罰則規定を欠いていたので、実際の運用面ではこの「指示」にすら従わない事例も続出したことから、2021年2月に新型インフル特措法の改正が実施され、行動規制の強制力が多少とも強められた。一つは緊急事態宣言前に知事が実施しうる「まん延防止等重点措置」を新設し、その要請に応じない場合の行政命令を規定し（31条の4〜6）、20万円以下の行政罰を設けた（80条）。また緊急事態宣言下の行政要請に応じない施設管理者等への「指示」を「命令」の語に修正し（45条3項）、30万円以下の行政罰を設けた（79条）。また地方公共団体の実施する施策への国の財政責任を明記した（70条）。

（3）公金支出の法類型―損失補償・公助・比例原則・産業補助金・損害賠償

　しかし新型インフル特措法改正による罰則導入を経てもなお、自治体による行動規制はミニマムな時短要請を中心としており、欧米で果敢に適用されているいわゆるロックダウンにみるような外出規制や休業要請等の強力な行動制限は採用されていない。その背景に、行動規制に対する「補償」問題が影響していると考えられる。

　上記の2009年「神戸モデル」が国民の「特別の犠牲」に対する損失補償を示唆したことは、新型コロナ禍での行政対応に不当な躊躇を招いた面があったと考えられる。マスコミの論調もこぞって、感染症対策による私権制限に対してあたかも損失補償が必須であるかの見方に依拠する傾向がある。行政側はこうした「補償」の要求圧力に耐えかねて、まん延状況においても休業要請を発出せず時短要請に留め、罰則による強制を避けるなどの煮え切らない対応に終始しているおそれがある。

　法律論としては、緊急事態宣言下で行われる感染症対策としての短期間の行動規制は、憲法29条2項にいう「公共の福祉」のための警察規制の範疇と考

3）小山（2020）p.145参照。

18

えられており、「特別の犠牲」に対する損失補償を要する公用収用（憲法29条3項）には当たらないと考えられている[4]。もちろん警察規制においても、目的と手段の均衡を要求する「比例原則」が働くので、私権制限がいたずらに長期化する場合には協力金などの公的支払いが行われうる。また、負担がさらに過度な場合には「特別の犠牲」の一線に及ぶものとして公用収用と同一視される局面はありうると考えられるものの、大規模自然災害からの復興過程で数年に及ぶ私権規制が常態化してきた日本の行政慣行からすれば、「公共の福祉」のハードルは高い[5]。感染症の私権規制において損失補償論が当然のごとく流布し、財政的懸念から、まん延防止策の遅れに帰結しているとするならば本末転倒であろう。

　感染症対策において政府は「補償」の義務を負わないとすれば、では「公助」としての支給はどこまで提供されるべきか。この点、自治体毎の協力金等の支給内容の相違が問題視されているが、憲法25条の生存権保障としての見地で考えれば、プログラム規定として政府裁量に依存するなかでも、少なくとも国が一律に確保すべきナショナル・ミニマムとしての公助の公平性が論点となるだろう。これに対して、協力金等は「補償」でも「公助」でもなく、感染症対策（アメとムチ）の一環としての経済的手法（アメ）であるとする見地に立てば、憲法29条2項の「公共の福祉」論に戻り、まん延の激しい地域ほど強い行動規制を誘導する手段としてより多額の協力金（アメ）を支給する等の相違は、比例原則の範囲内で許容されるだろう。

　感染症対策としての「協力金」と、生存権の文脈で要請される「公助」とを分類整理するために、国民が被る影響の側から分類することが有用と考えられる。つまり、①緊急事態宣言やまん延防止等重点措置など政府の発令する行動規制を原因とする社会経済的影響と、②感染拡大そのものに伴う消費構造などの社会経済状況のおのずからの変化とを、分類する視点である。政府の行動規制によって生じた影響は、原則は無償で甘受される警察規制だが、比例原則として協力金が検討される。またそうした行動規制以前から続く感染の自然的影

4）前掲・小山 p.146参照。
5）金子（2014）、金子（2015）他参照。

響に対しては、生存権保障の文脈で国家がどこまでの「公助」を提供すること
が公平性に資するかの議論となる。

　コロナ禍の日本の「公助」の実際は、生活困窮者への緊急的措置については、
2020年中に家賃確保給付金[6]、公租公課の支払い猶予、社会福祉協議会の緊急
小口資金[7]、などに留まり、長期的には平時の生活保護制度に委ねるものとなっ
た。また中小零細企業向けには、補助金措置として家賃支援給付金[8]、持続化
給付金[9]、雇用調整助成金[10] などが実施されたものの、前二者は2021年1月
に打ち切られ、2021年度中は雇用調整助成金のみが延長されたが、しかし労
働人口の4割を占める非正規労働者は同制度の埒外に置かれているため、パー
ト向けの緊急雇用安定助成金制度が追加措置された。このように政府の公助は
限定的であり、基本的には公租公課の支払い猶予や、政府系金融機関による緊
急融資等の金融システムを介した間接支援が主流をなす。2020年10月就任の
菅義偉首相が就任演説で強調したように、「自助」重視の政策志向が背景をな
している。

　他方で政府は、観光業・飲食業向けに「Go To キャンペーン」などの各種補
助金を導入し、これに対しては、支援の埒外に置かれた産業などから不公平な
「補償」措置だとする批判が巻き起こった。しかしそれは「補償」でも「公助」
でもなく、感染症対策として感染リスクの高い場所への人流を効果的に抑制す
る経済的手法としての「協力金」であったと理解すれば、比例原則の範囲で許

6）収入・資産が課税基準以下に陥った世帯に3か月（9か月まで延長可）の家賃支援を行い、こ
　の間の就労準備支援等に結び付ける。
7）緊急小口資金制度は、無利子無担保ではあるが、一般世帯で10万円までと少額にとどまる。
8）家賃支援給付金は、1か月の売上高が前年同月比50％以上減などを条件に、法人事業者につき
　家賃の3分の2（上限100万円）の6か月分を上限600万円まで、個人事業者も同様の計算にて上
　限300万円までを支援。
9）持続化給付金は、中小法人を対象に、1か月の売上高が前年同月比50％以上減などを条件に、
　年間事業収入の減少分を上限200万円まで支援。
10）雇用調整助成金は、最近1か月の売上高が前年同月比5％以上減などの緩やかな条件のもとで、
　企業が労働者を解雇せず休業に留めることを促すために、労働基準法・労使協定で支払いが
　義務付けられている休業手当（賃金の6割）について、最大で全額（10分の10）を公的に補填
　する制度である。上限金額が一日あたり8,330円から15,000円に引き上げ、教育訓練を実施する
　企業にはさらに2,400円加算するなど、雇用保障の実質化のために強化運用された。

容されることになる。しかし他方で、政府は 2021 年度より、少数の優良企業を選別し数千万円規模の補助金を提供する「事業再構築補助金」を推進している[11]。限られた財政資金を選別的に割り当てる政策介入は、感染症対策の「協力金」としても、困窮者への「公助」としても説明できないものであり、産業政策からする補助金と考えられるが、憲法 29 条私的財産権保障のリベラリズムの見地から公平性が問題となる。かつての産業政策華やかなりし時代とは異なり、WTO 時代の今日には輸出補助金規制などの国際的な規制をも意識しなければならない。

（4）小括

　以上のように、新型インフル特措法を中心とする日本の公法的側面での対応は、感染症対策と経済的配慮を両輪とし、そのため、ロックダウン等の果敢な措置を取ることなく時短要請などの法的強制力なき対応に終始している。背景に「補償」の議論が関わっていると見受けられる。しかしコロナ禍の需要減退などの自然的影響と、政府の感染症対策としての行動規制の影響とを分離して考えるとき、前者に対する支援は政府裁量による「公助」の問題であり、一部の選別的な事業者への補助金制度は憲法下の公平性が問題となる。後者は「公共の福祉」のためにする警察規則で補償を要しないと考えられ、比例原則の配慮から協力金等が支払われていると整理できる。この分類からすれば、感染症対策における政府措置の法的性格は、政府裁量による「公助」か比例原則としての「協力金」のいずれかであって、原則として「損失補償」ではない。

　しかし日本政府の現実の対応は、「補償」論を警戒するあまり、拘束力ある行動規制の発動を躊躇するものとなり、結果として感染症の抑え込みに時間を要した。そのため自粛要請が、2020 年 4 月の第 1 回緊急事態宣言から第 4 回緊急事態宣言が解除された 2021 年 9 月まで約 1 年半に及び長期化することとなり、社会経済的な影響は甚大化した。中国や韓国などの近隣アジア諸国が当

11）事業再構築補助金は、直近 6 ヶ月中の任意の3か月の売上高が前年同月比10%以上減、という軽度の条件により、政府・金融機関等と連携し3〜5年で付加価値を3〜5%向上する優良中小企業を選別的に支援する補助金制度で、金額は6,000万円までと大きく、補助率3分の2である。東日本大震災後に登場した「中小企業グループ補助金」制度を彷彿とさせる。

初 2 〜 3 か月で感染症を抑え込み早期の経済回復をも果たしたこととの対比で、日本政府の対応は、新型インフル特措法が掲げた感染症対策と経済的配慮のいずれについても二兎追う者は一兎をも得ない失策に終わったおそれがある。このような政府の失敗は、「公助」や「協力金」の文脈よりも、「損害賠償」の議論を招きかねないと考えられる（表 1-1）。

表1-1：公金支出の法的性格の相違

公金支出のタイプ	法的根拠
損失補償	憲法 29 条 3 項（国家収用に対する損失補償）
公助	憲法 25 条（生存権保障）
協力金（比例原則）	憲法 29 条 2 項（警察規制の比例原則）
産業補助金	憲法 29 条 1 項（公平性）
損害賠償	憲法 17 条（公務員の過失等における国家賠償）

（筆者による整理）

2．私法面：中小企業を取り巻く契約関係

新型コロナ禍の消費減退により売上の落ち込んだ中小企業は、支出構造において守るべきもの、削ぎ落すべきものの決断を迫られている。主要な圧迫要因は、労務費、土地・建物・機械等の賃料、川上川下の長期的取引先との信用取引、金融機関の利払い等の固定費であり、それぞれ人的信頼関係にねざした長期固定的な契約関係に依拠し、にわかに削ぎ落すことは難しい。2020 年度中には、そのような固定費の支払いを政府が一時的に後ろ支えする各種の公助が登場したが（表 1-2）、前節で述べたように、2021 年度には雇用調整助成金ないし緊急雇用安定助成金以外は廃止されてしまった。このように公助は限られる一方、しかし With コロナ政策とも称される行動自粛要請は断続的に長期化しているため、中小企業セクターの影響は著しい。そこで私法的な契約関係のなかで、平常時と異なるコロナ禍の自助・共助としての契約修正がどこまで働いていくかが試されていると考えられる。

　本節では、中小企業を取り巻く主な契約関係として、雇用契約、土地建物等の賃貸借契約、長期取引先との関係的契約、また金融機関との金銭消費貸借契約に注目し、コロナ禍の契約修正の論点をまずは整理したい。

表1-2：中小企業の主な契約関係における公金支給（公助）と契約修正（共助）

契約関係	公金支給措置	契約修正の論点
雇用契約	雇用調整助成金（正社員）：2020-2021年度 緊急雇用安定助成金（パート）：2020-2021年度	休業手当 解雇制限法理
賃貸借契約	家賃支援給付金：2020年度で終了	物権的保護は不問 改正債権法の危険負担制度 信頼関係法理による解約制限
取引先との関係的契約	持続化給付金：2020年度で終了 緊急事態宣言中の協力金等	改正債権法の危険負担制度 公正取引委員会ガイドライン
金銭消費貸借契約	公的金融機関特別融資：2020-2021年度 信用保証協会ゼロゼロ融資：2020-2021年度	民法419条：不可抗力抗弁なし プロパー融資の劣後債権化

（筆者による整理）

（1）雇用契約

　労務費は中小企業の資金繰りの最大の圧迫要因であるが、しかし被用者を社員と呼び、付加価値の源泉として育て上げてきた日本の経営者にとって、雇用は最後まで守りたい砦であると考えられる。解雇や雇止めが必要となる局面は、経営者にとっては企業存続のための究極の選択に他ならない。雇用を切るくらいならば事業をたたむことを選ぶ経営者も少なくないだろう。そのような中小企業の現実に対して、日本の法制度は、大企業の雇用搾取を規制する解雇制限法理を機械的に当てはめるものとなっている。それはまた非正規労働者に対する待遇格差の源泉ともなっている。

　正規労働者については判例法が形成した解雇制限法理が労働契約法（16条）

に明文化され、雇用主として最善の解雇回避努力や手続適正等の要件を立証しないかぎり解雇できない。雇用の続くかぎり、たとえコロナ禍で休業・時短等を余儀なくされても、労働基準法（26条）が「使用者の責めに帰すべき事由による休業」について定める賃金の6割以上の休業手当の支払い義務があり、固定費としてのしかかる。外部的原因による回避不能な休業では、いわゆる「不可抗力」として休業手当が免責されるが、厚生労働省の解釈指針によりそのハードルは高い。新型インフル特措法のもとでは、都道府県の協力依頼（24条9項）は「不可抗力」に該当しないとされ、この反対解釈により緊急事態宣言下の休業要請等（45条）は不可抗力の範疇に入ると考えられるが、経営者として最善の注意を尽くすことなどの要件が課されており[12]、逃れることは難しい。そこで休業手当の支払いに対する公的支援として上記の雇用調整助成金が提供されている。同制度は、緩やかな条件（直近1か月の売上高が前年同月比5%以上減等）のもとで、休業手当（賃金の6割）の支払い分を最大で全額（10分の10）まで公的に補填する制度である。2020年度中に支給上限額が一日8,330円から15,000円に引き上げられ、教育訓練を実施する企業にはさらに2,400円が加算されるなど、雇用保障の実質化のために強化された。しかし2021年度以降は、同制度の継続可否が常に議論となり、見通しが付かない。

　非正規労働者については、2008年リーマン・ショック時にも問題化したように、コロナ禍でも雇止めが大量発生中であり、政府統計によれば2021年9月時点の非正規雇用者の雇用は対2019年同月比で143万人減少している[13]。政府は、正規労働者の雇用調整助成金に相当する非正規労働者向けの緊急雇用安定助成金制度を導入したが、時限的措置であり、知名度も低く、社会労務士などの専門的関与がないかぎり利用が浸透しにくい。日本の労働組合は非正規労働者の取り込みが遅れたまま、労使交渉の焦点はコロナ禍でももっぱら正規雇用者の賃上げである。コロナ禍は、非正規労働者の雇止めが正規雇用の安泰にとってのバッファーである社会的格差構造を、著しく顕在化させている。

12）厚生労働省『新型コロナウィルスに関するQ&A（企業の方向け）』の問7参照。
13）総務省統計局の労働力調査（基本集計）による。

（2）賃貸借契約

　土地建物等の賃料もまた、中小企業にとって多大な固定費である。上述した家賃支援給付金は、売上高が前年同月比50%以上減の法人事業者につき、家賃の3分の2（上限100万円）の6か月分を上限600万円まで、個人事業者にも同様に上限300万円までを支援する制度となったが、2020年度中で終了した。しかしコロナ禍の感染症対策としての行動規制は2021年度中にも継続しているため、この間の賃料負担は重く累積するばかりである。

　市場内で契約調整が起こるべき局面であるが、しかしコロナ禍の賃料免除は巷でほとんど聞かれない。その背景に法制度の影響が考えられる。日本の民法は、非常時の賃料減額や支払い猶予などの契約修正のデフォルトルールを、法がどう織り込むかについて、変遷を示してきたといえる。日本が継受した西洋法では、不動産賃貸借関係には「債権法」の範疇を越えた「物権法」としての長い歴史が刻まれており、自然災害等の異常時には地代を減免する契約修正の法理（remissio mercedis）を規定している。フランスの法学者ボアソナードによって起草された日本のいわゆる旧民法では、日本社会の実情に沿って賃借権を物権として保護し、災害時に3分の2までの賃料減額を認めるなどの明文を置いていた[14]。現行の民法典では賃借権を債権として扱っているが[15]、1920年代に登場した借地法・借家法では借地権を物権として保護し、これを引き継ぐ現行の借地借家法（11条・32条）が地代減免制度を規定している。

　しかしコロナ禍で公表された法務省のガイドライン等は、コロナ禍の賃料問題をこうした「物権法」の系譜では扱っていない[16]。おりしも、2017年に成立した民法典第三編「債権」編改正が、コロナ禍の2020年4月に発効したタイミングでもあり、発効前の契約関係には従前の民法規定が適用されるとはいえ、法務省のガイドラインは同改正の焦点の一つであった「不可抗力」規定に関心を向けている。不可抗力とは契約当事者が相当な注意を行っても防止しが

14）旧民法686・638・658条で、賃借権・永借権・地上権のremissio mercedis制度を規定している。
15）2020年施行の改正民法典611条1項では、「滅失」のみならず一般に「使用及び収益」できない場合の地代減免制度が明記された。
16）法務省『新型コロナウイルス感染症の影響を受けた賃貸借契約の当事者の皆様へ〜賃貸借契約についての基本的なルール〜』（2021年2月時点法務省ホームページjftc.go.jp参照）。

たい外的状況とされ、債務の免責が約定されることがある。しかし日本の民法は従来、金銭債務の延滞について不可抗力の抗弁を認めておらず、改正債権法（419条3項）でもこれを維持した。不動産賃料を金銭債権と解する立場にとっては、民法典の同規定は、デフォルトルールとして、災害時に地主・大家が賃料猶予などの再交渉を拒否する根拠を与えていることになる。

　他方で改正債権法は、不可抗力による債務不履行の救済として、帰責事由がなくとも契約解除を可能とした（541条・542条）。たとえばテナント営業者が緊急事態宣言下で行政による休業要請を受け、収益が悪化し家賃を滞納した際、オーナー側から容易に解除できる論理である。ただし法務省のガイドラインでは、長期契約関係に配慮する「信頼関係破壊」の判例法理により調整を図るなどとしている[17]。また不可抗力による履行不能について、改正民法は従来の危険負担制度を修正し、反対債務は消滅しないが履行拒絶や無催告解除が可能としたので（536条1項・542条1項）、たとえば行政の休業要請により賃貸財産のオーナー側が財産を提供できない局面では、不可抗力による履行不能と考えると、テナント側は賃料支払い義務を履行拒絶し、無催告解除を行って自ら退去できるとなる。

　このようにコロナ禍の法務省ガイドラインは、不動産賃貸借契約について物権法ではなく債権法の文脈を誘導し、改正債権法が体現するように、災害時にも賃料を猶予せずむしろ解約を推奨する立場であり、ただし「信頼関係破壊」の判例法理によるあいまいな調整に一任している。

　不動産賃貸借をめぐる日本法は近年、所有権の保護を最大化する新自由主義への傾斜を深めていた。戦前は「地震売買」とも称された地主の搾取が社会問題化し、関東大震災から戦災復興の時代にかけて旧借地法・借家法・罹災都市借地借家臨時処理法などの賃借権の保護法規が積み上げられていたが、しかしバブル期の新自由主義により後退し、1992年借地借家法による規制緩和を経て、ついに東日本大震災後の2013年には罹災都市借地借家臨時処理法の廃止に至っていた。

17）前掲の法務省ガイドラインは、賃料不払いが続いても信頼関係が破壊されていない間はオーナー側から立退き要求はできないとする。

　コロナ禍の不動産賃貸借は、こうした日本法の潮流に取り込まれ、柔軟な契約再交渉の自治が阻害されているおそれがある。法の介入が、「物権法」の伝統に沿った災害時の賃料減額や支払い猶予などの弱者保護的な強行法規であれば、契約自治のインバランスを修正し補完する介入として理解できる。しかし法務省のガイドライン等は債権法の論理に依拠して不可抗力の抗弁を排除するなど、所有権側の保護に立った契約介入が色濃い。こうした政策誘導が契約関係の自治を阻む結果、コロナ禍の契約リスクは一方的に借主である中小企業に転嫁されたまま、テナント契約を解約しないかぎり契約上の負担から逃れ得ない状況が法のデフォルトルールとされ、契約再交渉は起こりがたい状況にあると見られる。

（3）取引先との関係的契約

　加工貿易国である日本の中小企業は、川上では輸入商社による価格・納期等のリスク転嫁を受ける構造があり、また川下でもとくに内製化率の低い大手製造メーカーなどのサプライチェーンに連なる企業では、消費者市場の動向に応じたリスクが上流の中小企業に転嫁され、低い利益率を余儀なくされてきたと推測される。それでも平常時には、長期安定的なサプライチェーンに連なることは、仕入れ・販売の安定化に寄与する合理性を有している。しかし一転、新型コロナ禍での非常時は、川上川下のリスクが一斉に中小企業に付け回され、資金繰りが破綻するおそれがあり、多くの業種で連鎖倒産も起こりかねない。

　公的介入としては2020年度に持続化給付金が実施され、前年同月比50%以上の売上げ減などを条件に、年間事業収入の減少分を上限200万円まで支援した。感染症対策の一環で消費者と直接接する末端業種に対してしか配布されなかった各種の協力金等とは異なり、持続化給付金はサプライチェーンの中間に位置する中小企業にも届く支援となった。しかしその支給は一度限りで、しかも2020年度で終了した。

　中小企業の資金繰り支援はむしろ後述の公的金融機関の特別融資や信用保証協会保証によるゼロゼロ融資など、多額の金融提供が中心となっていった。しかし追加資金を流し入れるだけでは抜本解決とはならない。そもそも資金繰り問題を来している契約慣行があれば、コロナ禍ではそれを見直す、非常時の契

約修正が必要と考えられる。

　契約修正の根拠は、一義的には不可抗力条項などの当事者間の特約だが、特約がなければ民法典が適用される。上記のように2020年4月に施行された改正債権法では、非常時の代金減額や支払い猶予などの「事情変更の原則」は明文化されなかったが、排除されてはいないと考えられている。他方で改正債権法はいわゆる不可抗力における解約を認めるが（541・542条）、しかし長期的な関係的契約における解約について「取引関係の継続を期待し難い重大な事由」「正当の理由」等を求める判例が蓄積されており、コロナ禍であっても信義則に反するリスク転嫁は許されないと考えられる。他方で、正当な理由のない一方的な代金減額・支払い遅延・受領拒絶などの搾取的な局面は、下請保護法制の適用場面と考えられる[18]。しかし中小企業にとってこうした法律論に依拠して自力で契約修正を実現することは容易でないと思われ、法曹の支援が求められる局面と考えられる。

（4）融資契約

　日本の民法は上述のように、金銭債務の延滞について不可抗力の抗弁を認めず、これは改正債権法（419条3項）でも維持された。また新型インフル特措法（58条）では政令による金銭債務の支払い猶予措置を規定しているが、コロナ禍の日本政府はそのような政令を発令していない。他方で、金融庁はコロナ禍で頻繁に金融機関に対する行政指導として、債権取立ての柔軟化とともに、資金繰り支援策への協力を求め[19]、そのためのプルーデンス規制の緩和をも行っている[20]。このような金融支援策が、ドイツなどの諸外国に見るような特別立法によってでなく、また新型インフル特措法の予定する政令発令を通じてでも

---

18) 公正取引委員会の『新型コロナウイルス感染症拡大に関連する下請取引Q&A』（2021年2月時点 公正取引委員会ホームページjftc.go.jp参照）が下請法違反に相当するおそれのある類型を例示している。

19) 中小企業庁・金融庁による令和2年4月27日付「『新型コロナウイルス感染症緊急経済対策』を踏まえた資金繰り支援について（要請）」を皮切りに、金融機関向けの行政指導が頻繁に続けられている。

20) 自己資本比率規制で信用保証協会の4号保証付き融資のリスクウェイト緩和や、流動性比率の適用緩和等である。

なく、金融機関に対する「行政指導」として要請されたことは日本独特である。その含意は、当面の金融機関による企業に対する緊急資金繰り支援を、法的義務ではなくあくまで金融機関の任意の行為であると構成することにより、将来の返済局面で膨大な破綻処理に帰結する場合にも、公的救済を約束しない責任回避の表れであると読み取られる。

このように金融庁の行政指導は、コロナ禍の中小企業と金融機関の関係に、平常時からの融資契約のみならず、膨大な緊急資金繰り支援の文脈を追加した。緊急支援は、政府系金融機関による特別融資（2020年度末で残高約20兆円）とともに、民間金融機関が貸し手となって都道府県による利子補給や信用保証協会の無償保証を提供するいわゆる「ゼロゼロ融資」が提供され、きわめて広範に利用された（残高約35兆円）。このような中小企業の債務の増大は、金融機関自身にとって多大な返済リスクを抱え込む選択を余儀なくさせている。しかも金融機関は、新たに緊急融資を提供するための前提として、まずは既存融資を繰り延べねばならない。また客先が政府系金融機関の特別融資を希望する場合には、その供与の前提として、自行融資の政府系金融機関に対する劣後債権化の約定を余儀なくされているともいう。このようにコロナ禍は、企業と金融機関の従来の契約関係に、大きな負担を加重する方向を強いている。

（5）小括

以上では、中小企業を取り巻く契約関係の論点整理を試みた。資本主義国である日本の契約関係の基本は契約自治が尊重されるはずだが、デフォルト・ルールとしての民法典、特別法による強行規定、また行政指導や各種のガイドラインが契約関係に介入する構造がある。

顕著な例は、雇用契約の領域における解雇制限条項や休業補償などの強行法規である。国家公助としての雇用調整助成金も、解雇を抑制し休業補償を実現するための制度介入である。しかしそのような法や政府の介入は万能ではなく、非正規従業員には届かず、新たに対策された雇用安定助成金も浸透せず、雇止めが増大している。

不動産賃貸借契約による賃料支払いもまた、中小企業にとっての重い固定費となり、契約再交渉が見られない。その背景に、法務省ガイドラインに見るよ

うに、不動産賃貸借に物権法の保護を与えず、2017年改正民法債権編の文脈で不可抗力の抗弁を適用しないなど、行政指導による所有権者優位の契約介入が行われている。日本の近代化過程では、物権法の分野で借地・借家権者の保護が長らく積み上げられてきた法制史が存在するが、コロナ禍の日本政府はこれを意識的に排除し、所有権者優位の政策姿勢が顕著である。

取引先との長期契約関係についても、デフォルト・ルールである改正民法典債権法は、不可抗力の状況において、契約を根本的に解除しないかぎり契約上の義務を修正できないオール・オア・ナッシングの設計となっており、柔軟な契約再交渉に逆行すると思われる。判例法は長期関係的契約の解約を規制しているから、中小企業は解約すらできず迷路に陥るばかりである。

このように、コロナ禍において市場アクター間で契約修正を図ろうとしても、強行法規や民法典のデフォルト・ルール、また行政指導による政策誘導が立ちはだかる。いわば、法がコロナ禍での契約再交渉を阻んでいる。最後の救い手は、金融機関ということになるのではないか。

3. 中小企業への聴取り調査から

筆者は2021年10月、株式会社神戸大学イノベーション（KUI）の支援により [21]、神戸一円の地域経済を代表する中小企業7社にヒアリングの機会を得た。業種別には、サービス業では、高速道路サービスエリア経営兼食品メーカーである西海醤油株式会社（代表取締役・西海正隆氏）、ブライダル業のウエディングサロン・イノウエ（代表取締役社長・井上芳昌氏、同副社長・井上規佐子氏）、駐車場運営・不動産コンサルティング業の株式会社イーエスプランニング（代表取締役・藤岡義己氏）、また製造業では、合成樹脂焼結多孔体製造のトーメイ工業株式会社（代表取締役・東繁徹氏）、液面計測器製造のセムコ株式会社（代表取締役・宗田謙一朗氏）、菓子製造の吉田ピーナツ食品株式会社（代表取

21）神戸大学イノベーション（KUI）は、2020年3月に神戸大学100％出資で設立された株式会社であり、大学の学術的資源を地域の社会経済に連結する産官学連携の推進に任じている（https://kobe-u-innov.jp/company/）。本件調査においては、代表取締役・坂井貴行教授、技術移転部アソシエイト豊田一生氏、同・明瀬優香氏の多大な支援を得た。

締役社長・吉田直斗氏）、木材加工販売の有限会社新宅善廣商店（代表取締役・新宅隆史氏）である。新型コロナ感染症のまん延以前には、いずれも地域経済の将来を牽引する成長企業として、神戸大学との共同研究企画が進められていた企業群であり、いずれのオーナー社長も地域の将来構想会議等で論客として知られる名士揃いである。しかし新型コロナの影響は、業種によりそれぞれ異なる様相を示し、各社の取り組みのなかでコロナ禍の克服が図られている。以下では、前節で整理した企業を取り巻く契約関係の論点に沿って、主な聴取り結果をまとめる。

（1）雇用関係

　ヒアリング対象7社のうち、サービス業3社ではいずれもコロナ禍による売上減少が顕著で、固定費の圧縮が課題となっているが、しかしコロナ禍を原因とする解雇は一切起こっていない。政府の感染症対策に伴う時短や休業などの対応を余儀なくされながらも、「雇用は守る」大方針を維持し、それを可能にしているのが雇用調整助成金を始めとする政府の補助金制度であるとした。ただし補助金支給の手続面についての評価は分かれ、補助金は長引く行動規制に対する一種の「補償」なのであるから煩瑣な手続は廃すべきであるとする見解と、公金獲得のノウハウを蓄積する好機と考え積極的に申請をこなす会社とに分かれた。

　各社とも雇用維持について正規・非正規の差別はない。なぜなら非正規労働者は育児・介護などの各自の事情で偶々フルタイムの勤務ができないだけであって、企業にとっての価値に差はない、むしろコロナ禍のテレワークや時短を通じて正規・非正規の差異は見えなくなってきている、などの言であった。国連SDGs（持続的開発目標）や働き方改革の語彙が、ヒアリングで頻繁に登場し、コロナ禍を契機に正規・非正規の別を越えたゆとりのある雇用形態を探っていきたいとし、しかもそれは社員が互いに家族のように近しかった創業当時の社風への回帰かもしれない、とする声も聞かれた。そのような雇用形態を現実化するためにも、コロナ禍を、損益構造を抜本的に改善する機会としたい、などとした。

　製造業4社は雇用面の課題はない。むしろ、PCR検査用の医療器具ピペッ

ト用のフィルター特需でフル稼働中のトーメイ工業株式会社、巣ごもり需要による菓子類の売上げ増で人員増員を行った吉田ピーナツ食品株式会社など、コロナ特需で売上げが伸長した企業ではむしろ人手不足が懸念されている。

　このようにコロナ禍の行動規制や消費構造の変化は、業種による明暗をもたらしている。影響著しい業種では、雇用を支える公的補助金が重要となっていることがヒアリング結果から表れた。ここで比較対照として、ＮＨＫ・第一生命による『データで見る新型コロナ中小企業への影響』（2021 年 1 月）を参照すれば[22]、業種によりコロナ禍の影響の違いが強く表れている点で筆者のヒアリング結果と共通する。しかし重要な相違として、彼調査で影響ありとした回答の 2 割では非正規労働者の人員削減が行われるなど、正規・非正規の格差が顕在化している。また彼調査では休業を行った企業のうち、雇用調整助成金制度の利用は半数に留まっている点も相違である。筆者のヒアリング先企業が地域の優良企業であり、長期取引関係にある金融機関や税理士・中小企業診断士・社会保険労務士などの良質の専門家を通じて、補助金等の情報アクセスや申請手続の支援を受けられていることが特記されるであろう。

　このことから、通常の中小企業にとっては公助の利用のハードルは高く、なかでも雇用調整助成金に手が届かぬケースでは結果として非正規労働者の人員整理という、企業を取り巻く契約関係において最も弱い立場の切り捨てに帰結しかねない状況が推測される。弱者の人員整理という究極の帰結は、逆にいえば、政府が補助金支給に当たって専門家の助言コストをバウチャー方式で負担するなどの制度的工夫を伴っていれば、防ぎ得た局面であった可能性がある。

（2）賃貸借関係

　上記のようにコロナ禍の賃貸借契約に関する法務省ガイドライン等は、賃貸借関係をもっぱら改正民法「債権法」の問題として扱い、災害国日本の物権法が育ててきた借地・借家権保護の文脈は触れられることがない。背景に、所有権の強化が経済成長に資するとみる新自由主義的な政策志向が伺われる。しか

---

[22] NHKが2020年11月〜12月に第一生命の取引先企業50,994社を対象に実施し、18,224社から有効回答を得ている（回答率35.7％）。

し賃借権に依拠せざるを得ない業種の契約関係に対しては、それは不公平な結果をもたらしうる政府介入である。

　筆者のヒアリング対象7社のうち、サービス業3社はいずれも土地建物の賃貸借関係を有し、他方、製造業4社はいずれも地価の低い郊外で、主な土地建物を自己所有している。このことは、サービス業においては顧客アクセスのよい一等地にテナントとして入居することに利があり、これに対して製造業は製造原価の圧迫要因を避けるべく設備資産の自己所有に利があるという、それぞれ合理的な経営判断からする相違であろう。

　しかし法務省ガイドラインが一方的に所有権者優位な見地で契約介入を行うとき、テナント形態で営業せざるを得ないサービス産業などの特定業種に対しては不公平な結論をもたらし、不当な契約介入と考えられる。筆者のヒアリングにおいては、コロナ禍の賃料は、サービス業3社の収益構造に重くのしかかっていた。しかも契約上のリスク分配の違いによって、各社の帰趨は分かれている。うち1社は市街地の一等地で定額賃料を約定しており、コロナ禍で所有者に対し賃料減額・猶予の要請を行ったが所有者側は応じていない。他の1社は、当初の契約で定額賃料を約定していたが、コロナ禍の契約再交渉により歩合制への変更を認められ大いに助けられたとしている。しかしこの契約再交渉は、オーナー側が主に個人所有者であって、対面式の粘り強い説得が奏功した稀有な例と思われる。また残る1社は、当初の契約から売上げに応じた歩合制で約定していたため、賃料はさほど深刻な圧迫要因にはなっていない。

　以上のヒアリング結果は世相の一部を切り取ったに留まるが、一般のテナント契約では定額制賃料が通例であり、なかでも商業地区では地主層が地価への影響を恐れて連携しあい、コロナ禍の賃料減額・猶予に一貫して拒絶的である例が多いと仄聞する。このような所有者の一方的優位にねざす契約関係においては、対等な契約修正の気運が起こることは困難であるから、「債権法」の契約自治の論理を越えて、物権法的ないし災害法的な強行法規による立法介入が必要な局面と考えられる。

（3）長期取引関係

　日常取引先との長期契約関係については、業種による慣行の違いが著しい。

ヒアリング先7社のうち、ほとんどが川上・川下それぞれ数十社を数える取引関係を有するが、それら取引先は、最終的には消費者市場に達する一蓮托生ともいうべきサプライチェーンの連鎖に連なっている。各社とも、コロナ禍であっても日常取引先との契約修正は起こりにくいといい、そのため消費者市場の状況が、そのまま川上各社に転嫁される傾向にあると見受けられる。筆者の聴取り対象企業のうち、なかでもとくにサービス業各社では、観光業・飲食業など消費者市場に直結する川下企業の売上がコロナ禍で一時期は9割ほども落ち込み、その結果として自社を含む川上各社が一様に影響を被っているとした。川下に対する売掛け信用取引の早期回収はままならず、他方で、川上企業への買掛金の返済は平時どおりに厳しく迫られているとした。サプライチェーンの中でもとくに業界慣行による利益分配率の薄いレベルから、すでに倒産・清算が始まっているとのことであった。そのような局面での生き残り戦略は、取引関係における利益分配率を少しでも高めることである。しかしその方法としては、川上ないし川下の垂直方向で業界連鎖を乗り越える多角的な行動は、業界のしきたりからして難しく、また自社の優位性も発揮できないという意味で、回答各社とも選択肢には挙がっていないとの回答であった。むしろ、水平方向での創意工夫による業況拡大を通じて、同業他社との競争淘汰を正々堂々と戦うことでコロナ禍を生き残り、その結果としておのずと、垂直方向の取引関係での交渉力を高めることをめざすとする回答が、筆者の聴取り先企業で共通して聞かれたコメントであった。

　そのような水平方向のチャレンジとして、いずれの経営者も独自の戦略を構想中であり、熱く語った。サービス業3社のうち、ブライダルサロン・イノウエは、ジェンダーフリーの時代に先駆けて新しい結婚観を先取りする市場開拓に乗り出す狙いであり、中小企業庁が2021年度に新設した事業再構築補助金をいち早く獲得済である。阪神・淡路大震災で瓦礫の中から復興を遂げた際にも、神戸の都心一等地に店を構える大きな賭けに打って出て成功し、その後もレストラン・ウエディングやハウス・ウェディングなどの新たな流行を牽引してきた自負がある。コロナ禍においても、本業本丸から、新しい時代の婚姻の形をプロデュースしていく夢があるとした。不動産コンサルのイーエス・プランニング社も、駐車場を新たな広告空間として活用する新事業を軸に、不動産

業者がまちづくりの先頭に立って地域商店街の総合的な活性化を牽引する理想を語り、神戸大学の研究者との共同研究の成果を活用しつつある。また従来の駐車場管理業務の資格や技能を生かして大規模商業施設の管理運営業務に乗り出すことも検討中であり、コロナ禍の困難を糧に、より発想力の強い自社の人づくりをめざしていく。逆に自社の既存の強みを生かせない別業種への多角化は考えにないとした。西海醤油株式会社は、先代から引き継いだ多角化路線を、コロナ禍であえて縮小し、自社の強みとして、創業当時から続く本業の醤油醸造の伝統的価値を今一度見つめなおし、マスコミの威力を有効に活用しつつ老舗店舗ならではのブランド力の向上に力点を置いている。

　製造業4社もまた、複雑な既得権の絡みあった古い業界慣行について言及したが、やはりコロナ禍でそれを解消しようという議論はなく、むしろ水平方向での業況拡大を通じて垂直関係の交渉力を強めていきたいとする姿勢である。トーメイ工業株式会社は、コロナ禍の特需を契機に自社の主力である医療用機器用フィルターの技術的優位性を再認識し、中間部材商社とともに、国内のみならず海外からの高まるニーズに応えていく業況拡大の構想を静かに温めている。セムコ株式会社は、長年培った業界一位の船舶向け液面計測における技術を船舶以外に活かす新展開を志し、酒造メーカーから灯油配達業までおよそタンクに関わるあらゆるニーズの発掘に、社長自ら足で回って努めている。他方で社員の発案能力を活性化する人材育成プログラムに傾注し、全社員を挙げて、市場ニーズに応える新たなソリューションの提案力を培っている。吉田ピーナツ食品株式会社は、コロナ以前から大手小売産業の買い叩き行動に悩まされてきたが、コロナ禍を契機に、水平方向のM&Aも含めた業況拡大の可能性を研究中である。木材加工の新宅善廣商店は、日本特有のひのき材を用いた高品質の子供用おもちゃIKONIHのブランディングをめざし、百貨店や商社などへの垂直方向のいわゆるB-to-B商法がコロナ禍で壁に行き当たるなか、これを機会に、消費者の心に直接届くB-to-Cの市場開拓をめざす決意を胸に、幼稚園や小学校の教育現場でボランティアの室内版森林学校「木育」に乗り出している。

　このように、企業は川上川下の垂直方向の契約関係の古い体質を受け入れつつ、消費者市場へつながる便法として維持している。コロナ禍でもその抜本的

な変革までは求めておらず、コロナ禍のリスクを分配しあう契約修正は起こっていないように見える。そのため、最終市場での消費者行動の影響がそのままサプライチェーンを逆流し、川上の中小企業に転嫁される実態がうかがわれ、利益配分の薄いレベルから清算する例も表れていると見られるが、生き残りをかける各社は、業界慣行の枠内で新機軸に工夫を凝らす姿勢であった。垂直方向での契約交渉力を強化するためにも、むしろ水平方向での業況拡大に知恵を絞る様々な努力が伺われた。

（4）融資関係

　ヒアリング先7社はいずれも、地場の信用金庫をメインバンクとしつつ、2～3の金融機関との長期的関係を有している。このうち平時からのプロパー融資の条件面は、サービス業3社では、企業資産上の物的担保とともにオーナーの個人保証を提供しており、ただし近年では中小企業庁の行政指導を受けて包括根保証型の経営者保証を見直す傾向もある。これに対して製造業4社は、従来から無担保融資の比重が高まっており、たとえ先代の時代に個人保証や信用保証協会の保証付き融資が行われていても、事業承継のタイミングで無担保融資に切り替えられている。借入金はそのまま自行で預金され、当座の資金繰りに供される。ただし食品産業のように原材料の収穫期に一年分をまとめ買いする特殊な運転資金のニーズについては、在庫上の流動資産担保登録を設定し極度貸しを受けている例もある。

　このような業種別の担保保証慣行の違いじたいは、消費者動向に依存するサービス産業と、安定的なサプライチェーンにつながる製造業との差異に応じた、金融機関の合理的判断と見られる。

　しかしコロナ禍では、ヒアリング先7社は一様に、公的金融機関の特別融資や、兵庫県の利子補給と信用保証協会保証によるいわゆる「ゼロゼロ融資」を借り入れた。その意味合いは各社で異なる。コロナ禍で売上げが激減したサービス業では、まずは既存のプロパー融資のリスケジュールを受け、さらにこれと並行して借り入れたゼロゼロ融資は、当面の賃金支払いや賃料支払いに不可欠な輸血として、即時に使用される傾向がある。製造業では、当面ことさらの資金需要はなく、むしろ信用保証協会に対して自社が有する保証枠をメインバ

ンクに確保させるために（他行に乗り換えない証として）、付き合いで借りているとし、じじつ融資された資金はそのまま自行預金として寝かせている。その場合の金利支払いは資金使途の対価ではなく、金融機関が持ち込む有益な商談や提案に対するサービスへの対価であるとの考え方であった。

このようにコロナ禍の中小企業金融は、金融機関にとっては、影響業種の資金繰りを支え続けるリスクテイクとしての側面と、コロナ特需で潤う安定業種に対しては自行枠の確保としての側面があり、両者が同時追求されていることが注目される。

（5）小括

以上ではコロナ禍の中小企業7社へのヒアリング結果から、コロナ禍の影響の著しい違いが見出された。なかでも影響業種では、雇用関係については雇用調整助成金へのアクセスが雇用維持の決め手となり、賃貸借契約ではオーナー優位の契約法理に悩み、長期取引関係においては従来からの業界のしがらみは変更しにくく、末端市場の状況が川上企業に転嫁される傾向にある。唯一、融資関係ではコロナ禍の企業に寄り添いリスケジュールに応じる地場金融機関の姿が見出された。その背後には、金融庁の行政指導も関与している。

中小企業を取り巻く契約関係は一蓮托生である。金融機関が影響業種に対してリスクテイクの手を放すならば、企業は固定化した契約関係の隘路に陥り、張り詰めた意欲を一気に失速させ、雇用維持の一念は失われ、負の影響が川上川下の連鎖に波及し地域経済を痛めつけていくと思われる。しかし地域金融機関は果たしてどこまでコロナ禍の経済リスクを引き受けるべき存在なのか、次節で立ち入って考えたい。

4. 金融機関への聴取り調査から

（1）コロナ禍の資金繰り支援

コロナ禍の日本政府の感染症対策は要請主義で進み、結果として感染の抑え込みに時間を要し、経済的影響が2年に及んで続いている。この間の経済的影響に対して、政府予算による直接支出は70兆円余に上るというが、企業セク

ター側から見れば、持続化給付金等の補助金は一時的に支給されたに留まり焼け石に水であったし、2021 年度に継続した措置は雇用調整助成金しかなく、これすら手続面の煩瑣性もあって利用を敬遠する向きがある。他方、金融システムを介した間接的介入は、政府系金融機関特別融資（20 兆円規模）のみならず、企業にとっての日常取引先である地域金融機関を通じて支援の得られるいわゆる「ゼロゼロ融資」が提供され（35 兆円規模）、企業にとっては数千万円に及ぶ資金が、文字通り都道府県の利子補給により当初 3 年は実質無利子で、また信用保証協会による無償の保証が提供される機会となった。当然、ゼロゼロ融資は人気を博し、利用は広範に及んでいる [23]。

　こうした政府による金融支援策は、2020 年度中の企業倒産件数の前年比減少に見るように、当面の資金繰り支援として成功したと見られている。しかし単に問題を先送りしただけという見方もあるし、また経済学者らは長期的には企業の経営不振や投資行動を阻害するとする「過剰債務の罠」を指摘している [24]。コロナ禍の金融支援策は、地域金融機関の側にとって、どのように捉えられているのだろうか。

　筆者はまず 2020 年 12 月時点、兵庫県信用保証協会に聴取りを行い [25]、これによれば 2020 年 4 月〜 11 月の保証実績は前年比 4 倍に増大し [26]、とくに飲食業やサービス業で前年比 8 〜 9 倍に達し、運輸・倉庫業や製造業でも前年比 6 倍の増大が見られた [27]。保証実績の 9 割をコロナ関連案件が占め、このうち 8 割が兵庫県の利子補給制度を受けたゼロゼロ融資であった。これら保証実績のうち、信用金庫の案件群が 6 割を占め、前年比 3 倍であり、また都銀・地銀・第二地銀・信用組合の案件も前年比 3 〜 6 倍に及んでいた。他方でこの間、信

---

23) 各種の企業アンケート調査でも回答企業の大半がその恩恵に浴している。例えば帝国データバンク（2021）Q8・Q9参照。
24) 小林・寺澤（2020）等。
25) 2020年12月14日時点、兵庫県信用保証協会経営支援室、同監査室他の関係者に、オンライン方式のインタヴューを行った。
26) 飲食業やサービス業で前年比8 〜 9倍、運輸・倉庫業や製造業で前年比6倍もの保証実績の増大が見られた。
27) 2008年リーマンショック時の兵庫県信用保証協会の保証実績は、各業種とも前年比4倍程度の伸びであったこととの対比からも、新型コロナ禍の経済的影響が際立つ。

用保証協会による代位弁済は前年並みに留まっている[28]。このうち5割を占める信用金庫案件での代位弁済は、前年比9割に留まっている。これに対して都銀や地銀の案件での代位弁済は前年比2〜3倍であった。

　これらのデータから、兵庫県下ではとくに信用金庫が積極的なゼロゼロ融資に乗り出し、また既存のプロパー融資についても代位弁済を控え支払い猶予を促進する姿勢がうかがわれる。そこで筆者は2021年1月に兵庫県下最大の融資残高を有する尼崎信用金庫に[29]、また同年11月に神戸市一円で最大のプレゼンスを有する神戸信用金庫に対し[30]、それぞれ聴取り機会を得た。

　尼崎信用金庫は兵庫・大阪圏内に90店舗を展開する大手の地域金融機関であり、取引先業種は製造加工業・建築業・卸小売業など幅広く、海外展開を行う相手先も少なくない。コロナ禍での資金繰り支援は積極的に実施し、2021年1月現在2600億円の残高に達しているが、これに伴う金融機関としてのリスクテイクは大きいとする。第一に、ゼロゼロ融資では企業側にとっての表面金利は無利子だが、府県から金融機関に対する利子補給率には相違があり、たとえば兵庫県は0.7％に留まるため、積極的に応じることで金融機関にとってはコスト割れのおそれがある。第二に、客先企業が政府系金融機関の特別融資を希望する場合、プロパー融資の劣後債権化が融資条件となる。こうしたリスクテイクに拘わらず金融支援を積極的に行う意義は、ピンチをチャンスとしてライバル地銀の商圏に食い込む機会と捉える経営判断ゆえであるとし、じじつコロナ禍で新規顧客が2千先あまり増えたとする。既存取引先との関係でも、できるだけ対面式で一社一社を丹念に訪問し、個々の状況把握に努めている。

　神戸信用金庫によれば、神戸一円の中小企業は阪神・淡路大震災という歴史を刻まれた存在であり、震災を契機に飛躍を遂げた事業者もあれば、四半世紀を経て今なお震災融資の条件変更を続ける事業者もあるとした。その復興プロセスを共に歩んできた地域金融機関として、リーマン・ショックも、今回のコロナ禍も、震災と同じようにともに乗り越えていく運命の一ステージであると

28）求償権の行使についてはとくに抑制的に臨んでいるとのことであった。
29）尼崎信用金庫の本店経営幹部に、オンライン方式での情報提供を受けた。
30）神戸信用金庫の本店審査部門に、対面方式での情報提供を受けた。

した。コロナ禍でも業況の二極化は見られるが、それは世上言われている業種別の相違ではなく、むしろ個々の事業者が歩んできた震災以来の時間軸のなかで状況を捉えている。その長い時間軸に照らせば、コロナ禍で大きく変化した融資関係はとくにない。コロナ禍の影響著しい事業者に対しては、当面の止血として全力で運転資金を支えることは当然であり、また公的融資やゼロゼロ融資を入れていくなかではプロパー融資のリスケジュールも当然避けられない。ただし資金支援だけではなく、同時に辛口の助言役としての責任は増しているとし、客先が救済融資を手にした瞬間からその資金使途に気を配り、将来の返済に備えて支出構成に立ち入った提言を強めているとする。コロナ禍でもメインバンクの地位を奪い合うような経営方針はとらず、事業者の主体的判断に寄り添っていくとする。

　二つの信用金庫の経営カラーの違いはヒアリングからも読み取られるが、いずれも国策としての資金繰り支援に積極的に協力し、またその過程で、ゼロゼロ融資の利子補給不足分や公的融資に対するプロパー融資の劣後化などのリスクテイクを余儀なくされていることが共通する。そのようなリスクテイクは、尼崎信用金庫にとってはピンチをチャンスとする新規顧客獲得の文脈で、神戸信用金庫にとっても阪神・淡路大震災以来のメインバンクとしての長い関係性に依拠した寄り添いとして、それぞれ経営合理的な判断で取り組まれている。しかし膨れ上がった融資残高の内容は、コロナ禍に直撃を受けた影響企業と、コロナ特需に潤う好調企業とが入り乱れ、金融機関の財務状況じたいがその両者のバランスを刻々と反映して変化を続けているはずである。ゼロゼロ融資は純然たる支援である以外に、懸念先企業のプロパー融資をゼロゼロ融資で借り換えエクスポージャーを下げる手段であったり、逆にゼロゼロ融資を足掛かりにライバル他行の優良顧客に新規プロパー融資を仕掛ける好機とするなど水面下のせめぎ合いを演じながらも、金融機関自身の財務状況が日々流動している。

（2）長期の視点

　2021年6月に帝国データバンクが金融庁に提示した『金融機関の取り組みの評価に関する企業アンケート調査［調査結果報告書］』は[31]、コロナ禍でゼロゼロ融資を手にした企業のうち、据置期間後に約定通りの返済を想定して

いる企業は6割に留まるとするデータを示した（Q11）。つまり約4割の企業
は、ゼロゼロ融資を政府による公助措置のように捉え、プロパー融資への借換
えなどを通じて塩漬けにしていく発想を抱いていることが示唆される。塩漬け
となった融資は、ゆくゆく金融機関への公金投入等を通じて事後処理されてい
くと踏んでいるのであろうか。このようなデータは、多くの企業が、政府に対
し求め続けてきたコロナ禍の「補償」を、ゼロゼロ融資という形で手にしたか
の錯覚を抱き、債務踏み倒しの権利があるかのごとく振舞う恐れを感じさせる。
そのような企業行動はしかし、債権者である地域金融機関との関係で、本来の
プロパー融資の道を塞いでしまう陥穽となるおそれがある。ブラックリストに
載せられれば将来とも健全な融資取引の機会を失うであろう。容易に手にした
多額の緊急融資が、渡し切りの補助金ではなく、返済義務を伴うという事実を、
少なからぬ企業者が失念しているおそれを、このデータは語っている。

　言い換えれば、日本政府のコロナ禍の経済対策は、金融セクターにコロナ禍
の経済的影響を当面付け回す方針で運営されている。当面、政府系金融機関や
信用保証協会が公的リスクテイクを行っているかのように見えながら、しかし
実際は企業の破綻リスクを先送りしただけであり、据置き期間が終了し返済義
務が到来する2〜3年後に、そのリスクが企業・金融セクターで顕在化するこ
とが予定されている。その時点で、企業セクターの抱える重債務に対する公的
救済が行われるのか、あるいは地域金融セクターがこれを引き受けながら地銀
再編の波に晒されていくのか、政府の長期的方針は明示されていない。財政投
融資資金などを原資とする大掛かりな事業再生ファンドの設置案も聞かれるが、
たとえ一部の企業に対して大胆な債権放棄を伴う救済メカニズムが提供される
としても、しかし多くの企業はその恩恵に預かることなく、不採算企業として
退出を迫られていく想定ではないかと懸念される。

　政府や学界には、コロナ禍を契機に産業構造の大転換を政策誘導すべしとす
る議論があり、そのタイミングは信用保証協会によるゼロゼロ融資の代位弁済
が多発し、その求償権行使について公的債務免除が行われるステージであると

31）帝国データバンクが2021年4月に30,130社を対象に実施し、10,162社から有効回答を得ている（回
　答率33.7%）。

している[32]。つまり政府主導で、公的債務免除により救うべき企業と、退出すべき企業とを篩分けていくという発想である。政府部門による中小企業セクターの大手術という、資本主義国としては異例の政府による市場介入が、果たしてありうるのか。法技術的にもハードルは高く、たとえばゼロゼロ融資における信用保証協会の代位弁済後の求償権放棄は、損失補填を行なう県議会の議決なしには実施できず、兵庫県ではそのための条例がない。

　賢明な地域金融機関は、このような政策議論に一線を画している。むしろ、緊急融資の据置き期間終了までの時間的猶予を正念場として、企業の体質強化にただちに乗り出していると見られる。神戸信用金庫は、客先がゼロゼロ融資を手にした瞬間から、返済計画を意識するよう財務面の啓蒙を強め、支出構造の改善や将来の市場シーズを見出す努力をひざ詰めで重ねて辛口の助言に努めているとした。平常時から融資関係は無担保融資が基本であり、客先の必要とする情報等のサービス提供と引き換えに金利を頂く関係はコロナ前後で変わらないが、しかし客先が新機軸を決断し自ら進んで物的・人的担保の差し入れを申し出てくる瞬間にはいつでも躊躇せずプロパー融資を即応できるためにこそ、今ただちの足元から企業の健全な財務状況を作り上げていく姿勢であるとした。尼崎信用金庫は、ゼロゼロ融資の回収を焦る発想はないとし、あえて長期的に残高を抱えることで客先に寄り添う方針を示唆し、そのためにもポスト・コロナのビジネスモデルを積極的に提言するソリューション業務を活性化していく決意であるとした。ゼロ金利時代に地域金融機関の経営体力は縮小均衡傾向にあるとしつつも、近年では貸倒引当金を重厚に手当てするなど財務健全化を志向してきたことがコロナ禍の積極展開を支えているとの自負も語られた。目下は足元で客先に「経営デザイン・シート」の記入を求め、可視化されてこなかった事業価値を共同で洗い出す試みからスタートを切っている。

（3）事業再生支援

　緊急融資で先送りされたコロナ禍の経済リスクが、今後の返済過程で顕在化する局面について、聴取りを行った金融機関はいずれも、貸先の企業経営者が

32）前掲・小林・寺澤（2020）、またSonobe（2020）。

　自ら判断するまで清算型処理はあり得ないと断言した。経営者の個人保証を介して行われてきた日本の中小企業金融の常道では、企業破綻は経営者の個人破産に直結し、一生のうちに新たな企業設立再建は著しく困難である。これは経営者が不採算企業の安易な破綻処理を行って新たな企業を設立するいわば有限責任制度の濫用を許さないしくみである。だからこそ金融機関は容易に企業を破綻に追い込むことはできず、支え続ける関係に立つ。阪神間の中小企業金融は、とくに阪神・淡路大震災という負の債務を四半世紀にわたり抱えながら地域経済を生かしめてきたストーリーの中にあり、コロナ禍の破綻も淡々と乗り越えていく構えであるとする。

　客先企業が破綻処理の制度スキームによる事業再生を選ぶ局面については、1990年代アジア通貨危機時代や、2008年リーマン・ショック時には、公的資金を金融機関に注入し、金融機関が企業と向き合って不良債権処理を進める間接支援方式が採られたが、東日本大震災後の復興過程では、主に企業サイドに対する直接の補助金投入を軸とする、準則的な私的整理による事業再生スキームが活用された。中小企業グループ補助金を嚆矢とする多額の補助金制度と抱き合わせで運用された、金融庁の私的整理ガイドライン、中小企業庁の産業復興機構、また自民党肝いりで預金保険機構などを母体とした東日本大震災事業者再生支援機構などの制度スキームである。なかでも東日本大震災事業者再生支援機構は、既存金融機関からの債権買取後に、公金投入による大胆な債権放棄を伴うメカニズムとなった。破綻企業側が準則型私的整理を選好する理由は、法的手続が堅持する債権者間平等や経営責任原理などの原則に風穴を開け、一部債権者の反対を押し切って債権放棄を引き出すなどの柔軟な結論を引き出しやすいためと考えられる。コロナ禍でも、都道府県ごとに設置された中小企業再生支援協議会が[33]、複数債権者の絡む複雑な事例を中心に公的介入を行い迅速処理に定評がある。しかしコロナ禍ではその役割も当面の特例リスケジュールに留まり、債権放棄を含む抜本的処理は俎上に挙がっていない。

---

33) 産業競争力強化法（2013年制定）に基づき経済産業省からの各都道府県への委託業務として設置され、金融機関経験者や公認会計士等の専門性の高い第三者が中立的立場であっせんを行う。

尼崎信用金庫によれば、債権放棄は地域金融機関として当該客先との関係を永久に絶つことを意味するため、最後まで採りえない手段である。特定の客先に債権放棄を行ってなおも取引を継続することは、他の客先に対する背任であり、ほどなく地域の顧客に知れ渡り不信を招くのが地域金融であるとする。地域金融機関にとって、債権放棄は公的メカニズムによって強制され、かつ無税償却のメリットを前提とする局面以外ではあり得ない選択肢である。たとえ採算部門・不採算部門を切り分け採算部門を新スポンサーに売却するいわゆる第二会社方式が推進される局面でも、従来の事業主は不採算部門を引き継ぎ、たとえ中小企業庁の「経営者保証ガイドライン」に依拠するなどで個人破産を免れるとしても、永久に事業から退出していくことに変わりはない。その事業を継承するスポンサーは、誰でもよいわけではなく、地域経済の将来に資する健全な事業承継でなければならない。ゼロゼロ融資では、不採算部門について信用保証協会の代位弁済後の求償権放棄による公的債務処理が期待されているが、求償権放棄には損失補填を行なう県議会の議決が必要であり、兵庫県ではその条例がない。いずれにせよ、事業再生においては金融機関・事業者・信用保証協会の信頼関係が基本であり、弁護士が強引に介入するような再生がたとえ一時的に成立しても、事業としての成功は望めないとした。神戸信用金庫のヒアリングにおいても、準則型の私的整理にせよ、民事再生法・破産法などの法的整理にせよ、あくまで事業者とメインバンクの信頼関係のもとであらゆる手を尽くして努力を重ねた末に、企業が自らの最終的判断で選ぶべきものであるとした。

　コロナ禍を不採算中小企業の淘汰の好機とする論客がいかなる事業再生メカニズムを考案しようとも、それとは別次元で、事業者と金融機関との信義則のストーリーが流れている。民法419条3項が体現する融資契約の原理は冷酷であるが、その履行へ向けて最善の努力を行う事業者と、ぎりぎりの支払い猶予を受け入れる金融機関との信頼関係の強度が、コロナ禍の事業再生過程で最終的に試される場となっていくと見られる。

（4）小括
　コロナ禍の中小企業金融は、従来のプロパー融資と、ゼロゼロ融資などの緊

急支援との、二重構造で動いている。緊急融資は、政府の感染症対策によって甚大な影響を受けながらも「補償」を求めて得られぬ影響業種にとって、窮地を救うものとなった。既存のプロパー融資はそのためにリスケジュールや公的融資に対する劣後債権化などを余儀なくされたが、金融機関としてはコロナ禍の先の見えない中でもさらに新規融資を打っていかねばならない。地域金融機関の対応方針は、影響業種に対するこうしたリスクテイクと同時に、コロナ特需で潤う安定業種をめぐる新規顧客獲得競争をも闘っている。この両面が同時追求される理由は、前者のリスクテイクをどこまで続けられるかの挑戦が、後者の安定業種の残高をどこまで伸ばせるかの兼ね合いで決まるからであろうと見られる。

影響業種に対しては、緊急融資の返済開始のタイミングにおいて、プロパー融資への借換えにより一段と関係性を深める方向へ歩むのか、あるいは袂を分かち債権処理に向かうのか、決断を迫られていくこととなる。政府や学界には上述のように、その段階を、日本の中小企業セクターの低生産性を克服する淘汰の好機と捉える議論があるとしても、しかし地域金融機関の側には、そのような淘汰論に抵抗する矜持の構えが見出される。ポストコロナの事業展開を緊急融資残高分もろとも丸ごと引き受け支えていく尼崎信用金庫の方針、あるいは将来の新規融資を可能にするためにも緊急融資の約定返済を支えていく神戸信用金庫の方針と、それぞれニュアンスは異なるが、いずれも事業者の手を離さない覚悟がうかがわれた。

地域金融機関のこうした覚悟を支えるものが、自行の財務体質の強化である。近年の地銀再編圧力を受けて貸倒引当金の積み増し努力を重ねていた。さらにコロナ禍のゼロゼロ融資は新規の優良客先の獲得機会となって、財務構造に貢献する期待もある。コロナ禍では幸い、地域経済のすべてを飲み込む大規模自然災害とは異なり、影響業種ばかりではなく、コロナ禍の特需に湧く安定業種もあるためである。後者のすそ野を広げることで、前者のリスクテイクを続けていく持続的戦略がめざされている。地域経済内部の金融仲介が働くかぎり、時間をかけて、この試練は神の与えた乗り越えられる試練として受け止められている。

5．総括

　コロナ禍の日本政府の感染症対策は、行動規制に対する「補償」論を警戒し、新型インフル特措法における手ぬるい要請主義で進み、結果として感染症の抑え込みが遅れ、コロナ禍の経済的影響を増幅し長期化させたと考えられる。そのような「政府の失敗」に起因する経済的影響を、政府は直接的な「補償」で対応しようとせず、2020年度中に給付された補助金措置も2021年度には雇用調整助成金を残すのみとなり、むしろ金融システムを通じた緊急融資に委ねる対応となった。

　コロナ禍は、このような「政府の失敗」を露わにしたのみならず、市場メカニズムに依存する「小さな政府」の姿を浮き彫りにしたと考えられる。市場セクターは果敢にコロナ禍の経済的影響と立ち向かっているが、そのリスク負担の相互関係はいびつな面も見いだされる。中小企業を取り巻く経済構造を契約の連鎖としての視点でみるとき、大小を問わず事業者が対等の関係で向き合い、健全な競争圧力が働いている局面では、平常時の想定を超えるコロナ禍の事情変更に際しても当事者は相互の最適解を求めて合理的な契約再交渉を果たす力があるはずである。そうした修正機能の働かない契約関係が見出されるとすれば、そこには平常時から対等な関係が欠落していたか、あるいは強行法規や政府の施策による公的介入、また硬直的な業界慣行が、健全な契約関係を歪めている可能性が考えられる。コロナ禍はその意味で、契約関係をめぐる法や慣行の妥当性を点検する機会を与えている。

　雇用契約では、正規雇用における契約の非対称性を補完すべく設計されてきた解雇制限法理等の強行法規が、コロナ禍では中小企業の固定費として顕現するとともに、非正規雇用をバッファーとして正規雇用を守る社会の格差構造を浮き彫りにした。雇用安定助成金による急場しのぎの行政対応に留まらず、抜本的な法制度改革が待たれている。

　賃貸借契約は、コロナ禍でとくに契約修正の気運が鈍い領域として立ち現れている。コロナ禍の影響業種であるサービス業等は、顧客アクセスの高い一等地でのテナントなど借地借家関係に立つことが多く、オーナー側に賃料減額や猶予等の契約修正を求めて一蹴される状況がうかがわれた。日本の賃貸借は、

関東大震災の時代から「物権法」の領域で、旧借地法・借家法・罹災都市借地借家臨時処理法などの保護法規が積み上げられてきた歴史がありながらも、バブル期以降の新自由主義により所有者優位に回帰し、東日本大震災後の罹災都市借地借家臨時処理法の廃止はその象徴となっていた。コロナ禍では法務省の行政指導が改正民法典「債権法」の文脈で賃借権を扱い、不可抗力抗弁が排除されるなどの痛ましい現実はその帰結と考えられる。歴史的に重ねられてきた強行法規が、非常時に顕現する経済的弱者の救済に向けられた努力であったことを、コロナ禍はひるがえって教えている。

　長期取引先との関係的契約は、平常時から適正利益率を確保しあう対等な取引関係においては、非常時にも一定の契約修正が見られた反面、多くの業種で、コロナ禍でも平常時からの業界慣行を修正できないとする声が主流であった。

　このように中小企業を取り巻く契約関係において、強行法規や行政指導、また業界慣行のしがらみによって、必ずしもコロナ禍のリスクを分かち合う柔軟な契約修正が起こってはいない。その中で、唯一といってよく、融資契約では、地域金融機関によるリスクテイクが媒介となり、地域経済の全体を視野に置いた大きな契約修正が動いている。この間、地域金融機関は、政府の地銀再編圧力に抵抗しながらコロナ禍を乗り切らねばならない。コロナ特需に沸く安定業種に多様なサービスを提供しつつメインを奪いとり、かたや影響業種に対するリスクテイクの手を離すわけにはゆかない。安定業種の余裕資金が自行口座に預金され、金融機関はその強化された体力を用いて、影響業種の近い将来の返済危機を切り抜ける覚悟である。ゼロ金利時代の金融仲介機能は、地域経済の毛細血管にマネーフローを流し続けていく持続的な循環器系統としてイメージしやすい。

　コロナ禍の中小企業にとって、今後の懸念材料は「政府の失敗」と思われる。一つは、コロナ禍の経済リスクを行政指導という責任の所在の曖昧な手法により地域金融セクターに転嫁し、しかしながら将来的には地銀再編によって問題解消を図ろうという、背信的とも思われる政策態度である。また、偏頗的な補助金配布による介入が、市場をゆがめる懸念である。事業再構築補助金に見られる数千万円規模の企業セクターへの介入は、慎重に判断されないかぎり、冷静な営業判断を歪め、水平・垂直の市場秩序に波及する。コロナ禍は、政府介

入に改めて科学性を促す機会であると考えられる。低成長時代の政府の役割が「小さな政府」に留まらざるを得ないというならば、その小さな機能は、契約関係に本来備わった市場の自己治癒的機能を促進する方向で、科学的必要性の範囲内に留められるべきであろう。政府主導の破綻処理スキームが「資本主義に反する」と断じた地域金融マンの一言が、耳に残っている。

参考文献

・金子由芳（2014）「災害復興における国家と私権のゆくえ―東日本大震災とアジア」、小柳晴春一郎編『災害と法』法文化叢書12号、国際書院
・金子由芳（2015）「「人間の復興」の制度論―2つの大震災から学ぶ災害復興基本法への宿題」、松岡勝実・金子由芳・飯考行編『災害復興の法と政策』成文堂所収
・神戸市新型インフルエンザにかかる検証研究会（2009）『神戸市新型インフルエンザ対応検証報告書』、神戸市
・小林慶一郎・寺澤達也（2020）「コロナ危機下のバランスシート問題研究会提言―事業構造改革の加速による成長実現戦略」『金融法務事情』No.2147, pp.20-26
・小山剛（2020）「自粛・補償・公表―インフォーマルな規制手法」『判例時報』2460号, pp.145-146
・コロナ禍の倒産実務研究会「新型コロナウィルス感染症（COVID-19）の感染拡大下における事業再生手続についての提言（上）」銀行法務21, No.862, pp.4-10
・田川淳一・和田正・樋口千鶴・島谷知宏・宮原一東・南勇成・小野塚格・富永浩明・小島伸夫・山宮慎一郎・志甫治宣・大川剛平（2020）「新型コロナ対応で倒産・再生弁護士に求められること」『金融法務事情』No.2142, pp.6-25
・帝国データバンク（2021）『金融機関の取り組みの評価に関する企業アンケート調査　調査結果報告書』金融庁
・兵庫県新型インフルエンザ対策検証委員会（2009）『兵庫県新型インフルエンザ対策検証報告書』、兵庫県
・Kaneko, Yuka（2022）*Law and Policy of COVID-19 Response in Asian Countries*, Springer Kobe University Social Science Series（forthcoming）
・NHK（2021）「データで見る新型コロナ―中小企業への影響」、NHKホームページ特設サイトhttps://www3.nhk.or.jp/news/special/coronavirus/economic-indicators/detail/detail_14.htmlで参照可能（参照：2021年9月）
・Sonobe, Tetsushi（2020）"The Impacts of the COVID-19 Pandemic on Micro, Small, and Medium Enterprises in Asia and their Digitalization Responses," proceedings at the 2020 Asian Development Bank Institute Annual Conference: The Impacts of the COVID-19 Pandemic and its Policy Implications

第2章

コロナ禍の中小企業支援と弁護士の役割

髙井 章光

1．本稿の趣旨

　新型コロナウイルス禍や緊急事態宣言によって、売上げが減少し、資金繰りに窮し、人件費や店舗・事務所賃料等の固定費を支払うことが難しい状況に陥っている中小企業は少なくない。コロナ禍の完全な終息が見えない状況においては、今後の事業の先行きも不透明な状況にある。

　このような窮境状態にある中小企業に対し、弁護士や弁護士会（以下、日本弁護士連合会を含め、弁護士・弁護士会をまとめて弁護士会等という。）は、コロナ禍が広範に及んだ 2020 年 3 月以降、中小企業経営者向けの法律相談体制を強化するなどして、法的側面から中小企業支援を行ってきた。しかしながら、これらの対応は決して十分なものとは言えず、窮境状態にある中小企業に対して法的支援が十分に行き渡った状況にはほど遠い。

　そこで、未だ続くコロナ禍の中で、今後、弁護士会等がどのような形で窮境状態にある中小企業の支援を行うことができるのか、平時における弁護士会等による中小企業支援の状況を踏まえながら、弁護士会等は何ができるのか、何をする必要があるのか等、その可能性について検討したい。

2．2020 年 3 月からの 2 年間に、弁護士会等がコロナ禍の中小企業支援に取り組んできた内容

（1）弁護士会等のコロナ禍の中小企業支援の取組み

　2020 年 3 月から約半年間は、感染対策のため弁護士会館等の施設を利用しての支援活動は大幅に制限せざるを得なかった。そのため、各弁護士会においては、電話相談を中心とする法律相談が活動の中心となり、また、日本弁護士

連合会（以下、日弁連という。）においては会長声明や宣言という形にて中小企業支援に関する意見表明を行ってきた。

　2020年秋以降において、感染対策を講じながら弁護士会館等の施設利用ができる状況になると、法律相談に加え、実際の紛争解決手段として弁護士会のＡＤＲを活用する試みを始め、震災・災害ＡＤＲを設置している弁護士会の一部においては、関係者が集まって「3密」状態が生じることを回避するため、ウェブ会議システムを利用した「リモートＡＤＲ」を開始した。筆者も2021年に第二東京弁護士会でのあっせん手続において、あっせん委員として「リモートＡＤＲ」により1件解決した経験を得ている。さらに、事業者賃貸借トラブルが増えている実情に鑑み、迅速に賃貸借トラブルを解決するため一部の弁護士会において、「事業者賃貸借ＡＤＲ」の試みを実施した。

（2）法律相談の取組み

　コロナ禍以前より常設されている中小企業の法律相談システムとして、日弁連において中小企業法務を担当する日弁連中小企業法律支援センターが運用する「ひまわりほっとダイヤル」[1]がある。これは、全国統一電話番号（0570－001－240）にて、各弁護士会の中小企業法務を担当する弁護士と面談相談の予約を行うシステムであり、一部地域を除き、初回30分無料にて実施している。日弁連は、全国的なコロナ禍に対応する法律相談システムとして、中小企業・個人事業主による相談に対してはこの既存の「ひまわりほっとダイヤル」を活用し、他方、一般個人に対しては新たに「新型コロナウイルス法律相談全国統一ダイヤル」を設置し、架電があった場合にはその場にて対応するのではなく、コールバック方式にて電話法律相談を実施する対応を行った。その概要は以下のとおりである。

①　ひまわりほっとダイヤル

　「ひまわりほっとダイヤル」のコロナ禍前における2019年度の実績は、全

1）日弁連ホームページ（https://www.nichibenren.or.jp/ja/sme/index.html）参照（参照：2021年9月）。

国合計で受電数1万8540件（ただし、2020年2月1日から17日の受電件数は集計ができておらず、含まれていない。）、相談件数6607件である。その利用は、資本金500万円未満の会社・個人事業者が全体の60%を越えており[2]、その利用の中心は、弁護士が身近に存在しない小規模企業や個人事業主となっている。

コロナ禍への対応として、2020年4月、5月は初回30分有料としていた地域でも無料とし、また、通常は面談相談を行っているところを、時期や地域においては電話相談での対応を行っている。常設の中小企業相談システムであるため、コロナ禍関連の相談とそれ以外の相談を区別していないが、筆者が把握した限りでは、緊急事態宣言やまん延防止等重点措置が発令した時期に相談受電件数が多くなっており、1回目の緊急事態宣言が発令された2020年4月は全国での受電数が前年同月の1.5倍以上の2500件を超え、その後は前年並みの利用件数となったが、2回目の緊急事態宣言やまん延防止等重点措置が発令された2021年1月から3月に再び受電数が増加し、特に3月は再び全国での受電数が2000件以上となった。2020年4月から2021年3月までの1年間の受電総数は、前年の約1.15倍であった。また、2021年4月以降も4月から9月までの期間に3回目及び4回目の緊急事態宣言が発令されたため、この期間中は利用件数が多くなり、4月と8月に全国の受電数が2000件以上となっている。

コロナ禍に関連する相談としては、事業再建・倒産に関する相談が一番多く、そのほか、債務に関する相談、契約・取引に関する相談、賃貸借契約に関する相談が比較的多い内容となっているようである。

② コロナ禍対応相談（全国）「新型コロナウイルス法律相談全国統一ダイヤル」[3]

2）日本弁護士連合会（2020）p.29参照。また、日本弁護士連合会日弁連中小企業法律支援センター編『中小企業法務のすべて』（商事法務、2017年）p.15には、2016年までの運用実績の概要が掲載されている。
3）新型コロナウイルス法律相談全国統一ダイヤル実施内容については、日本弁護士連合会「新型コロナウイルス法律相談全国統一ダイヤル（2020年4月20日〜同年7月22日）報告書」参照。

2020年4月20日から同年7月22日まで、緊急的に各弁護士会にて実施した、統一電話番号によるコールバック方式での電話相談システムであり、約3ヶ月間にて1859件の相談対応が行われた。

なお、上記期間後においては、各弁護士会において、通常の法律相談において対応がなされているほか、全国共通電話予約システム「お悩み110番（0570 - 783 - 110）」を常設し、さらに、2021年2月25日には全国一斉「新型コロナウイルス感染症生活相談ホットライン」[4]を実施している。

一般個人向けの相談システムであったが、事業者からの相談が319件ありその内容は表2-1のとおりである。

表2-1：新型コロナウイルス法律相談全国統一ダイヤル（2020.4.20 ～ 7.22）事業者相談内容

```
①　公的支援制度（８０件）
②　資金繰り（合計５２件）
　・借入金返済困難（１６件）
　・新たな融資（１７件）
　・その他（１９件）
③　契約・取引（４９件）
④　賃料問題（４８件）
⑤　労務（１８件）
⑥　風評被害（６件）
⑦　その他（５１件）
⑧　感染症と関連なし（１５件）
```

対象期間が2020年前半期であるため、公的支援制度に関する相談が極めて多く（80件）、その次に資金繰りに関する問題（合計52件）となっている。労務相談はそれほど高い比率ではないが、その理由としては、中小企業において労務問題は常に抱えている問題であり、ある程度の対処方法が既に存在することや、公的支援制度が利用できることが考えられる。

なお、非事業者の相談内容は、労務問題が一番多く全体の30％、その次

4）https://www.nichibenren.or.jp/event/year/2021/210225.html参照（参照：2021年9月）。なお、全国で844件の相談が寄せられた。

に消費者問題（21％）となっている。

③　大阪弁護士会の電話相談

　既に述べたとおり、全国統一による法律相談を含め、各弁護士会にて個別に法律相談を実施しているところ、大阪弁護士会においてはその概要をホームページ[5]にて公表していることから、その内容を紹介する。

　2020年3月11日から2021年3月31日まで、2128件の相談があり、そのうち、事業者による相談は648件であり、その相談内容の内訳は表2-2のとおりである。

表2-2：大阪弁護士会電話相談（2020.3.11 ～ 21.3.31）　事業者相談内容

①　融資・助成金・給付金（１８９件） ②　コロナ版ローン減免制度（１８８件） ③　契約・取引（４９件） ④　休業補償（３８件） ⑤　個人再生・自己破産（３８件） ⑥　賃料（３３件） ⑦　損害賠償（８件） ⑧　解雇・雇用契約（７件） ⑨　その他（９８件）

　相談件数が多い「コロナ版ローン減免制度」とは、「自然災害による被災者の債務整理に関するガイドライン」が、コロナ禍の影響を受けた個人債務者（事業者を含む）に対し2020年12月1日から適用されたものである。この相談件数が極めて多くなっていることからすれば、コロナ禍の影響により、個人事業者を含む個人債務者において、借入負債が大きな問題となっていることわかる。

　なお、事業者以外の労働者等の相談内容は、コロナ版ローン減免制度が一番多く（348件）、その次が休業補償（180件）、借金・債務整理（150件）、解雇・雇用契約（122件）、家賃・住宅ローン（94件）等となっている。

5）http://www.osakaben.or.jp/corona/参照（参照：2021年9月）。

④ 全国の弁護士会における法律相談の概要

　日弁連は、全国の弁護士会において 2021 年 2 月及び 3 月に行われた新型コロナウイルス感染症関連の法律相談の内容をまとめ、2021 年 5 月に公表している[6]。事業者（個人）264 件、事業者（法人）27 件の相談があったが、その内容は表2-3 のとおりである。

表2-3：全国の弁護士会の法律相談（2021.2 ～ 3）　事業者相談内容（3つまで選択可）

```
①　資金繰り（合計１８３件）
　・借入金返済困難（１１４件）
　・新たな融資（３７件）
　・その他（３２件）
②　公的支援関係（６０件）
③　事業再生・破産（２０件）
④　労務関係（１０件）
⑤　契約・取引（８件）
⑥　債権の保全・回収（６件）
⑦　その他
```

　このうち一番相談が多い「資金繰り－借入金返済困難」の回答者の職業は飲食業が 19 件、小売業 1 件などとなっている。借入金に対する相談に対し、回答者からの説明（複数回答あり）は、自然災害債務整理ガイドラインについての説明が 71 件、それ以外の債務整理に関するものが 26 件、法的整理が 22 件となっている。

（3）日弁連会長声明・総会宣言等[7]

　日弁連や各弁護士会においては、会長声明等の形にて、コロナ禍の中小企業支援に関し、問題が生じた時機に意見表明を行っている。日弁連会長による中小企業支援に関する声明は以下のとおりである。

① 「緊急事態宣言の影響による賃料滞納に基づく賃貸借契約解除を制限す

6）日本弁護士連合会「新型コロナウイルス感染症関連法律相談事例収集」参照。
7）コロナ禍に関する日弁連総会宣言、会長声明、会長談話については、日本弁護士連合会「COVID－19と人権に関する日弁連の取組－中間報告書－」資料編にまとめて掲載されている。

る等の特別措置法の制定を求める緊急会長声明」（2020 年 5 月 1 日）
　緊急事態宣言の影響により賃料の支払が困難になった場合に、一定期間の
賃料の支払を猶予し、それらの滞納を理由とする賃貸借契約の解除を制限す
る内容を盛り込んだ特別措置法の制定を求める。

②　新型コロナウイルス感染症による緊急措置として、労働者が失業したも
のとみなして失業給付を受給できる措置を講じるとともに、雇用調整助成金
の迅速な支給拡大を求める会長声明（2020 年 5 月 7 日）
　激甚災害に対処するための特別の財政援助等に関する法律 25 条の雇用保
険法による求職者給付の支給に関する特例（実際に離職していなくても労働
者が失業したものとみなして失業給付を受給できる制度）を緊急事態宣言に
伴う事業の休止等にも適用する措置を求める。

③　中小企業・小規模事業者に対する新型コロナウイルス感染症対策の緊急
融資に関して改善を求める会長声明（2020 年 5 月 15 日）
　中小企業に対する緊急融資実行の迅速化・効率化を図るため金融機関の審
査プロセスを一層簡素化すること、既存借入金負担が重い事業者、事業再
生に取り組んでいる事業者に対しても積極的に緊急融資を進めること、緊急
融資については原則として個人保証を求めないこと、株式会社東日本大震災
事業者再生支援機構法による債権買取りスキーム等も参考とし、既存債権を
含めた緊急融資に対する返済負担軽減措置を検討することを求める。

④　事業者向けにファクタリングを装って違法な貸付けを行う業者の取締り
の強化を求める会長声明（2020 年 6 月 17 日）
　中小企業が違法なファクタリング業者の被害に遭わないための注意喚起を
積極的に行うとともに、貸金業法及び出資法に違反する違法なファクタリン
グ業者の取締りを強化することを求める。

⑤　新型コロナウイルス感染症の影響を受けた個人債務者への「自然災害に
よる被災者の債務整理に関するガイドライン」の適用開始に当たっての会長

声明（2020 年 10 月 30 日）

　自然災害による被災者の債務整理に関するガイドラインが有効、適切に運用されるため、日弁連は全面的に協力する。

　また、2020 年 9 月 4 日には、日弁連として「新型コロナウイルス感染症の拡大に伴う法的課題や人権問題に積極的に取り組む宣言」を公表し、その中で、コロナ禍により生じた多種多様な法的課題及び人権問題について、法律相談やＡＤＲなどの様々な法的サービスの提供手段を駆使すること、有用な政策提言を積極的に行う旨の意見表明を行っている。

（4）ＡＤＲ活用の取組み

　災害等の緊急時の問題解決では、多くの企業において同様の問題が生じ、これを迅速に解決することが求められるため、解決に時間を要する裁判手続よりも、ＡＤＲによる解決が適する場合が多い。例えば、2011 年の東日本大震災に起因して生じた福島第一原子力発電所爆発事故による被害の解決においては、同年 9 月から原子力損害賠償紛争解決センターによる和解仲介手続が利用され、2020 年 12 月 28 日までに 2 万 0562 件（なお、1 件で複数人の申立てがなされることも多く、住民集団申立てでは、2 件で約 1 万 5000 人の申立がなされた事案もある）の和解が成立している実績がある[8]。弁護士会等においては、コロナ禍の問題についても弁護士会のＡＤＲによる解決がふさわしいものと考え、2020 年秋以降、対応を開始している。

　コロナ禍の問題を弁護士会のＡＤＲにて対応する動きとしては、従前の震災・災害時の対応から設置されている「震災・災害ＡＤＲ」の活用を促進する動きと、賃貸借契約に関するトラブルが多発していることから、新たに「新型コロナ・事業者賃貸借ＡＤＲ」の運用の試行の動きがある。

8）渡部晃「原発ＡＤＲ−10年の軌跡」『特集弁護士会ＡＤＲの発展と今後の課題』自由と正義2021
　年4月号（vol.72No.4）p.31参照。

① 震災・災害ＡＤＲ[9]

　弁護士会のＡＤＲは全国で 35 弁護士会にて 38 センターが運営しており、全国にて年間 1000 件程度の利用がある。このうち、東京、第一東京、第二東京、京都、愛知県、広島、岡山、福岡県、熊本県及び仙台の各弁護士会と大阪弁護士会が参加する（公社）民間総合調停センターで、震災や災害が生じた場合に対応する「震災・災害ＡＤＲ」を設置しており、コロナ禍による被害について、「災害」と位置づけて、手数料減免、申立サポート体制、早期解決の重視等を適用している。また、「3 密」を避けるため、ウェブ会議システムを利用した「リモートＡＤＲ」について、東京、第一東京、第二東京、千葉県、京都、広島、岡山及び仙台の弁護士会ＡＤＲセンターにて導入が始まっている。筆者も、2021 年に第二東京弁護士会ＡＤＲセンターにて、あっせん委員としてＺＯＯＭシステムを使用して手続きを進め、和解による解決に至った案件を経験している。当事者交互に意見を聞きながら調整をする方法においては、ウェブシステムでは一方当事者の退室が容易であるため、違和感なく手続を進めることができるものと思われる。

② 新型コロナ・事業者賃貸借ＡＤＲ[10]

　事業者の賃貸借トラブルが多発しており深刻な問題となっていることから、事業者の賃貸借のみテーマとして、東京、第一東京、第二東京、大阪、京都、愛知県、広島、岡山、福岡県、熊本県及び仙台弁護士会にて、2020 年 12 月から 2021 年 3 月まで、「ひまわりほっとダイヤル」に同種相談があった場合の具体的な解決手段として「事業者賃貸借ＡＤＲ」を試行した。

---

9) 斉藤・豊田（2021）p.25参照。
10) 概要について、前掲注7)日弁連「COVID−19と人権に関する日弁連の取組−中間報告書−」p.105参照。
11) コロナ禍の中小企業の状況とその支援策について、2020年11月時点の状況をまとめた報告として、髙井（2021）「コロナ禍からの事業再生と廃業−倒産事件に携わる弁護士の役割−」p.6参照。

3．弁護士が活用する隣接制度におけるコロナ禍の中小企業支援対応 [11)]

　コロナ禍の中小企業支援の多くは行政主導によるものであり、2020年3月以降、主に資金繰り対策としての緊急融資政策や持続化給付金等の給付金・補助金政策、さらに租税公課の支払猶予措置が行われ、一定の効果をあげている。また、固定費の大きな要素である人件費については、雇用調整助成金について大幅に要件を緩和する措置を講じられ、家賃についても家賃支援給付金や各自治体の家賃補助事業などの措置が講じられている。これらの行政措置により、2020年の全国での倒産件数は例年よりも極めて少ない件数となっている [12)]。

　その状況においても、資金繰りが継続しなくなった中小企業や事業者が多数生じているため、国は金融機関に対して適時適切な貸出や返済猶予等の条件変更等の配慮要請を行うとともに [13)]、下記のような各制度運用を開始しており、これらの制度において弁護士はその運用の担い手として関与している。

① 中小企業活性化協議会（旧中小企業再生支援協議会）「新型コロナ特例リスケジュール」[14)] 制度
　中小企業活性化協議会において、各金融機関に対し1年間の金融債務の元金支払い猶予要請を行い、その支払猶予期間にて事業改善等を図る制度として、2020年4月より開始された。2021年2月までの利用は、全国にて4262件となっている [15)]。

---

12) 中小企業白書2021年版（第1-1-36図）では、2020年の倒産件数は7,773件であり、1990年の6,468件以来の低水準となっている。また、東京商工リサーチ2021.04.12公開「倒産減少、過剰債務への対応が課題」では、「2020年度の倒産（負債1,000万円以上）は、7,163件で、30年ぶりに8,000件を下回り、過去50年間で4番目の低水準だった。コロナ禍の当初は倒産の急増が懸念されたが、国や自治体、金融機関の支援もあり、大幅な減少となった。」と報告している。

13)「新型コロナウイルス感染症の影響拡大・長期化を踏まえた事業者の資金繰り支援について」（2020年6月10日）など、複数回、実施されており、その内容については、金融庁ホームページ（https://www.fsa.go.jp/ordinary/coronavirus202001/press.html#99）参照（参照:2021年9月）。

14) 経済産業省ホームページ（https://www.meti.go.jp/covid-19/shikinguri.html）参照（参照:2022年6月）。また、運用については、横田（2020）p.29、賀須井ほか（2020）p.5参照。

② 「自然災害による被災者の債務整理に関するガイドライン」の新型コロナウイルス禍の影響を受けた個人債務者（事業者を含む）への適用（いわゆる『コロナ版ローン減免制度』）

コロナ禍により返済が困難となった個人の金融債務について、特定調停によって減免を受ける制度であり、2020年12月1日から開始されている。弁護士の関与により個人債務者の負債処理（私的整理）を行うものである。

③ 法テラスによる個人事業主の破産予納金の立替え

2021年4月1日から2022年3月31日までの自己破産に関する援助申請案件に限り、個人事業主に対して、破産申立ての実費、着手金、破産予納金の償還を前提とする立替えを行う。なお、この制度に関連し、当該法テラスの償還請求権が破産手続における財団債権とすることの可否について議論が生じている[16]。

④ 「中小企業の事業再生等に関するガイドライン」（中小企業版私的整理ガイドライン）策定

2021年6月18日に閣議決定がなされた成長戦略実行計画において、コロナ禍における事業再構築・事業再生の環境整備を図るため、「中小企業の私的整理等のガイドライン」の策定を検討するとされた。その後、同年11月に全国銀行協会にて「中小企業の事業再生等に関する研究会」が設置され、2022年3月にガイドラインが公表され、同年4月15日から適用されている[17]。このガイドラインは中小企業の再生・廃業を目的として、弁護士等が「外部専門家」や「第三者支援専門家」となって、金融機関との間で債務調整を私的整理にて実施するものであるが、特定調停などの手続きにて私的整理を実施する場合にも準則として利用できるものとされている。

---

15) 特例リスケジュールの利用件数は、東京商工リサーチ2021.03.31「『コロナ特例リスケ』、4月1日付で一部改訂」による。
16) 伊藤眞「法テラスの破産手続開始申立弁護士費用立替にもとづく償還請求権の財団債権性」（判例時報2433号p.133）
17) 全国銀行協会ホームページ（https://www.zenginkyo.or.jp/adr/sme/sme-guideline/）参照（参照：2022年6月）。

4．弁護士会等によるコロナ禍の中小企業支援に対する評価

（1）これまでの弁護士会等による中小企業支援に対する積極的評価

ここまで、コロナ禍の中小企業支援に関し、弁護士会等の対応内容について概説してきた。弁護士会等の支援の中心は法律相談であり、ひまわりほっとダイヤル等のコロナ禍対応の相談窓口を設置することで、全国の弁護士会を通じて法律相談が実施され、また、具体的紛争についてはＡＤＲの適用を試みている。

弁護士会等において、中小企業向け法律相談制度である「ひまわりほっとダイヤル」や紛争解決制度として弁護士会ＡＤＲを常時から運用しており、コロナ禍の緊急時において、これら常設の制度を活用できたことは多いに評価されるべきである。窮境状態に陥った中小企業に対する支援策を、緊急状態の中で一から立ち上げることは非常に困難であり、かつ時間がかかることが想定されるが、今回は、既存の制度として法律相談制度や紛争解決制度を弁護士会等にて運営していたため、その制度を活用することで、比較的迅速な対応ができた。

弁護士会等自身がコロナ禍により通常の活動が大きく制約されている状況にあったことを考えれば、これらの対応について一定の評価をしてもよいと思われる。

（2）これまでの弁護士会等による中小企業支援に対する問題点

他方、どれだけの中小企業がその支援策を利用したかという点で検証した場合には、それほど大きな成果をあげることができていないと言わざるを得ない。「ひまわりほっとダイヤル」の利用においても、2019 年度と比べて 2020 年度は件数が増えてはいるものの、年間通してみれば約１割強の増加にとどまる利用である。残念ながら、「事業者賃貸借ＡＤＲ」の試用期間中における実績もあまり利用件数は多くなかったと聞いている。「震災・災害ＡＤＲ」のコロナ禍における活用についても、日弁連における運営担当者の報告によれは、「コロナ災害においては法律相談の取組自体が及び腰になりがちだったきらいがあり、被災者がコロナ禍によって現実に抱える問題が法律相談を通して集中的かつ大量に吸収できておらず、ＡＤＲへの導入線である〈相談から解決へ〉が残念ながら余り発現していない現実がある。」という状況のようである[18]。

今後、コロナ版ローン減免制度や中小企業再生支援協議会の特例リスケジュールの出口対応、さらに新しく運用が開始された「中小企業の事業再生等に関するガイドライン」（中小企業版私的整理ガイドライン）の担い手として、債務整理を専門とする弁護士の活躍が見込まれるところであるが、これらは必ずしも弁護士会等において独自に中小企業支援策として講じた制度ではない。

　以上から、これまでの弁護士会等の中小企業支援策はけっして十分なものではなく、弁護士会等においては、まだ終息が見えないコロナ禍における中小企業支援について、さらに有効な支援策を検討し、実施して行かねばならない状況にある。

5．弁護士会等における中小企業支援の方向性

（1）コロナ禍における大企業支援の状況

　弁護士会等による中小企業支援を検討するにおいて、その比較として、弁護士・弁護士事務所によるコロナ禍の大企業支援の状況を検証する。コロナ禍は中小企業だけでなく、大企業に対しても大きな影響を及ぼしており、弁護士の法的支援は大企業においても必要な状況にある。例えば、航空業界等の輸送・運送業、飲食業、ホテル観光業、アパレル等における大企業が、取引金融機関から巨額の融資支援を受けた旨の報道は毎日のように報道され、大手アパレル企業の株式会社レナウンは2020年5月に民事再生手続となり、その後、同年11月には破産手続に移行している。格安航空会社（ＬＣＣ）エアアジア・ジャパン株式会社は2020年11月に破産手続に至っている。

　このように中小企業以上に固定費負担が大きい大企業においては、コロナ禍による減収減益の影響も大きく、様々な法的支援の必要性が生じている。このような法的支援に対して、弁護士はどのように対応しているのであろうか。

　週刊エコノミスト（2021年3月16日号）[19]は、「コロナ後に残る弁護士」との特集記事を掲載している。この記事においては、いわゆる「マチ弁」は

18）前掲注9）斉藤ほかp.27。
19）発行は毎日新聞出版株式会社。

コロナ禍の影響により売り上げが激減している一方で、企業法務において専門性を有する弁護士事務所は需要が伸びていると報道している。特に、所属弁護士数が多い５つの事務所（西村あさひ法律事務所、アンダーソン・毛利・友常法律事務所、長島・大野・常松法律事務所、ＴＭＩ総合法律事務所、森・濱田松本法律事務所）に対するインタビューでは、ほとんどの事務所が2019年より2020年の方が売り上げが増加していると回答し（なお１事務所のみ前年横ばいと回答）、その要因として、コロナ禍の影響を受けた大企業からの要請によって、例えばコロナ禍で業績が悪くなった事業や部門の切り離しを進めるため、グループ内再編、企業の合併・買収（Ｍ＆Ａ）や事業再生案件が増加し、さらにファイナンスや労務問題のほか、新しいビジネス分野への法的支援として、ＩＴビジネスや再生可能エネルギー、ヘルスケア分野なども増えていると回答している。

　記事の中では、上記弁護士事務所所属の弁護士が、「世の中が変化する時は法律事務所の仕事が増える。コロナ禍も同じだ。」と発言しているが、正論である。企業は、コロナ禍によって、それまでと同様の経済活動から変化することを求められており、大企業のみならず、中小企業においてもその場面においては弁護士による支援ニーズは高まるはずである。

（２）大企業支援における「企業法務」分野の確立

　コロナ禍の中小企業に対する法務支援が十分に行き届いていないにもかかわらず、なぜ、コロナ禍の大企業に対する大手弁護士事務所の仕事は増えているのであろうか。

　そもそも、2020年から21年にかけて、大企業では、改正民法の適用だけでなく、労働法における働き方改革関連改正や改正会社法の適用などもあり、コロナ禍対応以外にも弁護士による支援を受けるニーズは高い状況にあった。さらに、このような大企業における高い弁護士ニーズは、「企業法務」という明確な専門分野が、コロナ禍以前より確立していたことによるものであり、大企業において、「何か法的問題があれば弁護士が対応すべき」旨の認識が確立しており、その問題の内容に応じて専門の弁護士に相談し対応を依頼できる関係が従前から築き上げられている。

大企業と大手法律事務所等の「企業法務」専門弁護士との間において、「企業法務」における法的支援を継続的に実施する関係が従前より築かれていたことから、コロナ禍の影響に起因する問題に対しても、迅速かつ適格にその専門性を有する弁護士・弁護士事務所にて対応することができ、前述のように、これらの弁護士事務所では 2020 年は前年より増収となったものと思われる。

　すなわち、コロナ禍の影響によって法的支援が必要な企業が多くある中で、大企業に対する法的支援がうまく行っているのに対し、中小企業に対する法的支援が十分でない結果となったのは、コロナ禍以前において、弁護士等による支援体制・制度が確立していたか否かの違いが大きく影響しているものと考えられる[20]。

（3）中小企業支援において弁護士会等が目指す方向性

　中小企業において弁護士会等が未だ遠い存在であることを示すデータとして、日弁連が 2006 年〜 07 年と 2016 年に中小企業に対して実施した 2 回の弁護士ニーズ調査[21] がある。2016 年の調査では、過去 10 年間で弁護士を利用したことがない中小企業は 55.7％と過半数となっており、また、法的課題をかかえていながら、弁護士に相談しなかった旨を回答した中小企業において、弁護士に相談しなかった理由の 52.3％（複数回答）が「弁護士に相談する問題とは思わなかったから」と回答し、「日ごろあまり接点がないため頼みにくいから」が 29.0％（前同）と続いている。他方、課題において弁護士を利用したことがある中小企業の満足度においては、専門性が高い分野では満足度が 9 割を超える内容となっている。この調査結果により、中小企業にとって、まだまだ弁護士会等が法的支援を要請する対象になりきれていないことが明確となっている。

　上記調査結果を、前述の大企業と「企業法務」専門弁護士事務所との関係と比較すると、その違いは顕著である。コロナ禍の中小企業支援の在り方を検討するにおいては、コロナ禍における大企業の法的支援を「企業法務」専門弁護

20）中小企業の司法アクセスの課題については、髙井（2017）p.101を参照されたい。
21）日弁連ホームページ（https://www.nichibenren.or.jp/document/statistics/questionnaire.html）（参照：2021年9月）に掲載されているほか、前掲注2）「弁護士白書」p.19にも抜粋した内容が掲載されている。

士が実現できていることに鑑みれば、早期に中小企業版の「企業法務」の専門性を確立し、多くの中小企業が日常的に継続して利用できるシステムを構築する必要があると言える。

　他方において、中小企業版の「企業法務」の専門性を確立した上で、多くの中小企業が日常的に継続して利用できるシステムを即時に構築することは不可能であり、現在も猛威を振るっているコロナ禍において、早期に中小企業に対して法的支援を実施するためには、即効性のある制度を早期に構築することを優先して検討する必要がある。

6．2022年度以降のコロナ禍における中小企業支援の在り方

（1）コロナ禍における中小企業支援策の検討

　コロナ禍の中小企業に対し、弁護士会等による法的支援を実施する方法として、これまでと同様に、広く窮境状態にある中小企業に対して法的支援を行う「ひまわりほっとダイヤル」制度を継続・拡充する必要がある。広報をさらに行い、遠方の相談者へのウェブシステムでの相談などの工夫により、より多くの中小企業の利用が可能となる状態を作る必要がある。

　また、前述の日弁連の弁護士ニーズ調査では、中小企業において、弁護士と日常的にかかわりがないことから、何を相談・依頼してよいかわからないという状況があることが明確となっている。そのため、コロナ禍の支援においても、中小企業において需要が多いと想定できるテーマに対する解決を明確に掲げた制度構築が必要と思われる。政府において様々な支援メニューを打ち出しているように、弁護士会等においても、コロナ禍の中小企業支援策をできるだけ具体的にかつ多様な内容を提示することが必要である。そうでないと、何が問題でどのようにしたらよいのか十分に分析判断ができていない中小企業から、積極的な支援要請を受けることができない状況が今後も続いてしまう危険がある。

（2）コロナ禍の中小企業支援における具体的テーマとその支援策

　コロナ禍の中小企業は、緊急事態宣言等によって売り上げを得ることができないにもかかわらず、賃料・人件費等の固定費負担を継続しなければならず、

その結果、資金繰りが続かず、企業存続の危機にある場合も少なくない。また、同様の状況にある取引先との関係においては従前の取引やサプライチェーンの維持ができずにトラブルとなってしまうことも少なくない。先行き不透明な状況から、事業継続を維持することが困難と考えている企業も少なくないものと思われる。

　したがって、コロナ禍の中小企業支援における具体的テーマとしては、①事業再生・倒産、②賃貸借契約、③雇用契約、④取引先との契約関係、⑤M＆A、⑥廃業が課題として挙げることができる。2020年3月以降に実施した、「ひまわりほっとダイヤル」での相談内容や、「新型コロナウイルス法律相談全国統一ダイヤル」における事業者の相談内容、大阪弁護士会等弁護士会での相談内容（以上につき、前記2（2）参照）においても、コロナ禍の中小企業が法的支援を求めている内容は、負債処理等を含めた事業再建・倒産に関する内容、賃貸借契約に関する内容、取引・契約に関する内容、労務問題に集中しており、これらに関して適切な対応策を準備し、提供できる工夫が今後は重要となる。

ア　事業再生・倒産

　コロナ禍は終息せず、その終息の見通しすら不透明な状況となっており、多くの中小企業は緊急融資や租税公課の支払猶予等によって過大な負債をかかえた状態のまま、コロナ禍以前の営業活動ができない状況にある。したがって、早期に事業再生や倒産手続を行う必要がある中小企業は少なからず存在し、そのニーズにあった解決策を提示する必要がある。

　コロナ禍においては今後の収益計画を立てること自体が難しい状況からすると、事業再生の対応方法としては、有力企業から支援を受けるための方法として、事業譲渡が考えられる。しかも、売上高が立たず固定費負担が大きい状況が継続し、資金繰りが日々悪化している状況においては、早期に事業譲渡を実施する必要がある。その方法として、金融機関と調整を行いながら事業譲渡を進める私的整理を第一に検討し、金融負債以外の負債整理も必要な場合には法的整理の中で事業譲渡を実行することを検討することになる[22]。なお、私的整理においては、前述の「中小企業の事業再生等に関するガイドライン」（中小企業版私的整理ガイドライン）も含めて検討することになる。

① 特定調停の利用

　早期に私的整理において事業譲渡を実施する方法として、準則型私的整理の中でも柔軟性を有する特定調停手続を有効に利用することが考えられる。特定調停手続においては、中小企業の再生及び廃業のための利用について、日弁連において最高裁判所と協議の上で運用をまとめており、このいわゆる「日弁連スキーム」[23] の利用のほか、2020年4月から東京地裁において実施している新しい特定調停手続の運用を利用することが考えられる[24]。また、「中小企業の事業再生等に関するガイドライン」（中小企業版私的整理ガイドライン）を利用した特定調停手続の実施も考えられる。

　なお、早期事業再生を実施した事例として筆者の経験においては、日弁連スキームにて、地域中核病院の再建手続を2019年4月に着手し、8月の特定調停期日にて成立したことがある[25]。

② 第二会社方式の利用

　さらに、コロナ禍にて早期に事業再生を進めるため、従前からの私的整理による事業譲渡手法としてのいわゆる「第二会社方式」による事業再生を進めることが考えられる。金融機関の了解の下で、事業をスポンサー企業に譲渡し、譲渡後の会社について特別清算や廃業型特定調停にて清算する手法である。

③ 民事再生手続における計画外事業譲渡手続の利用

　また、法的手続を実施せざるを得ない場合において、一定の資金的余裕等

22）コロナ禍の事業再生の手法として事業譲渡の利用につき、髙井（2021）「事業譲渡の活用による事業継続」p.66参照。

23）日弁連ホームページ（https://www.nichibenren.or.jp/activity/resolution/chusho/tokutei_chotei.html）参照（参照：2021年9月）。

24）江原健志・岩井直幸・永谷典雄・上拂大作「東京地方裁判所における企業の私的整理に関する特定調停の新たな運用の概要」金融法務事情2133号（金融財政事情研究会、2020年）p.20参照。

25）コロナ禍の事業再生の手法として特定調停が有用であることにつき、前掲髙井「特定調停スキームによる事業再生」参照。

がある場合には民事再生手続を申立て、ただし、再生計画による事業譲渡ではなく、早期に譲渡を実施するため、裁判所の許可をもって、計画外事業譲渡を実施する方法（民事再生法 42 条）を利用することが考えられる。

④　破産手続を絡めた事業譲渡手続

　資金的余裕がないなどで民事再生手続を申し立てることすらできないような場合でも、譲渡可能な事業がある場合には、破産手続において保全管理命令の発令を得て、保全管理人による譲渡を実施する方法（破産法 91 条）や、破産前に否認権行使の対象とならないよう譲渡価格の設定や債権者への説明などに留意しながら譲渡する方法なども考えられる。

　なお、民事再生の計画外事業譲渡や、破産前の事業譲渡は、倒産手続においては本来的な手続ではないと考えられるが、コロナ禍において早期に事業譲渡が望まれる案件が多くなった場合には、これら既存システムを本来的な利用とは言えない形ではあっても積極的に利用する方が、新たな制度を構築するよりもより確実に機能させることができ有効である。

イ　賃貸借契約及び雇用契約

　固定費として負担になる賃料や人件費について、トラブルが生じる危険が高いと考えられる。なお、雇用契約に伴うトラブルは、あっせん手続など既に労使双方に代理人がついて様々な協議を実施する制度が用意されており、法的手続においても仮処分手続、労働審判など裁判手続以外の解決方法が用意されている。したがって、コロナ禍においても、従前の解決制度の利用によって一定程度、紛争解決が可能である。ただし、これまで整理解雇などを実施したことがない中小企業がその必要性に迫られるなど、予防法務の領域においてはまだまだ法的支援が不足しており、この分野における支援を明確に打ち出していく必要性は高いと考えられる。

　他方、賃貸借契約においては、解決方法としては当事者の協議の他は、調停・裁判手続しか存在していない。しかしながら、迅速に多くの案件を解決するためには、裁判手続よりもＡＤＲの方が適している部分があり、そのため、日弁連において一定期間において「事業者賃貸借ＡＤＲ」を試行したものである。

しかし、前述のとおり試用期間の利用は少ない結果となっており、その理由としては、その解決にかかる時間やコスト、さらに解決内容が利用者である中小企業に予測できないままであったことが考えられる。したがって、どのような内容の紛争を扱うのか、具体的な事例を複数明確にした上で、その解決指針・結果をも明確にした上で、利用者である中小企業に対して広報する必要がある。

　例えば、緊急事態宣言によって店舗休業を余儀なくされ、売上げがないにもかかわらず賃料負担を強いている状況において、法務省は「新型コロナウイルス感染症の影響を受けた賃貸借契約の当事者の皆様へ〜賃貸借契約についての基本的なルール〜」[26] というQ＆Aを掲載し、紛争防止策の一つとしている[27]。法務省のQ＆Aは非常に簡略な内容であるが、もう少し詳細な内容を明確にしたガイドラインを策定し、そのガイドラインに則って解決するなど、解決指針を外部に明確に示すことが活用を広げるためには必要と考えられる。

ウ　取引関係・サプライチェーンにおける問題

　業者間取引のトラブルを早期に解決する場合にも、訴訟ではなくADRが有効と考えられるが、そのようなシステムは皆無と思われる。横断的な業界団体が存在しないことから、今後もそのようなADRを構築することは難しいと思われる。したがって、このようなADRを立ち上げるとすれば、弁護士会等による積極的な対応でしか考えられないかもしれない。前述のとおり、日弁連は今回のコロナ禍における事業者に対する専門的なADRとして、「事業者賃貸借ADR」を試行しているが、これをさらに広げることができれば、事業者間トラブルを専門とするADRを発足させることも可能なのではないかと考えられる。

　このADR（仮に「事業者間取引の解決のためのADR」と呼ぶことにする）を立ち上げることができた場合、特にコロナ禍の企業間における典型的なトラ

26）法務省のホームページ（http://www.moj.go.jp/content/001320302.pdf）参照（参照：2021年9月）。

27）他方、ドイツにおいては、時限立法「私法、倒産法、および刑事訴訟法における新型コロナ大流行の影響を緩和する法律」にて、賃貸借契約の賃料滞納を理由とする解約告知を一定期間停止する措置が法律にて規定されている（芦野訓和「ドイツにおける新型コロナ大流行下での消費者・事業者の保護」NBL1170号（商事法務、2020年）p.32参照）が、これは強力なロックダウンを実施していることと相関関係があるものと推測される。

ブルとして、緊急事態宣言等を原因とする履行遅延問題、履行不能となった場合の問題、受領遅滞や受領拒否による問題などを取り上げ、民法法理等により一定の定型的解決を図ることが考えられる。さらに個別特殊性がある紛争についても、商慣習にも配慮した迅速な解決を図ることができる「事業者間取引の解決のためのＡＤＲ」構築の必要性は高いと思われる。

エ　Ｍ＆Ａ

　負債問題を抱えていなくとも、事業の先行き不透明な状態から、事業継続をあきらめてしまう経営者が生じうる。現在、中小企業は後継者不足となっており、2025 年までに 127 万人の経営者が後継者未定のまま引退年齢たる 70 歳を超えるとされる事業承継問題が生じており、後継者がいないことと相まって、事業継続をあきらめる傾向に拍車をかける危険が生じている。

　他方、このような中小企業の事業承継を背景として、中小企業のＭ＆Ａが民間仲介業者の利用等により増えている。2020 年はコロナ禍の影響があったものの、高い水準にて成約している状況にあり、コロナ禍においてもＭ＆Ａは実現できる状況にある。そして、経済産業省がまとめた「中小Ｍ＆Ａ推進計画」[28]によれば、特に小規模企業のＭ＆Ａにおいて、専門的知識がない中小企業経営者に対して弁護士等の士業等専門家の関与が必要とされている。したがって、積極的に中小企業のＭ＆Ａに関与すべきニーズが生じており、弁護士会等において、早期にこれに応えるべきシステムを構築する必要がある[29]。

オ　廃業

　廃業を決断する企業が今後は増加することが考えられる。この場合、負債超過の場合であったとしても、破産ではなく、廃業型特定調停や特別清算などを利用して、取引先や従業員等にできるだけ迷惑をかけない方法にて清算するこ

28）経済産業省ホームページ（https://www.chusho.meti.go.jp/koukai/kenkyukai/shigenshuyaku/2021/210428torimatome.pdf）参照（参照：2022年6月）。
29）なお、「中小Ｍ＆Ａ推進計画」（中小企業の経営資源集約化等に関する検討会取りまとめ）23頁では、「2021年度中に事業承継・引継ぎ支援センターと弁護士会の連携強化に向けて、地域の実情に応じて弁護士の紹介やお互いの人材育成等を行う組織的な取組を開始する」とされている。

とを進めていくべきである。その場合、経営者においてはその経営者保証について、「経営者保証に関するガイドライン」や「廃業時における『経営者保証に関するガイドライン』の基本的考え方について」[30]（2022年3月公表）を利用して債務免除を受けることにより、今後の生活基盤を守ることができる。

　また、資産超過の場合においても、単なる廃業に止まらず、できるだけ経営資源を他社や独立志向を有する元従業員に譲渡することで、円滑な廃業を実践することが可能となり、このような手続を支援することも弁護士の重要な役割である。

7．最後に

　コロナ禍において、中小企業は法的支援が必要な状況にあるが、現在、未だ十分にその支援が届いている状況にはない。今後、弁護士会等において、中小企業支援を実施していくにおいては、これまで以上に中小企業に支援が届くやり方を検討し、実践する必要がある。

　その検討の方向性は、緊急時の対応方法として、迅速かつ「大まかな正義」に基づく合理的な解決が求められると考える。すなわち、裁判手続により証拠に基づき立証を行う精緻な手続では時間がかかってしまい、現実的な対応には間に合わない危険がある。また、紛争が大量となった場合には、手続を慎重に進めるやり方では全てを迅速に対処できない。さらに、中小企業は裁判での紛争解決を好まない傾向も現実的問題として存在する[31]。

　したがって、ＡＤＲ等の手続によって、個別紛争に対し一定の解決方針を早期に明示できるシステムが必要である。この「一定の解決方針」として、テーマごとにガイドラインを作成し、その指針（ガイドライン）に基づいてＡＤＲを運営することを明示することにより、利用者が予測可能性を有し、安心して

30）全国銀行協会ホームページ（https://www.zenginkyo.or.jp/fileadmin/res/abstract/adr/sme/guideline_bc.pdf）参照（参照：2022年6月）。
31）髙井章光「実務からみた強行法・任意法」NBL1128号（商事法務、2018年）p.39参照。また、大企業においても訴訟による紛争解決を避ける傾向にあることにつき、宍戸善一「『日本的取引慣行』の実態と変容：総論」商事法務2142号（商事法務、2017年）p.11参照。

利用することが期待できると考えられる。ガイドラインの役割も、精緻な解決ではなく、紛争の類型に応じ、中心的な解決指針を示すことであり、その解決指針を示すことによって、紛争当事者における紛争解決の方針が手続当初より定めることができ、迅速な解決に資するものになると考えられる[32]。

参考文献

・鋸屋弘ほか（2021）「パネルディスカッション：ウィズコロナ時代における事業再生・廃業支援のあり方」『事業再生と債権管理』173号, p.96
・賀須井章人ほか（2020）「《座談会》協議会「特例リスケジュール」の積極的活用に向けて」『事業再生と債権管理』169号, p.56
・斉藤睦男・豊田耕史（2021）「震災・災害ADRの躍進とリモートADRの展望」『自由と正義』vol.72, No.4（特集弁護士会ADRの発展と今後の課題）, p.25
・髙井章光（2017）「中小企業による司法アクセスの現状と課題」『法の支配』185号, 日本法律家協会
・髙井章光（2021）「コロナ禍からの事業再生と廃業－倒産事件に携わる弁護士の役割－」『事業再生と債権管理』172号（特集新型コロナと私的整理・法的整理　全国倒産処理弁護士ネットワークオンラインシンポジウム）, p.6
・髙井章光（2021）「事業譲渡の活用による事業継続」『事業再生と債権管理』172号, p.66
・髙井章光（2021）「特定調停スキームによる事業再生」『事業再生と債権管理』172号, p.71
・中小企業庁（2021）『中小企業白書2021年版』
・日本弁護士連合会（2021）『弁護士白書2020年版』
・日本弁護士連合会（2021）『COVID-19と人権に関する日弁連の取組－中間報告書－』（https://www.nichibenren.or.jp/library/pdf/news/2021/210209.pdf）（参照：2021年9月）
・日本弁護士連合会（2020）『新型コロナウイルス法律相談全国統一ダイヤル（2020年4月20日〜同年7月22日）報告書』（https://www.nichibenren.or.jp/library/pdf/news/2020/topic2_dialhoukoku.pdf）（参照：2021年9月）
・日本弁護士連合会（2021）『新型コロナウイルス感染症関連法律相談事例収集（2021年2月1日〜同年3月31日）』（https://www.nichibenren.or.jp/library/pdf/news/2020/topic2_jirei.pdf）（参照：2021年9月）
・横田直忠（2020）「新型コロナウイルス感染症「特例リスケジュール」の概要」『事業再生と債権管理』169号, p.29

---

32) このようなわかりやすいシステムとして、中小企業活性化協議会における「特例リスケジュール」制度は、まさに大量の中小企業の資金繰り案件を解決できる制度として機能していると評価できるものである。

第 3 章

コロナ禍における中小企業の事業再生
－特定調停に焦点を当てて

赤西 芳文

本稿は、日本型調停の動的発展の一場面としての中小企業における事業再生・整理手続における特定調停の利用状況の現状と課題、コロナ禍における問題点を探ることにより、特定調停の今後の活用についての可能性を検討するものである。

1．調停の特徴

調停の一般的な特徴として、一般に、手続の秘匿性、結論の柔軟性、時間的・金銭的経済性、紛争の最終的解決に資する、社会的に平和が保持される、などのことが言われてきた。

なかでも日本の民事調停制度の特徴としては、裁判所付設の調停委員会が行う手続であって、裁判官が調停委員会のメンバーであり、また、そのため、調停手続の事実認定機能が期待されていること、専門委員が関与することで専門的知見を必要とする案件においても事実認定の信頼性が確保されていること、さらに「17 条決定」制度により、積極的に調停案に賛成しない当事者に対しても調停の成立に向けて背中を押す効果があること、また訴訟手続とのリンクが図れること、などの特色がある。

2．調停の発展と変遷[1]

日本の調停制度の歴史は、社会・経済的問題や災害の発生と共に歩んできたといえる。大正 11 年から、特定の社会紛争に応じて、裁判によらずに簡易な

1）矢尾（2019）p.55以下等参照。

手続で解決する方策として、様々な調停法（借地借家調停法、小作、商事、金銭債務臨時調停法）が成立したが、特に関東大震災で活用されて注目を浴び、昭和26年に整理統合されて、単行法としての民事調停法が制定施行された。

　その後、社会の複雑化、事件の多様化に対応するために、昭和49年に「民事調停法及び家事審判法の一部を改正する法律」が施行され、非常勤の国家公務員としての調停委員制度（民事調停法8条）、調停委員が専門的知見に基づく意見を述べること（民事調停規則18条）、事実の調査（同13条1項）などの規定が設けられた。

　平成3年ころからサラ金事件（多重債務者）の増加、社会問題化があり、また、バブル経済破綻による企業の資金繰りの急迫・破綻が生じた。これらの問題に対応するために、民事調停において「債務弁済協定調停」が行われてきたが、同調停の機能を強化する目的で、平成12年に「特定債務者等の調整の促進のための特定調停に関する法律」（特定調停法）が制定施行された。

　特定調停は、経済的破綻に至るおそれのある債務者（特定債務者−個人と法人を含む。）の経済的再生を図るために公正妥当で経済的合理性を有する内容の調停の成立を図ろうとするものであるが（特定調停法15条等）[2]、調停の成立には債権者全員の同意が必要である。この点、多数決制をとる民事再生、個人再生手続と異なる。特定調停は、簡易、迅速、柔軟な進行、手続費用低廉という調停制度の特色を保ちつつ、多数関係者の集団的処理や調停委員会の職権による調査権限の強化、執行手続の停止など、一部倒産手続に類似した特例規定を設けたもので、専門知識を持った委員が指定され（同法8条）、債権者にも事実を明らかにする義務が課され（同法10条）、裁判所が定める調停条項の制度（同法17条）があるなどの特色がある[3]。また民事調停法の17条決定（調停に代わる決定、以下「17条決定」という。）も利用される。

　特定調停は、当初は、主として、多重債務者（サラ金債務者）の利用が多く、この中でも17条決定による解決が増えており、裁判所の決定による解決との形をとりたい当事者のニーズに合致したといえる。この特定調停は平成15年

2）菅野（2006）p.3参照。
3）山本監修（2000）p.13。

においてピークを迎え、処理件数 53 万 7071 件を数えたが、平成 18 年にグレーゾーン金利の有効性を否定する最高裁判所判決の出現により、申立て件数は激減した。

このような中で、平成 25 年には、最高裁判所の司法研究として、調停の機能強化への提言がされた（司法研究報告書第 66 輯 1 号「簡易裁判所における民事調停事件の運営方法に関する研究」法曹会　平成 25 年 12 月 25 日）。

これは、調停委員会の事実認定機能を活性化して法的判断に基づいた調停案を提示する、17 条決定を活用することなどを提言するものである。この提言は、調停委員会が裁判所付設であり、裁判官が調停主任となり、専門的な知見を有する調停委員が多数在籍するとの日本的な調停制度に親和的な提言であるといえる。この提言の趣旨は、上記に述べたような特色を持った特定調停に関しても、一層妥当するのではないかと思われる。他方、同報告に対しては、調停委員会の事実関係に即した柔軟な解決を探る機能、調整機能も重要であるとの指摘もある。また、17 条決定は、調停委員会による当事者に対する事前の十分な調整、説得が前提となって、初めてその有効性が十分に発揮されるものと思われるところ、このような前提がない場合に、やみくもに 17 条決定をしても、当事者の納得が得られず、異議が申し立てられることは当然であろう。

３．中小企業の私的整理に関する特定調停の変遷と現状

企業の私的整理に関しては、平成 12 年 4 月の和議法に代わる民事再生法施行後、私的整理ガイドラインが業界の取決めとして策定されたことにより、私的整理のルール化（準則化）が導入され、これに則って、中小企業再生支援協議会（以下「支援協議会」という。）の手続が始まり、大きな私的整理準則化の流れができたとされる。その後、この準則を補完する形で、特定調停の利用に関する日弁連スキームが考案されてきたとして整理できるであろう。今後は、私的整理と法的整理の関係、私的整理ガイドライン手続、支援協議会手続と特定調停手続のそれぞれの役割分担と協働関係をさらに整理することが必要であろう。

簡単に上記の流れをみておくと、平成 13 年 9 月に「私的整理に関するガイ

ドライン」が策定公表されている。この策定には金融機関の代表が参加していることから、同ガイドラインは私的整理に関する準則として金融機関によって遵守されてきたと言われている。平成15年2月から、上記ガイドラインを下敷きとして、産業活力再生特別措置法（産活法）41条に基づいて、中小企業再生支援業務を行う者として認定を受けた商工会議所等の認定支援機関に設置された機関として支援協議会の手続が始まった。支援協議会は、全国47都道府県に一か所ずつ設置されており、中小企業の再生計画の策定支援と金融機関調整を積極的に行っている。支援協議会の手続は、商取引債権を権利変更の対象とせず、対象債権者とされた金融機関等の債権のみを権利変更の対象として私的整理を行うものである。再生計画の要件としては、①自助努力②5年以内の実質債務超過解消③3年以内の経常黒字化、有利子負債ＣＦ（キャッシュフロー）倍率10倍以内④経営者責任⑤株主責任が挙げられている。支援協議会の手続により、金融機関が主体的に再生計画を構築することができるようになり、法的整理である民事再生の申立件数の減少につながったとの指摘もある[4]。支援協議会手続においては、申立後に、支援協議会が委嘱した外部専門家（弁護士、公認会計士等）が財務・事業ＤＤ（Due Diligence − 企業の資産価値等の適正評価）を行うことにされているが、債務者が既に専門家に依頼してＤＤを実行しているときは、支援協議会委嘱の外部専門家がその結果を検証するという方法もある（検証型スキームといわれる）[5]。

　次に、平成25年3月、中小企業金融円滑化法の終了に伴い、中小企業の資金繰りの悪化が懸念されたことに対応して、日弁連が中心となり、以下の特定調停スキームが策定された。

①　平成25年12月　「金融円滑化法終了への対応策としての特定調停スキーム利用の手引き」⇒「事業者の事業再生を支援する手法としての特定調停スキーム利用の手引き」（手引1）
②　平成26年2月　「経営者保証に関するガイドラインに基づく保証債務整

4）加藤寛史等（2020）p.62。
5）中小企業庁（2020）6（4）④

理の手法としての特定調停スキーム利用の手引き」（手引2）
③　平成29年1月　「事業者の廃業・清算を支援する手法としての特定調停
スキーム利用の手引き」（手引3）
－いずれの手引きも2020年（令和2年）2月19日に改定された－

　なお、平成27年12月、「自然災害による被災者の債務整理に関するガイド
ライン」が制定され、令和2年10月30日、同ガイドラインを新型コロナウイ
ルス感染症に適用する場合の特則（コロナ特則）が策定された。これはコロナ
関係の収入売上げ減少に対応する目的での借入を行った個人債務者を対象とす
るものであり、資金使途が緊急かつ一時的な生活や事業の維持に必須かどうか
が適用を判断する目安とされ、民事再生法と同様の住宅資金特別条項等を内容
とする。

4．特定調停を利用した中小企業再生・清算手続の運用[6]

　これは、事前調整型手続とされ、支援専門家（弁護士）が事前に財務ＤＤや
事業ＤＤを行い、その結果をもって金融債権者と打ち合せて調整を行い、その
上で簡易裁判所に特定調停を申し立てるというものである。なお、信用保証協
会の求償権放棄も同手続において可能となった。
　中小企業の私的整理のプラットフォームとしては、それまで、支援協議会、
ＲＥＶＩＣ（地域経済活性化支援機構）があったが、これらの手続は、企業の
再生可能性があることが前提とされ、一定の数値要件があるなど、再生可能性
に乏しいあるいは体力のない中規模以下の企業には必ずしも使いやすくないこ
とから、特定調停を利用したスキームには存在価値があるといえる。また、会
社の保証人となっている経営者の保証債務のみを切り離して、経営者の法的清
算を避けるために経営者保証ガイドラインを適用する場合や、また、会社の再
生が無理で、廃業をせざるを得ない場合にも特定調停スキームは有用である。

6）高井（2014）p.145。渡邉他（2020）p.111。

① 手引1（一体再生型）について

メリットとして、債務者側と保証人にとっては、商取引先を巻き込まない（事業価値の毀損が防げる）、会社の債務と保証債務の整理が一体的に行えることが挙げられ、債権者側にとってのメリットとしては、経済的合理性（清算価値保証原則）がある、裁判所の関与があり、資産調査、事前協議がされる、債権放棄額の損金算入ができることが挙げられる。

適用の要件として、一定の事業価値があることが挙げられており、約定金利以上の継続支払可能な収益力があることが要件とされるが、柔軟な解釈が可能ともされており、要件としては、固いものではない。事前協議及び債権者の同意見込みも要件として挙げられている。

弁護士の役割として、事業再生可能性を検討すること、自助努力だけでは対応できない債務があることの確認、他の準則型私的整理手続や法的整理手続が相応しいかの確認、金融機関と協議をすることが求められている。

なお、金融庁は、資本性借入金の積極活用を推奨しており、債権者側の貸倒損失について、国税庁に対し、資本性借入金のうち、6年目以降に弁済される金額は、原則、貸倒引当金（法人税法52条1項）勘定への繰り入れにより損金に算入できることを確認している（平成25年2月5日付け金融庁「資本性借入金の税務上の取扱いについて」）。

② 手引2（経営者保証GL単独型）について

保証人のメリットは、破産しないで債務を整理できること、インセンティブ資産の可能性があること等であり、債権者側のメリットは経済的合理性（清算価値保証、損金算入）や裁判所関与による公正性の担保等があげられている。

十分な事前調整が要件とされ、弁護士の役割として、事業一体型を検討すること、保証人固有の債務があるかの確認等が求められている。

③ 手引3（廃業支援型）について

これは、事業継続が困難で金融機関に過大な債務を負っている事業者について、円滑に事業を清算させ、併せて、経営者保証GLの適用を図ることが目指されている。

これらの手引きにおいて、特に改訂版では、事前に要件をできるだけ明確化し、事前調整を十分に行った上で特定調停の申立てをすることが考慮されているが、債権者側に対する説得材料として裁判所の関与があることが挙げられており、この点は、裁判所に対する信頼性を前提として、17条決定を含んだ手続に利用価値があると考えられていると言えるであろう。裁判所の公平な立場における検証（お墨付き効果）を期待しているともいえるが、半面、弁護士による事前調整が前提であり、特定調停手続中の調停委員による積極的な調整機能は余り期待されていないように思われる。

　この中で、手引2及び手引3のケースは特定調停が妥当すると思われるが、手引1のケースは支援協議会手続と重なる場合が多いと思われる。

5．東京地裁と大阪地裁の運用状況[7]

　上記の日弁連スキームでは、管轄裁判所としては、原則、簡易裁判所が考えられているが、東京地裁及び大阪地裁では、これらの申立ては専門性が高いことから、管轄を柔軟に考慮し、地裁において、特定調停を利用して積極的に処理することを図っている。

（1）東京地裁

　民事8部（更生事件、特別清算事件担当）のほか民事20部（破産、再生事件担当）も担当する。

　従来、予納金は1200万円と高額だったが、令和2年4月1日から、新たな運用が開始され、予納金の低額化が図られた。私的整理ガイドライン又はこれに準ずる私的整理手続を経由した事件が前提とされる。相手方は、同意しなかった金融機関に限定される。事業計画の検証のために経験ある弁護士に調査嘱託をする（公認会計士を補助者とする）。企業を対象とするが、経営者の保証債務の整理を一体として行う場合も対象とする。貸借対照表、損益計算書、資金

7）鹿子木康「東京地裁民事第8部における特定調停の運用状況」『事業再生と債権管理』No.119（2008）p.65。江原等（2020）p.20。千賀（2020）p.39（ただし、2018年4月10日時点）。

繰り実績表、公認会計士作成の資産評定書、キャッシュフロー表、スポンサー計画書等の提出が求められる。

　既に資産評定がされ、スポンサー選定が済んでいることが前提とされる。3回程度の期日で成立することが予定される。申立手数料は相手方一人につき6500円である。調査嘱託が中心的スキームであり、17条決定も積極的に行う。

（2）大阪地裁の運用状況

　第6民事部（倒産専門部）が、合意管轄により大阪地裁に申し立てられた特定調停事件中、企業の私的整理に関する事件を担当する。

　必ずしも、同意の見込みを得ることを必要条件とはしないが、再生計画案を策定していることが求められる。17条決定の活用が図られる。

　金融機関が、その内部稟議のために、計画の実抜性（実現可能性の高い抜本的な経営再建計画かどうか）について第三者による検証を求めた事案で、支援協議会手続の併用によって検証され、再生計画策定が実現した事例（ＮＢＬＮo.1003，8頁）が報告されている（支援協議会の検証型手続の利用例）。

　予納金は調査嘱託先弁護士の報酬、費用に充当される。調停委員は弁護士と公認会計士が指名される。

6．コロナ禍の問題[8]

　コロナ禍により、多くの中小企業が資金繰りにひっ迫するなか、様々な資金援助や返済猶予措置がとられているが、特に、中小企業庁は、2020年4月1日、「新型コロナウイルス感染症特例リスケジュール実施要領」（略称して「特例リスケ」と言われる。）を制定し、コロナ禍により資金繰りが逼迫した企業に対して、1年間の元本猶予をすることとし、支援協議会が特例リスケを援助することになったが、リスケ期間は1年間であり、事業価値の再構築ができるかどうかの試験期間であるとされる。なお、特例リスケは、2021年（令和3年）に改定され、同年度以降も継続されること、対象となる中小企業者の売上高減

8）加藤等（2020）p.60以下、同170号（2020）p.46以下参照。

少要件を「最近一か月の売上高が前3年のいずれかの年の同期と比較して5パーセント以上減少した者」等にされ、ポストコロナに向けた行動計画（事業継続アクションプラン）が追加されるなど、利便性・実効性の向上が図られた。

特例リスケの出口が再生支援か廃業支援かが問題であり、見極めのために事業価値の存否という基本に立ち返って検討する必要があるが、資金繰りの悪化が長期化すると、私的整理による再建が難しくなり、破産と事業譲渡に切り替える必要がでてくる。

特定調停においても、以上のように事業価値の把握が課題となるが、支援専門家の事前ＤＤについて、コロナ禍においては、上記のような特殊性が存在することから、債権者の理解や専門委員の公正な見解が得られるのか、その手続、形式が問われることとなろう。地裁において、倒産部等が関与する場合は、専門家に対する調査嘱託を利用して検証することとなろうが、ある程度規模の大きい企業を対象とすることになろう。

コロナ禍においては、一定の事業価値があっても、自主再建は資金繰り悪化から困難になり、スポンサー型あるいは、事業譲渡が多くなると考えられる[9]。特定調停に期待されるのは、裁判所関与の手続ということによる公正さへの信頼、そして、手軽さ、重くない手続きと迅速性がメリットである。その特色を活かすため、東京・大阪地裁の倒産部等関与事案においても、手続が重くなることを避けるために、事案によっては調査嘱託を省略して、専門家調停委員の検証あるいは支援協議会の検証手続きに委ねる方法も検討されるべきではないかと思われる。

ちなみに、支援協議会は、中小企業の駆込み寺として機能しており、令和2年12月末時点で一次相談件数は過去最大の4462件となり、同時点で2168件の特例リスケ計画を策定し、今後も相談件数が増加することを見込んで、専門人材を300人から400人に増加する予定である[10]。なお、令和2年度に再生計画の策定支援を完了した社数は406社、特例リスケ計画の策定支援を完了した

9）河本（2021）p.130以下参照。
10）日弁連主催の「事業再生シンポジウム　ウィズコロナ時代における事業再生・廃業支援の在り方」における中小企業庁金融課課長貴田仁郎氏のプレゼン資料による（2021）。

社数は 2749 件、再生計画の策定支援を新たに開始した社数は 540 社、特例リスケ計画の策定支援を開始した社数は 3,245 社となった[11]。

弁護士が事前に財務、事業ＤＤを行う場合、コロナ禍により企業の正常収益力や事業価値の把握が困難となることが予想される。すなわち、一時的な収益悪化か事業形態の変換が必要か、清算価値保証原則が守られるか等について、見通しが困難となることが予想されるのである。事業価値の把握のためには決算書より、キャッシュフローと事業性に注目すべきと言われているが（川瀬高宏（2020）「事業ファイナンスの仕組み」「事業再生と債権管理」169 号 38 頁）、特定調停の支援専門家（弁護士）による事前ＤＤでは、事案によってはそこまでの分析は難しい場合が多いのではないかとも思われる。また、スポンサー探索の困難性もあろう。

このような事案では、支援協議会との共同作業によって役割の振分けを考えることも視野に入れた方が効率的ではないかと思われる。また、特例リスケの適用は支援協議会事業とされるので、支援協議会手続の利用が現実的であろう[12]。

7．特定調停スキームを利用して事業再生を図った事例

（1）特定調停スキーム（一体型・債務免除方式）を利用して、事業再生を図った事例（「事業再生と債権管理」169 号 146 頁）

この事案では事業再生、経営者保証ガイドライン一体型・債務免除方式が採られた。

債務者企業は、カードショッピング、キャッシング事業を営んでいた。

10 年前から資金繰りが悪化し、数年前から元本の返済猶予を受け、利息のみを支払っていた。

10 億円の負債があり、所有不動産に担保が設定されていた。

民事再生手続か特定調停手続か選択する必要があった。

11）中小企業庁金融課「中小企業再生協議会の活動状況について」－令和2年度活動状況分析（2021）。

12）賀須井他（2020）p.56以下。また、令和3年4月14日開催の日弁連主催「事業再生シンポジュウム　ウィズコロナ時代における事業再生・廃業支援の在り方」の貴田仁郎氏の講演参照（2021）。

スポンサー会社がついており、数年で営業利益を出すことが可能となる見込みがあり、また、貸借対照表の検討から債務の一部免除で債務超過を免れることが予想された。そして、民事再生手続をとった場合には信用低下による事業価値毀損が生ずることから、特定調停を選択した。債務免除方式か第2会社方式か検討し、債務免除方式を採用した。

　支援弁護士がＤＤを実施し、不動産の評価は不動産鑑定士の鑑定書を取得した。

　スポンサーの意向表明書が作成された。

　バンクミーティングにおいて、スポンサー会社による株式の一定額による買取について、一行から、株主責任の点で問題であるとの異論が出た。

　全株主の賛同は得られなかったが、特別支配株主による株式売渡請求制度を利用した（会社法179条1項）。

　最終的に、金融機関2行はスキームに賛同し、1行からは、支援弁護士作成の清算貸借対照表の内容が不合理でないとの調停委員からの見解が示されることを条件に同意するとの意向が示された。

　簡裁に特定調停を申し立て、裁判所に当該銀行の意向を示した。裁判所は、弁護士と不動産鑑定士を調停委員に選任し、調停委員から、「貸借対照表・再生計画案はいずれも不合理とはいえない」との意見が述べられた。調停委員の金融機関に対する事情聴取でも同様の意見が述べられたようだ（債務者申立人と債権者金融機関とは交互に聞かれており、申立人側として直接には分らなかった）。

　第2回期日において、金融機関から17条決定に従うとの意見が述べられ、第3回期日で、「経営改善計画書が相当と認められるので決定をする。」との内容の17条決定がされた。

（コメント）

　しっかりしたスポンサー企業があり、当該企業に事業価値があることが明らかであった事案である。金融機関は、特定調停が裁判所の手続であり、調停委員のお墨付きがあることで、内部的な稟議を通したのであろう。支援専門家のＤＤもしっかりしたものであったと推測できるが、1行からは、さらに調停委員の意見が必要とされた。調停委員の意見が表明され、17条決定により落着

した。本件は、比較的条件が整っており、特定調停のレールにうまく乗ったといえる。

　本件では、調停手続において、債務者、債権者を別個に聞く必要があったのかは疑問である。紛糾するような要因もなく、透明性確保の観点では、同席調停の方が良かったのではないかと思える。調停委員の説明内容を双方に開示し、17条決定の内容も、その説明内容に沿った内容にすれば、外部的にも手続の透明性・明確性が担保できたのではないかと思える。

（2）為替デリバティブ取引損失に苦しんでいる企業について、特定調停手続と支援協議会手続を活用してＤＤＳ（Debt Debt Swap　劣後性資金投入）を成立させた事例（ＮＢＬ 1003 号 8 頁）

　債務者企業は水産物仲卸会社であり、一貫して営業黒字であったが、円高による為替差損が生じた。取引金融機関14行との間でリスケを合意したが、円高進行により当初リスケでは不十分となった。14行の支援姿勢が異なっていた。

　債務者は、東京地裁に特定調停申立てをした。

　特定調停選択の理由は、①法的整理を回避して、風評被害を防ぐ　②透明性・公平性　③手続の信頼性：調査、証拠調べが可能、調査嘱託も可能　④債権保全の予防措置として、調停前の措置命令が可能、また、金融機関に対する残高維持と相殺不行使要請も可能　⑤17条決定の可能性がある、ということであった。

　ＤＤＳによる事業再生の可能性があった。ＤＥＳ（Debt Equity Swap）は、閉鎖会社であり株式に流通性がないので、難しかった[13]。

　デリバティブ取引解約による損失確定を行い、15年間のＤＤＳを実行し、通常債務は按分弁済するとの再生計画案と調停条項案について、金融機関の大枠での了承が得られた。しかし、金融機関内部の審査を通すためには、計画の

---

13) ＤＥＳは、過剰債務を解消するために、借入金の一部を株式に切り替える手法である。負債が減少し、純資産が増加する。しかし、法人住民税の負担増や課税が生ずる可能性がある。
　ＤＤＳは、既存の借入金を劣後ローンとして借り換える手法である。一定の条件を満たす資本性劣後ローンは金融機関内で資本とみなされる。ただし、特定の財務指標を一定数以上に維持しなければならないとの特約（コベナンツ）が課される場合がある。

実抜性（実現可能な抜本的計画かどうか）について、中立的な第三者による確認が要望された。そこで、外部専門家による調査嘱託も検討されたが、金融機関の提案により支援協議会に相談したところ、支援協議会では部分的対応も可能であり、迅速な対応が可能とのことであり、同手続において実抜性の検証のみの実施を受けた。

　2か月で検証結果報告に至り、調停が成立した。

（コメント）

　事業価値、営業収益力がある企業における成功例である。

　金融機関にとっても合理性のある再建計画であり、特定調停に適した事案であったといえる。しかし、金融機関は、再生計画の合理性について、特定調停手続（調査嘱託を利用）ではなく、支援協議会の検証スキームを用いることを主張した。これは、金融機関が支援協議会手続に親和性・信頼性を抱いていることの現れであろう。本件は、地裁関与事案であり、本来は、調査嘱託によって外部専門家による検証が行われるが、債権者の要望に応じて柔軟に使い分けしたものである。

　逆に、支援協議会手続が先行し、外部専門家によるＤＤ（Due Diligence）後に特定調停に移行することも事案により柔軟に検討すべきであろう。金融機関は特定調停における申立人側支援専門家（弁護士）のＤＤだけでは簡単に納得しない傾向があるのではないかと推測される（もとよりその当否は別であり、今後の課題であろう。）。一方、特定調停は、裁判所関与手続であり、専門的知見を有する調停委員が関与し、当該調停委員が事前の支援専門家によるＤＤを評価することと17条決定の制度があることは、金融機関の内部審査や利害関係者の説得においてメリットがあると思われる。これらのことから考えると、特定調停と支援協議会手続の相互乗り入れをさらに柔軟に活用することが有用であろう。

（３）支援協議会における私的整理手続中に事業計画に反対の意向を示した金融機関のみを相手方として特定調停を申し立てた事案（銀行法務21 No. 862, 31頁）

　債務者企業の事業は機械部品製造販売業である。売上が減少し、2009年は

営業赤字であり、経営が悪化した。

2010年10月には、3年間の暫定リスケを経たが、実抜計画の策定ができなかった。

2014年10月に第一次事業計画が策定された。これは、ファンドが金融機関の債権を買い取り（2パーセント程度）、スポンサーに会社分割により事業承継させ、会社分割対価によって債権を弁済するとのスキームであった。

反対債権者金融機関（債権額15パーセント）は、粉飾決算を行ってきた債務者に対する実質的債権放棄はモラルハザードであると主張した。

債務者は、反対金融機関を相手方として特定調停を申立てた。

2回の調停期日後、「債務者に対する債権を指定価格でファンドに売り渡すことに同意する」との内容の17条決定がされたが、異議申立てがされた（調停委員会は本来、双方の主張の提出を待って進行を考える予定であったが、申立人の要求で早期の17条決定となった－銀行法務21 №.863　28頁）。このため、支援協議会の関与も終了した。

ただし、その後、会社の新設分割による新会社への事業承継が計画され、旧会社は特別清算の申立てをし、債権者が債務者提案による個別和解、協定に応ずることの同意書を提出した。

（コメント）

支援協議会スキームの中で、不賛成債権者の同意を得る手段としてのみ特定調停手続中の17条決定が利用された事例であるが、申立人（債務者）側の都合で、十分な調整時間が取れなかった。モラルハザードを理由として、再生計画案に明確に反対していた債権者に対しては、直ぐに17条決定を出しても、説得力がなく、異議が出るのは当然であり、調停委員会の調整機能を重視するなら、事前に十分な意見調整の時間と機会が与えられるべきであったといえる。また、このように調停委員会の調整（説得）が期待されて、特定調停に付された場合は、当該説得の内容の明示とこれを17条決定に反映させる工夫が考えられるべきではないか。

（４）前注 10 の日弁連シンポジウムにおける高井章光弁護士の報告案件
（同「コロナ禍からの事業再生と廃業」「特定調停スキームによる事
業再生」「事業再生と債権管理」№ 172，12 頁，74 頁）

債務者は、従業員約 10 名の小企業メーカーであり、コロナの影響で売上が
激減し、負債が約 1 億円あった。

2020 年 10 月に資金ショートの危険が生じ、資金不足まで 2 か月ほどの期間
しかなかった。

取引先 1 社がスポンサーとして、債務者の事業譲渡を受け、債務を引き受け
る計画であり、特定調停手続を予定し、金融機関の債権者に提案した。金融機
関債権者は 2 行であり、うち 1 行からは、支援協議会手続でないと受けられな
いと言われた。しかし、支援協議会手続において、2 か月では再生計画案の策
定ができないので、信用保証協会の協力のもと、金融機関債権者の同意を得て
特定調停を申立てた。1 社の稟議が中々おりず（担当者が特定調停に慣れてい
なかった）、資金ショート危機が生じた。しかし、スポンサー企業が支援を継
続し、特定調停が成立する予定である。

（コメント）

企業規模が小さく、しっかりしたスポンサー企業があり、その支援が得られ
たことから、金融機関債権者にとっても事業譲渡スキームに合理性があり、特
定調停に適当な事案であったといえる。ただ、金融機関 1 社の担当者の理解が
十分でなく、稟議に手間取り、資金ショートの危機を生じた。金融機関債権者
の支援協議会手続に対する親和性・信頼性が高いことをうかがわせるが、反面、
特定調停に対する姿勢が厳しいことも感じられる。両スキーム間の融通性が一
般化すれば、より円滑に手続を進行させることが可能なのではないかと思われ
る。

8．特定調停利用に伴う問題点

特定調停を利用して、経営者保証ＧＬ（ガイドライン）の適用を図ることは
少しずつ増加していると思われる。同ガイドラインは、金融機関にも比較的周
知されてきており、債権者にとってのメリットもあるので、清算価値保証原則

について納得が得られれば、成立する可能性が高くなっていると思われる。そして、経営者保証ガイドライン単独型や事業清算と一体型の場合は、（重くない手続として）特定調停手続が馴染みやすいといえるであろう。一方、再生型では、比較的小規模な企業で対象金融機関の数も少ないことを前提として、①（コロナ禍においても）一定の事業価値は維持されており、金融機関の理解が得られやすい場合、②確固としたスポンサーがつき、資金援助も行っており、直ちに資金ショートを来す状況でなく、（スポンサー等への）事業譲渡が予定されており、その意味で事業価値は存続する場合などでは、特定調停に馴染みやすいといえる。しかし、一般的に、行政型の準則型再生手続として支援協議会手続がメインルートとなりつつあるのに対し、日弁連の特定調停スキームは活発でないとの指摘がある[14]。その理由は、支援協議会が行政型ＡＤＲとして、全国の商工会議所に設置され、人的体制を整え、中小企業の駆け込み寺的相談から始まり、順次、具体的な事業計画策定、金融債権者との調整支援を段階的に行い、外部専門家のＤＤにより、計画案の合理性の検証を行うという仕組みを整えているのに対し、日弁連の特定調停スキームは、申立前に、申立人の支援専門家（弁護士）が予め、事業・財務ＤＤを済ませ、事業計画を策定して、金融機関債権者との打合わせを済ませておくとのプロセスに原因があるとの指摘がある（前注13の中島32頁）。すなわち、特定調停手続自体は、柔軟で重くない手続であっても、その前段階において、支援弁護士がＤＤ及び金融機関債権者との調整まで済ませるのは、負担が重いのではないかとの指摘と考えられる。また、事前調整段階で、大多数の債権者の同意が得られても、少数債権者の同意が得られない場合の処理も問題であろう[15]。

14）中島（2017）p.32　ただし、これ自体はコロナ禍以前の時期の指摘である。
15）髙井（2021）p.73は、「特定調停を円滑に進めるためのポイント」として、①債務者側にて十分な準備・対応を行うことと②金融機関債権者が、特定調停によって迅速に手続を行う必要があることを理解していることを挙げている。

9．今後の課題

（1）少数債権者の反対に対する対応策

私的整理の枠内で、多数決による権利変更の可能性があるかの検討もされている[16]。

しかし、いずれも難しい点がある（藤本利一（2020）「私的整理における過剰債務の圧縮－特定調停の役割」「銀行法務21」No. 863、33頁以下）。

なお、上記藤本論稿中で言及されている、特定調停を支援協議会手続の間に介在させる、すなわち、支援協議会手続中の債権者全員を特定調停手続に参加させ、債権の原因と額等を合意と17条決定で確定させる試みは興味深いが、この点については、さらに債権者平等原則や「組分け」等についての考察が必要であろう（上記藤本論稿34頁）。

（2）特定調停の調停機能の強化

日弁連の特定調停スキームは、支援専門家（弁護士）による私的再生・清算手続構築の側面が強く、特定調停手続は、支援弁護士が予め準備した土台の上で、専門家調停委員による検証と説得、17条決定による後押しの効果を期待したものと言えるのではないか。上記の具体的な事例で見たように、金融機関債権者の理解が得られれば、うまく適合する場合があるが、調停制度が元来有している事案調整機能をさらに活用することも検討されて良いのではないかと考える。すなわち、調停の変遷・発展過程は、社会状況によって生じた特定の問題状況に対応して、調停委員会の事実認定機能、調整機能を発揮することで進展してきたといえるとすれば、事業再生における特定調停においても、そのような特色をさらに活かすことも視野に入れるべきではないかと考える。

そして、専門家調停委員の再生計画等についての説明、説得内容をもっと類型化・明確化し、これを17条決定の内容にも反映させることにすれば、客観的・外部的に、事業計画の合理性が明らかになり、17条決定の有効性もさらに高まるのではないか。特定調停手続と支援協議会手続の融合は、上記のとお

16）山本（2014）p.14は、①社債権者集会型②特定更生手続型に分析した考察を提唱している。

り、提言されており、また、実際の事案においても、既にみたとおり両手続の相互利用は個別案件では実行されており、特に、特定調停において、支援協議会手続中の検証スキームを利用することは有用であると思われる。これをさらに、システム化、一般化して、期間や費用の点についても基準を設け、迅速な処理が可能となるような役割分担の明確化ができないであろうか。

例えば、試案として、

(1) 中小企業の事業再生については、入り口は基本的に支援協議会手続によることとし、事業価値の把握手続について、法的側面のＤＤは事前に弁護士等の支援専門家が行い、キャッシュフロー分析を含む事業価値把握は支援協議会手続における外部専門家が行う。債権者の同意があるなど、問題がなく、迅速な手続が見込める場合は、特定調停手続に切り替える。その際の標準的な手続期間や費用を定める。

(2) 当事者の意見の調整手続について、債権の属性や額などを考慮して支援協議会手続で類型的に調整した後、残存した意見の差異について（専門家調停委員関与による）最終的調整過程として特定調停手続を利用する（手続の引継ぎ）。

(3) 17条決定に至る特定調停における調整段階において、同席調停を基本にして、専門家調停委員の説得・説明内容と当事者の対応を期日経過表に記録化しておき、開示を認める。

(4) 17条決定内容を、上記の手続過程を反映させ、専門家調停委員の説明内容と同旨のものにする。そして、決定内容のある程度の類型化と理由の標準的記載方法を定める。

などが考えられるが、これらの点に関しては、さらに、考察を深める必要があろう。

なお、特定調停を利用するメリットの一つに裁判所付設機関の関与により公平性が保持されることに対する期待があるが、この点、特定調停手続において、貸借対照表に基づく表面的な数値の合理性のみではなく、衡平・公正の観点からも考慮がされているかは検証する必要があろう。すなわち、コロナ禍における事業価値の一過性の毀損、資金繰り悪化の負担を過度に債務者企業に押し付けた計画となっていないか等を検証する必要があろう。例えば、第二会社方式の再生案において、通常であれば相応に評価されるべき債務者ののれん代が全

く評価されていないが、これを相応に評価し、潜在的収益力も考慮すれば、債務免除あるいは資本性資金援助（ＤＤＳ若しくはＤＥＳ）により自力再生が可能であるといえるような場合は、調停委員会において、関係者を説得し、再生計画を再度練り直すことを助言するような仕組みがとれないかについても検討すべきであろう。

参考文献

・江原健志等（2020）「東京地方裁判所における企業の私的整理に関する特定調停の新たな運用の概要」『金融法務事情』2133号, p.20
・加藤寛史等（2020）「準則型私的整理の現状と弁護士の役割」『事業再生と債権管理』168号, p.60以下, 同170号, p.46以下
・河本茂行（2021）「新型コロナウイルス感染症下における中小企業の「再生型破産手続」『事業再生と債権管理』171号, p.130以下
・賀須井章人他（2020）「協議会「特例リスケジュール」の積極活用に向けて」『事業再生と債権管』169号, p.56以下
・千賀卓郎（2020）「大阪地方裁判所における事業再建型特定調停事件の概要」『金融法務事情』2087号, p.39
・座談会（2020）「準則型私的整理の現状と弁護士の役割」『事業再生と債権管理』168号, p.62
・菅野雅之（2006）「倒産ADRのあり方」, 高木新二郎・伊藤眞編著『講座倒産の法システム第4巻』日本評論社, p.3
・髙井章光（2021）「特定調停スキームによる事業再生」『事業再生と債権管理』172号, p.73
・高井章光（2014）「特定調停を活用した新しい中小企業再生手続の運用」『事業再生と債権管理』143号, p.145
・中小企業庁（2020）『中小企業再生支援協議会実施基本要領』6（4）④
・中島弘雅（2017）「倒産ADRの現状と課題」『銀行法務21』№820, p.32
・矢尾和子（2019）「動態としての簡裁民事調停」『民訴雑誌』65号, p.55以下
・山本和彦（2014）「私的整理と多数決」『NBL』1022号, p.14
・山本幸三監修（2009）『一問一答特定調停法』商事法務研究会, p.13
・渡邉敦子他（2020）「日弁連特定調停の手引の改定・新設と運用上の留意点」『事業再生と管理』168号, p.111

第4章

コロナ禍における「法的地域セーフティネット」の形成に向けて
―「民事裁判のICT化」と弁護士・地域金融機関の役割を中心に

川嶋 四郎

1. はじめに

　古くは国家や政府などが存在する以前から社会は存在し、人々は様々な紛争と向き合ってきた。「社会あるところに紛争あり」とか、「紛争あるところに法あり」とか、「権利あるところに救済あり」などと言われたのであり、国家や政府が成立する前から紛争解決制度としての「裁判」のシステムは存在した。そこでは、歴史上、様々な大災害や戦禍などを経て、人々にとってたえずより理にかなった紛争解決プロセスのあり方が模索探求され、今日に至っている[1]。

　民事裁判の合理化の歴史である。

　近時の新型コロナ・ウイルス感染症の世界的な拡大、すなわちパンデミックは、人々の日常生活だけではなく、企業活動や公共セクターの業務など、国家・社会の様々な局面に大きな影響を与え続けている。公正な社会で法的な正義が実現され続けるためには、公正な民事紛争解決手続が停止することは許されない。日本では、昨年（2020年）、そのパンデミックの初期の頃、裁判所の業務が一部の手続を除いて停止されたが、そのような中で、コロナ禍以前から、「民事裁判のICT化」の動きが少しずつ見られてきた[2]。

　本稿では、まず、2021年（令和3年）5月における本報告の直前に公表された『民事訴訟法（IT化関係）等の改正に関する中間試案』（以下、単に『中間試案』と呼ぶ。）についての若干の総論的な検討を行い、次に、出口の見えないコロナ禍の渦中において地域金融機関の関係者の方々との間で行われた貴重なヒア

---

1) 本稿は、2021年（令和3年）5月22日に行われた日本法社会学会（開催校、東洋大学。オンライン開催）での報告用原稿をまとめたものである。若干の文献を追加し、内容を補完しているが、2の部分は、紙幅の関係で相当割愛した。省略部分については、そこに引用した参考文献をご覧いただきたい。

リングの場に参加させていただいたことや、幾人かの献身的な弁護士の方々と対話する機会を得たことなどを契機に、コロナ禍における弁護士や地域金融機関等の役割について、若干の検討を行いたい。それを通じて、コロナ禍の現時点でWithコロナ時代をも見据えて、日本社会における「生ける法」のあり方を考え、「法を生かす方途」を探求していきたい。これは、「法的地域セーフティネット」の形成志向である。

　確かに、一般に「民事裁判のICT化」および「弁護士」は、法的セーフティネットの形成に直接関係するが、「地域金融機関」は、必ずしもそうではないように見える。しかし、中小企業にとって、地域金融機関の存在は、その活動を維持する上で不可欠の地域的なセーフティネットであり、地域だけではなく国家的な視点から見ても、法的にもその関係形成をサポートすべき現代社会とりわけ現代地域社会における重要なアクターであると考えられる。

　そこで、本稿では、「民事裁判のICT化」を制度的基盤の要素と考え、「弁護士」および「地域金融機関」を、現実に中小企業支援のために動く人的・組織的基盤と考えたい。特に、後2者は、予防的な救済をも実現することに道を拓く重要なアクターであり、中小企業にとって何らかの問題が生じた場合に解決のために一定の役割を果たすことを可能にする。弁護士は法的側面から、地域金融機関は経済的・経営的な側面から、中小企業をサポートし得る存在である。コロナ禍の現時におけるこれら3つのホットなシステムおよびアクターについて、本シンポジウムの全体テーマ（「コロナ禍の中小企業支援における法と法曹」）との関係で、多少とも有機的に関係付けて概論したい。

　なお、民事裁判の電子化について、政府等で用いられている表現は、民事裁判等の「IT化」ではあるが、本稿では、コミュニケーションを重視する立場から、原典原文の引用以外は、「ICT化」の表現を用いたい。それは、筆者が、

2）2020年度における初等中等学校の休校事例にもかかわらず、多くの大学が授業を間断なく続けることができたのは、教職員等の迅速かつ的確な対応と、コロナ禍以前から実装されていたICTシステムのおかげによる。教育の局面におけるその機能の限界や問題点を十分に認識し、課題克服の方途を探求する方向性は、裁判制度、ひいては紛争解決制度にICTを本格導入する際にも、有益な示唆を提供するであろう。ただし、学生の負担も教職員や組織の負担も、忘れることはできない。たとえば、村川（2020）、飯尾（2021）等を参照。

このような時代であるからこそ、「ＩＣＴ」の「Ｃ」すなわちCommunication の価値を重視したいと考えるからである[3]。

　本稿の基本的な問題関心は、「コロナ禍の現時において、ＩＣＴを活用して 誰一人取り残さない民事訴訟・紛争解決システムおよびコミュニケーション・ ディバイスをどのように構築するか」であり、それとともに、「人々の生活や 日本経済の基盤を下支えする中小企業の支援のために、弁護士や地域金融機関 がいかに貢献できるか」である[4]。

２．「民事裁判のＩＣＴ化」の略史と課題

（１）日本における「民事裁判のＩＣＴ化」の動向[5]

　日本では、これまで必ずしも順調に「民事裁判のＩＣＴ化」が行われてきた わけではない。ただし、世界的に見ても、確かに日本では比較的早くからその 先鞭は付けられていたとはいえる。1996 年（平成 8 年）の民事訴訟法改正は、 争点等の整理手続における電話会議システム（民訴 170 条 3 項等）や証人尋問 等におけるテレビ会議システム（民訴 204 条等）などは、そのことを示すもの であった[6]。

　2001 年（平成 13 年）に公表された『司法制度改革審議会意見書 − 21 世紀 の日本を支える司法制度』（以下、単に『意見書』と略す。）では、その「3 本 柱」の一つ「国民の期待に応える司法制度」の中の「裁判所へのアクセスの拡 充」で、「裁判所等への情報技術（ＩＴ）の導入」が明記されており、「裁判所

3）川嶋（2021b）p.145等を参照。
4）なお、いわば「暮らしの法律家」としての司法書士の役割も重要であるが、本稿ではさしあた り法律実務家としての弁護士に限定したい。なお、後注36とその本文も参照。
5）以下については、すでに、川嶋（2021c）pp.27-46等で概論したことがあることから、簡潔に示 すに止めたい。
6）民事裁判のICT化論に関するパイオニア的研究者である、笠原毅彦教授は、「日本における司 法のIT化は、1998年のISDNを利用したビデオリンクシステム・トリオフォン導入に始まる。ア メリカ連邦破産裁判所の事件管理システムが全国的に整備されたのが2001年であったことを考 えると非常に早い時期であった。」と指摘されている。笠原毅彦「民事裁判のIT化の基本視点 −ドイツのIT化を中心に考える」『市民と法』119号p.53（2019年）。

の訴訟手続（訴訟関係書類の電子的提出・交換を含む。）、事務処理、情報提供などの各側面での情報通信技術（ＩＴ）の積極的導入を推進するため、最高裁判所は、情報通信技術を導入するための計画を策定・公表すべきである。」と提言されていた。そこでは、「民事裁判のＩＣＴ化」が、司法アクセス論の中で論じられており、当時の政府における「電子政府」・「e-Japan」構想を背景に、飛躍的な展開が期待されていた[7]。

　しかし、その後、2003年（平成15年）の民事訴訟法一部改正では、鑑定人質問をテレビ会議システムで行うこと（民訴215条の3）などが可能とされ、2004年（平成16年）民事訴訟法一部改正では、一般的にオンライン申立てを認める規定（民訴132条の10）が設けられ、督促手続のオンライン化（民訴397条以下）も実現した。2004年改正の前者については、飛躍的な展開を期待させる新設規定であったが、そのための細則等は制定されることがなかった。その後、特定庁（札幌地方裁判所）で、パイロット方式として、たとえば期日指定の申立て等、特定の手続に限り電子申立てを開始する試みが実施されたが、しかし、ほとんど実績が上がらず、2009年（平成21年）春に停止された。これに対して、2004年改正の後者、すなわち督促手続のオンライン化については、現在広く利用されており、制度的に定着したと評価できる。

　上記『意見書』以降の法改正の動向は、この程度であり、国家レベルにおける民事裁判全体のＩＣＴ化に向けた動きは見られなくなった。しかし、2003年（平成15年）から、『意見書』における「民事裁判のＩＴ化」の計画を具体化するために、民間レベルではあったが私たちの「e-サポート研究会」[8]が活発な活動を始動した。この研究会では、「民事裁判のＩＣＴ化」を、「正義・司法へのアクセス」の潮流の中に位置付け、「ユビキタス・アクセス（Ubiquitous Access to Justice）」論、つまり、誰でもいつでもどこからでも紛争解決手続へのアクセスを可能にするための議論や実証研究等を行った。そこでは、「3つのe-サポート」、すなわち、①「情報交流」のeサポート（裁判手続のオン

7）川嶋（2005）p.301参照。
8）代表、川嶋四郎。その活動を示す論文および実証研究等一連の研究については、川嶋＝笠原＝上田（2021）p.1以下を参照。

ライン化）、②「情報管理」のeサポート（訴訟事件記録のデジタル化）、および、③「情報伝達・共有」のeサポート（出廷・傍聴等における法廷等の空間の拡張）を提示し、①から③までの統合的・一体的実現を目指す指針の提供を目指した。これらすべて、「ユビキタス・アクセス権」を実質的に保障するためのプロセスを構成するものであった（概要は、以下を参照）。

すなわち、①の「裁判手続のオンライン化」は、訴訟当事者・訴訟代理人（弁護士）が、裁判所に対しインターネット経由で訴えの提起（訴訟開始の申立て）等の裁判手続に必要な書類の提出・受領や、訴訟記録の閲覧を行えることをいう。また、訴訟当事者・訴訟代理人（弁護士）が、裁判所との間でメールにより送達や期日呼出等の通知を受ける（当事者間の直送も含む。）。これは、ＩＣＴ化を通じた「裁判を受ける権利」（憲法32条）の実現である。

②の「訴訟事件記録のデジタル化」は、電子裁判所システムの構築であり、訴訟記録等の情報をデジタルで管理し、裁判所内部で蓄積・共有することをいう。これは、「裁判の公開」（（同82条）訴訟記録の閲覧等を含む[9]。）および「知る権利」（同21条）の保障を実質化するものである。

③の「出廷・傍聴等における法廷等の空間の拡張」では、オンラインでアクセスできる「法廷等の空間」の概念を広げ、遠隔出廷・出席、遠隔傍聴を実施する。それにより、当事者が近隣の公民館や図書館等の公共施設等を利用することで裁判所に期日等に出席することができることになる。遠隔傍聴では、遠隔地等にいる地域住民が裁判を傍聴することを可能にした。これは、「裁判を受ける権利」（同32条）や「裁判の公開」（同82条）等を実現する試みである。

また、2009年度（平成21年度）には、福岡県下の福岡市と糸島市において、遠隔3地点間を結び、多数のボランティアの参加を得て、「民事裁判のＩＣＴ化」に関する大規模な実証実験も実施した[10]。

この実証研究は、上記『意見書』が目指す「21世紀のあるべき司法のかたち」に深い共感をもち、その具体的な実現のために行ったものである。私は、このような民事訴訟法学の世界の片隅で教育・研究を続けるいわば草莽の有志の責

9) 川嶋（2022）を参照。
10) 実証研究資料（2018）p.79等を参照。その概観については、川嶋（2021c）p.36参照。

任者として、民主司法の実現のために、ＩＣＴ化を「憲法価値」の実現手段として位置付け、「民事裁判のＩＣＴ化」により、より「豊かな社会」を形成する一助になればと考えて、多くの時間を費やした。民事司法への「ユビキタス・アクセス権」を実現し、民事司法の領域でも「知る権利」を実効化し、訴訟手続へ参加する権利（国民主権）等の実質的な確保を目指すことを目的とした。それは、決して、コロナ禍の時代さらに With コロナ時代を見越した研究であったわけではなかったが、むしろコロナ禍の現時においてこそ、より一層迅速かつ広範な実現が望まれている課題ではないかと考えられる。

　その後、2015 年（平成 27 年）9 月の国連サミットにおいて全会一致で採択されたＳＤＧｓ、すなわち、「持続可能な開発のための 2030 アジェンダ」は、「誰一人取り残さない」持続可能で多様性と包摂性のある社会の実現のため、2030年を年限とする 17 項目の国際目標を設定した。その第 16 項目は、「平和と公正をすべての人に（Peace, Justice, and Strong Institutions）」と題され（総括的に「平和」という項目が付され）、持続可能な開発のための平和で包摂的な社会を促進し、すべての人々に司法へのアクセスを提供し、あらゆるレベルにおいて効果的で説明責任のある包摂的な制度を構築するというものであった。そのサブ項目の 16.3 には、「国家及び国際的なレベルでの法の支配を促進し、すべての人々に司法への平等なアクセスを提供する」ことが、また、16.6 には、「あらゆるレベルにおいて、有効で説明責任のある透明性の高い公共機関を発展させる」ことが、さらに、16.10 には「国内法規及び国際協定に従い、情報への公共アクセスを確保し、基本的自由を保障する」ことが、そして、16.a の項目には、「持続可能な開発のための非差別的な法規及び政策を推進し、実施する」ことが、明記されていたのである[11]。

　これは、法の支配を実現し、豊かな情報に裏打ちされた平等かつ公正な包摂的（インクルーシブな）司法アクセス権の保障とそれを可能にするシステム構

---

11) 以上については、https://www.mofa.go.jp/mofaj/gaiko/oda/sdgs/pdf/000101402.pdf.を参照（参照：2021年9月）。これは、外務省のHPにおける仮訳である。
　ちなみに、当時日弁連からも、先の『取りまとめ』を受けて、基本的な方向性には賛同するものの、「地域の実情を踏まえ、全ての人にとって利用しやすい制度を構築すること」等、いくつかの「注文」が付けられていた。たとえば、斎藤（2018）p.11等を参照。

築を強く希求する内容であった。

　しかし、遺憾ながら、このような崇高な目標は、次に述べる政府（法務省）の基本的な考え方の中には、ほとんど垣間見ることはできないように思われる。

（２）『民事訴訟法（ＩＴ関係）等の改正に関する中間試案』とその道程

　その後、上記2004年（平成16年）の民事訴訟法一部改正以降、不思議なことに、社会経済的に見て世界の最先端を走っていたはずの日本が、「民事裁判のＩＣＴ化」については、その歩みをほぼ完全に止めることになった。そのことは、私たちの研究の成果として制作したDVDや報告書を、最高裁判所や法務省等、関係各機関に送付した後においても、全く変化はなかった。民間レベルでボランティアとして行なった議論や実証研究は、ＩＣＴ化の状況について明鏡止水がごとき国家レベルの民事司法の世界に、波紋一つも立てることができなかったかのような一連の暖簾に腕押し糠に釘的研究のように思われた。

　しかし、事態は急変した。2017年（平成29年）6月9日閣議決定の『未来投資戦略2017 - Society5.0の実現に向けた改革』[12]は、このような状況を一変させた。現代日本における民事司法の世界への現代的な「クロフネ」来航である。先に述べた『意見書』の背景にも外圧が存在したことを想起させる。

　その中には、「迅速かつ効率的な裁判の実現を図るため、諸外国の状況も踏まえ、裁判における手続保障や情報セキュリティ面も含む総合的な観点から、関係機関等の協力を得て利用者目線で裁判に係る手続等のＩＴ化を推進する方策について速やかに検討し、本年度（2018年度）中に結論を得る。」（（　）内は筆者）という指針的な提言が存在した。しかも、「世界で一番企業が活躍しやすい国」の実現も明記されていた（「企業」には中小企業も含まれるはずである。ただし、「世界で一番市民が幸福を感じる国」などの表現はなかった。）。

　これは、従前の日本における民事裁判のＩＣＴ化の進捗状況と比較した場合に、異例な程に迅速な対応である。その背景としては、「民事裁判のＩＣＴ化」の局面における日本の世界的な遅れがあったことは否めない。ただし、『未来投資戦略2017』に盛り込まれた基本指針は、あまりに抽象的なものであり、

---

12) https://www.kantei.go.jp/jp/singi/keizaisaisei/pdf/miraitousi2017.pdf.（参照：2021年9月）

しかも、記載事項は僅かなものにすぎなかった。しかし、そこに含まれた「利用者目線」という用語は、それ以後政府の「民事裁判への ＩＣＴ の導入」に際して、あたかもお題目あるいは免罪符のように、繰り返し用いられることになった[13]。

「民事裁判のＩＣＴ化」研究に長年取り組んできた私たち研究者仲間の間でも、『未来投資戦略2017』や『Society5.0』の話題は、いち早く駆け巡った。私は、研究者仲間たちに心から感謝しつつ、政府関係者に仲間たちを推薦した。私たちの研究もこれで少しは報われたと感じた。静かに大学・大学院教育を行いつつ、私の長年の課題である「民事救済のプロセス研究」に邁進できると考えたのである。

---

13) さらに、2018年（平成30年）6月の閣議決定である『未来投資戦略2018−「Society5.0」「データ駆動型社会」への変革』（https://www.kantei.go.jp/jp/singi/keizaisaisei/pdf/miraitousi2018_zentai.pdf.）においても、後述の『取りまとめ』（後注14およびその本文を参照）を踏まえて、民事裁判手続等の全面ICT化の実現を目指して、2019年（平成31年）度中の法制審議会への諮問を視野に入れて速やかに検討・準備を行うこととされた。つまり、そこでは、「世界で一番企業が活動しやすい国の実現」中の最初に記された「裁判手続等のIT化の推進」の箇所で、次のような具体的な戦略が示されていたのである。
　「司法府による自律的判断を尊重しつつ、民事訴訟に関する裁判手続等の全面IT化の実現を目指すこととし、以下の取組を段階的に行う。
・まずは、現行法の下で、来年度〔2019年度〕から、司法府には、ウェブ会議等を積極的に活用する争点整理等の試行・運用を開始し、関係者の利便性向上とともに争点整理等の充実を図ることを期待する。
・次に、所要の法整備を行い、関係者の出頭を要しない口頭弁論期日等を実現することとし、平成34年度〔2022年度〕頃からの新たな制度の開始を目指し、法務省は、来年度〔2019年度〕中の法制審議会への諮問を視野に入れて速やかに検討・準備を行う。司法府には新たな制度の実現を目指した迅速な取組を期待し、行政府は必要な措置を講ずる。
・さらに、所要の法整備及びシステム構築などの環境整備を行い、オンラインでの申立て等を実現することとし、法務省は、必要な法整備の実現に向け、来年度中の法制審議会への諮問を視野に入れて速やかに検討・準備を行う。
・また、法務省は、オンラインでの申立て等の実現に向けたスケジュールについて、司法府の環境整備に向けた検討・取組を踏まえた上で、来年度中に検討を行う。」（〔　〕内は、筆者）
以上については、後述の『研究会報告書』（後注15およびその本文を参照）4頁も参照。
なお、2019（令和元年）6月4日に、自由民主党の政務調査会が出した、「司法制度調査会2019年提言、司法システムの新たな展開−3つの視点と4つの柱」（https://jimin.jp-east-2.storage.api.nifcloud.com/pdf/news/policy/139701_1.pdf）には、先に触れたSDGsを意識したと思われる表現が見られる。

その後、日本では、国家のプロジェクトとして、2018 年（平成 30 年）3 月には、「裁判手続等のＩＴ化検討会」から『裁判手続等のＩＴ化に向けた取りまとめ－「3 つの e」の実現に向けて』（内閣官房日本経済再生総合事務局）[14] が公表され、2019 年（令和元年）12 月には、その議論を引き継いだ公益社団法人商事法務研究会内に設けられた民間団体「民事裁判手続等ＩＴ化研究会」から、『民事裁判手続等ＩＴ化研究会報告書－民事裁判手続のＩＴ化の実現に向けて』も公表された[15]。いずれも「ＩＴ化」という表記であった。

2020 年（令和 2 年）3 月 10 日に開催された、「民事司法制度改革推進に関する関係府省庁連絡」では、次のような首相官邸日本経済再生本部事務局説明が行われていた。すなわち、「近年における情報通信技術の急速な進展や我が国における情報通信技術の浸透状況、オンラインでの経済活動の増加、諸外国における裁判ＩＴ化の進展状況等に照らすと、我が国の民事司法制度の国際競争力の強化のため、民事裁判手続等のＩＴ化を進めることは喫緊の課題である。」と指摘されていたのである[16]。やはり「ＩＴ化」であり、「民事司法制度の国際競争力の強化」が何を目的とするものかは、問題となり得るであろう。

最近、法務省から 2022 年（令和 4 年）中の民事訴訟法等の改正のために、『民事訴訟法（ＩＴ化関係）等の改正に関する中間試案（令和 3 年〔2021 年〕2 月

---

14) https://www.kantei.go.jp/jp/singi/keizaisaisei/saiban/pdf/report.pdf.（参照：2021年9月）

15) https://www.shojihomu.or.jp/documents/10448/6839369/%E6%B0%91%E4%BA%8B%E8%A3%81%E5%88%A4%E6%89%8B%E7%B6%9A%E7%AD%89%EF%BC%A9%EF%BC%B4%E5%8C%96%E7%A0%94%E7%A9%B6%E4%BC%9A%20%E5%A0%B1%E5%91%8A%E6%9B%B8.pdf/f0c69150-e413-4e26-9562-4d9a7620031b.pdf.（参照：2021年9月）

16) https://www.cas.go.jp/jp/seisaku/minjikaikaku/dai3/honbun.pdf.（参照：2021年9月）
さらに、2020 年（令和2年）4月20日付の事業環境改善のための関係府省庁連絡会議決定「事業環境改善に向けた取組について（改訂2020）」（https://www.kantei.go.jp/jp/singi/keizaisaisei/doing_business/dai6/siryou1.pdf.）でも、「民事訴訟に関する裁判手続のIT化」が挙げられていた。そこでは、「世界銀行報告書では、裁判手続や判決の執行に要する時間や訴訟提起などの電子化等が評価対象となっていることを踏まえて、民事訴訟手続のIT化を実現するため、以下の取組を行う。」として、「法務省は、オンライン申立て、訴訟記録の電子化、訴状の電子送達、手数料等の電子納付、双方不出頭の非対面での期日等を実現するため、令和4年（2022年）中の民事訴訟法等の改正に取り組む。」とし、最高裁判所には、「現行の民事訴訟法の下での争点整理手続におけるウェブ会議等を活用した非対面での運用について、…以下の取組み（略）を期待する。」としていた（以上、「　」内は、（ ）以外原文のママ）。

19日付）』（〔　〕内は筆者）[17] が公表された。この段階でも「ＩＴ化」という表記であった。

　詳細は別の機会に論じるとして、以下に示す目次からは、民事訴訟法の全面的な改正の方向性が窺われる。

「第1 総論、第2 訴えの提起、準備書面の提出、第3 送達、第4 送付、第5 口頭弁論、第6 新たな訴訟手続、第7 争点整理手続等、第8 書証、第9 証人尋問等、第10 その他の証拠調べ手続、第11 訴訟の終了、第12 訴訟記録の閲覧等、第13 土地管轄、第14 上訴、再審、手形・小切手訴訟、第15 簡易裁判所の手続、第16 手数料の電子納付、第17 ＩＴ化に伴う書記官事務の見直し、第18 障害者に対する手続上の配慮」

　これらは、確かに広範にわたる改正のように見えるが、必ずしもそうではない。この中の「第13」は、現行法の規律を維持するものであり、「第14」は、第1審の訴訟手続と同様であり、「第15」は、引き続き検討するということであり、「第17」は、所要の改正をするとし、「第18」は、引き続き検討するとして、委細は記されていないのである。しかし、実質的に見た場合に、民事訴訟法の全面改正であり、1996年（平成8年）の平成民事訴訟法制定時と同じくらいに、民事訴訟法学界や市井から、広範な議論展開が巻き起こるべき性格のものであった。

（3）日本民事裁判ＩＣＴ化の基礎的課題 [18]

　先に挙げた『意見書』は、「民事裁判の充実・迅速化」の中で、「審理の充実を図りながら民事訴訟事件の審理期間を半減するためには、法曹の人的基盤を拡充することによって、期日の間隔を短縮すること等が必要となる。そのために、弁護士人口を大幅に増加させること、弁護士事務所の法人化・共同化を進

---

17) http://www.moj.go.jp/content/001342957.pdf.（参照：2021年9月）、『別冊NBL』175号（商事法務、2021年）に、補足説明とともに収録されている。
18) 以下について、詳しくは、川嶋（2021b）pp.87-92、同（2021c）pp.50-57等を参照。

めることなどにより、弁護士の執務態勢を充実強化するとともに、裁判官及び裁判所関係職員の大幅増員等裁判所の人的体制を充実強化すべきである。」と提言していた。これは、いわば「大きな司法」の実現である。

　確かに、立案担当者は、民事訴訟法のみの改正課題と取り組むゆえにその範囲内での職務のみを遂行しているにすぎないのであるが、しかしながら、上記『中間試案』等が物語るように、『意見書』が指摘するような「大きな司法」は、その視野には入っていない。つまり、今次の改正は、現在の「小さな司法」を維持しつつ、弁護士・司法書士等にＩＣＴ実装民事司法の裾野を形成する役割を担わせることを企図した、いわば「士業依存的なシステム構築」が構想されているように思われるのである。要するに、「民事裁判のＩＣＴ化」への弁護士・司法書士の組込みである。民事司法のＩＣＴ化には、弁護士・司法書士の職域拡大に伴い利益権益の拡大の可能性も存在するため、概してそれらの利害は、市民・利用者の利益というよりむしろ国（裁判所等）のそれと一致することになる。それゆえ、「民事裁判のＩＣＴ化」が、利用者への負荷を増し、結果として手続制約的なＩＣＴ化に成り果ててしまわないことを願いたい。「真の当事者目線・利用者目線の手続改革」が不可欠となるゆえんである。

　ともかく、政府の文書の中に、「当事者目線」や「アクセス」という措辞は見られなくはないものの、先に述べたように、私たちの研究が志向した「正義・司法へのユビキタス・アクセス権」の実現は、射程外・想定外の緘黙状態に置かれているように思われる。むしろ実質的にアクセス規制的な濫訴対策・濫用的手続利用対策が盛り込まれており、難解な内容もあり、今次の大改革が、法の下の平等をより一層実現し、全国各地津々浦々に均質な司法を行き渡らせるために、せめて民事司法の世界では、格差社会、排除社会、不平等不公正社会や取り残される人々が産み出される社会等を極小化しようとする意図とそのための具体的な処方箋を、そこに垣間見ることは難しいように思われる。さしあたり、『中間試案』の基本構想としては、デジタル・ディバイドや本人訴訟・障害者対応等、目配りを行き届かせたような抽象的な言及はともかく（具体的な処方箋は皆無であったのであり）、要するに「地方裁判所民事第１審訴訟事件中両当事者弁護士付訴訟事件」をまずはターゲットにしているように思われるのである。世界最先端となるべく企図された日本のＩＣＴ裁判所が、市民・

利用者にとっては高嶺の花に成り果ててしまわないことを願うばかりである。

すでに、現在、控訴審における続審制下の事後審的運用[19]が定着しており、高等裁判所の控訴審では、多くの場合1，2回結審の実務が行われているため、地方裁判所民事第1審訴訟手続のICT化を通じて、訴訟事件全審級についてより一層迅速な裁判が可能になるように思える。しかし、その反面で、個別事件における第1審のもつ争点中心型の集中審理の充実度がより一層重要な課題となるであろう。要するに、それを、今次の「民事裁判のICT化」が十分に成し遂げられるかどうかである。

少なくとも訴訟事件に関する手続利用・手続参加の価値は、「憲法価値」でもあり、その実質的な実現度も、ICT化を通じて向上されなければならないであろう。「ユビキタス・アクセス権」、「インターネット接続権」、「手続支援権（手続サポート権）」、「現存原理原則価値保障原則」、および、「秘密保護請求権」等、真の意味で利用者目線に立った温かい立法が要請されるゆえんである[20]。

近時の日本における民事司法の領域では「迅速化・効率化」が至上の価値のように喧伝されているが、たとえばシンガポール[21]では、迅速性だけではなく、身近さ、適時性、平等、公正、廉潔（インテグリティ）、独立性、説明責任、国民の信頼・信任を挙げていたのが、印象的である。そこでは、「民事裁判のICT化」後であっても、否、その後だからこそ、より一層「質の高い民事司法」の実現が目指されているのである[22]。

---

19) 新堂（2019）p.928、川嶋（2013）p.897等を参照。
20) 川嶋（2021a）p.100、川嶋（2021b）p.87、川嶋（2021c）pp.50-57等を参照。
21) 川嶋（2014）p.38参照。
22) 川嶋＝笠原＝上田（2021）p.151を参照。なお、現在のシンガポール最高裁判所のHPには、興味深いことに、「ビジョン（指導的かつ信頼される司法。明日への備え）、使命（信頼、尊敬および信認に値するアクセスしやすい司法）および価値（公正さ、身近さ、独立性・廉潔性・非偏頗性、即応性）」が明記されている。それは、民事司法においては、日本民事司法が目指す「迅速性」や「効率性」とは別の価値が存在することを如実に示すのである。https://www.supremecourt.gov.sg/who-we-are/vision-and-mission/vision-mission-and-values.参照（参照：2021年9月）。今次の立案関係者の幾人かは、すでに国費によるシンガポール最高裁判所等の視察を終えていると聞いているので、今後、その成果が生かされることが切望される。さらに、民事裁判のICT化と既にオンライン化されている国際商事仲裁については、豊島ひろ江「コロナ禍における紛争解決手続のIT化と更なる発展への期待」（本書・第5章）を参照。

要するに、「民事裁判のＩＣＴ化」の眼目は、先に述べたようにあくまで「憲法価値」の実現であるべきであり、人が利用者として容易に司法プロセスにアクセスすることを現実化できることにある。先に述べた『意見書』が記すように、「ただ一人の声であっても、真摯に語られる正義の言葉には、真剣に耳が傾けられなければなら」ず、しかも、「事前規制の廃止・緩和等に伴って、弱い立場の人が不当な不利益を受けることのないよう」に、的確なシステム構築が望まれるのである。

３．「民事裁判のＩＣＴ化」と弁護士等・地域金融機関の役割

（１）弁護士等の役割

　現時のコロナ禍の渦中において、紛争解決やその予防に果たすべき弁護士の役割は大きい[23]。「弁護士」は、憲法上に明記された唯一の民間職であり[24]（憲法77条1項）、基本的人権の擁護と社会正義の実現をその使命とし、誠実にその職務を行い、社会秩序の維持や法律制度の改善に努力しなければならない（弁護士法1条）。非弁活動が禁止されていること（同72条）から、その使命の実現に関する義務は重く責任は大きい。その職務の排他性は、その職務の包括性が基礎とならなければならない。

　このような使命や職務の発揮が嘱望されるのは、たとえば大災害が生じたときである。心ある弁護士は、現在のコロナ禍以前から、たとえば、阪神淡路大震災や東日本大震災・福島第1原発事故等の大災害時に、その職務を献身的に遂行してきた。

　「壮絶な悲しみに襲われ、極めて過酷な状況にありながらも、人は日々の生活を送らなければならない。その生活上の悩みは多様であり、切実であり、また深刻である。そのような被災者の不安を少しでも和らげ、心配ごとから解き

23）特に、本シンポジウムのテーマとの関係では、たとえば、吉岡＝髙井（2021）p.8を参照。同誌の特集として、日本弁護士連合会だけではなく、各地の弁護士会の活動が紹介されている。
24）川嶋（2020）p.295参照。

放ち、生活の再建への道筋を示すことは、法の果たすべき重要な役割である。法は人を救うためにあるはずだ。」²⁵⁾

これは、兵庫県弁護士会の津久井弁護士の言葉であるが、災害弁護士のバトン、つまり連携的な（法的）救済の活動は、現在においても着実に受け継がれ広がっている²⁶⁾。

本稿との関係で注目すべきは、2009年（平成21年）11月に創設された「日弁連中小企業法律支援センター」²⁷⁾である。同支援センターは、中小企業のための法律支援において、これまで積極的かつ重要な役割を果たしており、また、2017年（平成29年）5月26日には、日本弁護士連合会が、「中小企業・小規模事業者に対する法的支援を更に積極的に推進する宣言」²⁸⁾を行っている。

それは、「弁護士による法的情報の提供や法的助言等の法的支援を中小企業・小規模事業者にあまねく行き渡らせることにより、その個性や可能性を存分に伸ばし、自立を支え、中小企業・小規模事業者の健全な経営と持続的な成長を促進し、もって、地域経済・社会の活性化を図るとともに、経営者・事業者、従業員、取引先、その家族等の全ての関係者の暮らしと権利が守られる社会の実現を目指すことをここに宣言」するとして、具体的に、①弁護士会による相談・紹介制度の充実、②関係機関・団体等との連携・協力関係構築の推進・強化、③調査・研究・提言と実践や費用面でのアクセス障害の解消、④研修制度の充実等による提供業務の高度化、および、⑤広報・啓発活動に言及している。

中小企業庁『2021年版中小企業白書・小規模企業白書概要（令和3年4月）』によれば、新型コロナ・ウイルス「感染症流行により、多くの中小企業が引き

25）津久井（2012）p.iii。
26）津久井（2021）p.22等を参照。
27）髙井（2017）p.101参照。同センターは、リーマンショックの翌年に、中小企業等による弁護士の利用を促進し、様々な側面から組織的かつ全国的に法的支援を行うために、日弁連の特別委員会として創設された。髙井（2021）p.9参照。ちなみに、中小企業金融円滑化法も、同月に成立している。
28）https://www.nichibenren.or.jp/library/ja/assembly_resolution/data/170526_02.pdf.（参照：2021年9月）さらに、日弁連における中小企業支援の全体像については、髙井章光「コロナ禍の中小企業支援と弁護士の役割」（本書・第2章）を参照。

続き厳しい状況にある」が、「倒産件数は低水準となっており、金融支援の拡大や持続化給付金など概ね各種支援策が功を奏していると見られるが、感染症の影響に引き続き留意することが必要」[29] であると指摘されている。

　ここでは、国による各種支援事業の奏功を倒産件数の低水準化の理由に挙げているが、たとえ実際にそのような理由は存在するとしても、なぜその種の支援事業等が奏功しているか、また、なぜ倒産件数が低水準化しているのかについては、さらに検討を必要とするであろう。しかも、コロナ禍については収束も終息も見通すことができない現在にあって、中長期的な視点での支援事業も不可欠であろう。

　ともかく、コロナ禍の現在、日弁連における上記支援センターの役割は、特に重要である。同支援センターは、中小企業が法的サービスの提供を受けられる機会を増やすため、全国各地の弁護士会の協力を得、法的サービスの提供を通して中小企業を支援する態勢を作り、様々な取組を行っているからである。その中でも、「ひまわりほっとダイヤル」（2010 年〔平成 22 年〕4 月開設）は、広報活動、中小企業庁・関連団体との連携および研修等とともに、重要な活動の一部であり、コロナ禍においても重要な役割が期待できる。これは、中小企業・小規模事業者が全国統一の電話番号に架電すると、最寄りの地元弁護士会の受付窓口につながるシステムであり、中小企業に対して弁護士へのアクセスを保障するのに役立っている。

　また、日弁連は、中小企業金融円滑化法の施行終了を受け、中小規模の事業者の抜本的な再生スキームとして、2013 年（平成 25 年）12 月 5 日に、「金融円滑化法終了への対応策としての特定調停スキーム利用の手引」（通称【手引 1】〔一体再生型〕）を策定し、事業再生支援等をも実施している（同手引は、2014 年〔平成 26 年〕6 月と同年 12 月に改訂。現在の名称は、「事業者の事業再生を支援する手法としての特定調停スキーム利用の手引」である。）[30) 31)]。

　その後、特定調停スキームとして、【手引 1】（一体再生型）に加え、【手引 2】（単独型）および【手引 3】（廃業支援型）が策定され、そのバリエーションを増した。【手引 2（単独型）】は、経営者保証に関するガイドラインに基づく保証債務整

29) https://www.chusho.meti.go.jp/pamflet/hakusyo/2021/PDF/2021gaiyou.pdf.（参照：2021年9月）

理の手法として、特定調停スキームを利用するための手引であり、【手引3（廃業支援型）】は、事業者の廃業・清算を支援する手法として、特定調停スキームを利用するための手引である。日弁連の上記ホームページでは、各手引の適用場面や特定調停スキームについての税務上の取扱いに関する国税照会等の項目まで紹介されている。これらの利用件数は、現在のところ必ずしも多いわけではないが、民事再生法等の倒産法制の活用などとともに、今後の利用が期待される[32]。その前提として、既に行われているが、弁護士会等の広報活動等も重要である。

　本稿との関係で特に指摘すべきは、裁判所内でのＩＣＴ化は立法等を含めてこれから徐々に進められて行くはずではあるものの、コロナ禍ということで、特に一般市民や中小企業のための緊急のＩＣＴ化施策がとられているといった話を聞かないことである。また、裁判所内の法的手続についても、たとえば、上記スキームに関する特定調停についても、「民事調停のＩＣＴ化」、ひいては、「簡易裁判所のＩＣＴ化」は、現在のところ具体化はされておらず、当分は電話会議システム等を用いることはともかく、原則として対面処理を行わざるを得ないのが現状である。現在、「ひまわりほっとダイヤル」のシステムは、有益な窓口と優れたネットワークを形成しつつあるが、その後の手続は、従前の弁護士業務と同様に、基本的には多くが対面で行われているのではないかと推測される。

　一般に、裁判所における手続の前段階でも、弁護士・依頼者関係について、ＩＣＴの利用を通じて、アクセスしやすい環境が作られているかどうかも、疑

30) https://www.nichibenren.or.jp/activity/resolution/chusho/tokutei_chotei.html.（参照：2021年9月）
31) また、日弁連では、市民や中小企業と弁護士とをつなぐための様々な工夫を行っている。たとえば、YouTube「戦国法律相談アニメ」の「第2話 秀吉が亡くなっても事業が継承される篇＜相続＞」（https://www.youtube.com/watch?v=mocsTIkYrPU.）等は、本稿のテーマとの関係で興味深い。（無料）法律相談や弁護士へのアクセスの誘因ともなるであろう。また、マンガ・パンフレット「社長！廃業の前に考えて！－弁護士に聞いてみよう頼りになります特定調停」（https://www.nichibenren.or.jp/library/ja/publication/booklet/data/chusho_170412.pdf.）（参照：2021年9月）は、特定調停による鍋製造会社の再生の物語である。
32) 中小企業再生のための対応策の具体例については、たとえば、髙井（2021）pp.11-14等を参照。さらに、事業再生・整理手続における特定調停の現状と課題の詳細については、赤西芳文「コロナ禍における事業再生－特定調停に焦点を当てて」（本書・第3章）を参照。

わしいのが現状である。現時におけるＩＣＴ化の課題が、コロナ禍における裁判所外弁護士業務にも、十分には浸透していないようである。対面でのリアルな相談等は、伝統と信頼形成に裏打ちされた重要なコミュニケーションの作法ではあるが、しかし、コロナ禍の恐怖は不可避的に付きまとう。今後のパンデミックの帰趨は定かではないが、親身で堅実な弁護士業務と安心安全なコミュニケーションの実現との狭間で、当面は可能な限りのベスト・プラクティスが模索されて行くと思われる。その中で、「民事裁判のＩＣＴ化」対応のために、弁護士業務自体のＩＣＴ化の促進も、また新たな課題となるであろう。

　先に述べたように（→２（3））、今次の民事訴訟法改正で計画されている「小さな司法を維持した民事手続へのＩＣＴビルトイン化」は、弁護士・司法書士の施策組込みを基礎としたままでの「司法下請促進的ＩＣＴ化」、ひいては、「ＩＣＴ化による士業利益誘導型司法裾野拡大方式」の貫徹のように思われる。ただし、弁護士の中には、ＩＣＴ化自体に対する疑念や反対論[33]、さらには、司法書士への事件管理システムへのアクセス権の付与に対する反対論[34]等もあり、今後の議論と立法や規則制定の帰趨が注目される。願わくば、市民・国民の利益が極大化されるＩＣＴ化論であってもらいたいものである。

　ヒアリングを行った弁護士の中で、年配の弁護士はともかく、若い弁護士の多くからは、ＩＣＴ化は歓迎すべきことであり、初期投資もほとんど気にならないとの声も聞かれるが、私は、「民事裁判のＩＣＴ化」は、弁護士業務のあり方自体を大きく変革するのではないかと考える。たとえば、そのＩＣＴ化は、弁護士事務所からＰＣ越しに Web 裁判を行うことに尽きるわけではない。人的物的な手当ては不可欠となる。たとえば、対応できるスペース（個室）の確保は大前提であり、相応なＰＣ機器の設置は不可欠である。そのための技法の錬磨も不可欠である。複数の弁護士が所属する事務所では、物的要因で期日指定が先送りされるといった事態は回避されなければならない（対応可能な個室の貸借等は可能である）。非訟手続等、非公開事件の手続では、そもそも非公

---

33) たとえば、正木（2021）p.11等を参照。
34) 法友全期会＝親和会『司法書士に事件管理システムへのアクセス権限を付与する制度設計とすることを求める意見に反対する意見書』（https://zenkikai.net/images/20210512ikensyo.pdf.）参照（参照：2021年9月）。

開制の担保を現実にどのように行うかは大きな課題である。公開事件であって
も、共同事務所内で静謐な環境が保てるか[35]は疑問であり、また、無断録音・
録画や映像化すべきではないものが映り込むことを防止し、手続環境の秩序維
持をどのように図るかも、大きな課題であろう。少なくとも、法律事務所の負
担は一般に増加するのではないかと考えられるのである。

　それとともに、全国各地からアクセス可能になることから、弁護士・弁護士
事務所間の格差なども生じるように思われる。これは、大都市の弁護士事務所
か地方の弁護士事務所かの問題というよりも、サービス内容の質と信頼に依存
する課題のようにも思われる。裁判所についても同様である。各地の弁護士会
や法科大学院が、いかにして「民事裁判のＩＣＴ化」に対応することができる
かも、今後の課題である。たとえば、弁護士研修や臨床法学教育等の具体的実
践のあり方である。しかも、司法試験予備試験が存在する今日、「民事裁判の
ＩＣＴ化」のための最高裁判所司法研修所の研修における役割も、また大きく
なる。

　本稿の基本的な立場は、弁護士等へのアクセス保障も、先に述べた「正義・
司法へのユビキタス・アクセス」の一環を成すというものである。多様な議論
の展開は、新制度創設に際してやむを得ないが、市民・利用者の視点に立った
議論展開と制度構築が何よりも望まれる。

　一般論にすぎないが、本稿のテーマとの関係で、現在の日本において経済的
な窮境に立たされた中小企業にとって、特に費用や自己決定さらには情報等の
面で、弁護士等に相談しにくい状況があるとすると、その点は克服すべき基礎
的な課題であろう。2で述べたように、今次の「民事裁判のＩＣＴ化」の真意が、
「士業の積極的な巻き込みを通じた司法の自己実現」にあると考えると、特に
士業への利用者のアクセス保障問題がクローズアップされるからである。次に
述べるように、中小企業と地域金融機関との関係において、弁護士等が新たに
関わることになる場合には両者の警戒感を解きほぐし、プラスの意義を見出し、
三位一体の連携的な事業再生の機会が創出され展開されることが望まれる。

　経済的な危機に直面した中小企業にとって、事業再生等、適切な手続選択は

35）近時の中国における裁判のICT化では、立法的に明記されている。川嶋＝張（2021）p.162を参照。

不可欠である。使用者と労働者およびそれぞれの家族の生活への配慮も不可欠となる。弁護士や次に述べる信用金庫等は、目先の利益追求型のいわゆるコンサル（外資等）とは異なり、地域に根ざした存在であり、また、地域経済を支える中小企業に対して、多様な選択肢の提示と選択のサポートを行うことができる立場にあると考えられる。したがって、交渉能力やマネジメント能力等にも秀出た中小企業法律支援専門弁護士を育成することも、研修や会内活動等を通じたこれからの課題となるであろう。

　未曾有のコロナ・パンデミック下の弁護士活動には、大災害の際の弁護士活動の教訓を活かすこともできるが、オンラインでつながる弁護士業務の新たなシステム設計は、空間的な制約を超えた新たなニーズの掘り起こしに寄与するであろう。確かに、対面の価値と比較して、ＩＣＴを通じた意思疎通の相対的な困難性は存在する。「感性」、「誠意」および「気持ち」等、依頼者の継続的な信頼を獲得する努力もまた、その局面では不可欠になるであろう。弁護士の業務に関わる費用およびプロセス等、システムの透明化や広報活動も、今後の課題となる。

　以上は、本稿のテーマとの関係で弁護士の役割を概観したが、中小企業支援の文脈では暮らしの法律家としての司法書士等の活動[36]も重要であり、また、両者の連携[37]も、コロナ禍の市民や中小企業にとって、この上なく有益であろう。その際には、既に連携の実績を有する法テラス（日本司法支援センター）の役割も重要となるであろう。

（2）地域金融機関（例、信用金庫）の役割

　地域金融機関には、様々な種類のものがあるが、本稿では、ヒアリングの機

36）たとえば、角田（2017）pp.4,11、髙橋（2017）pp.35,43-45等も参照。
　　さらに、本稿との関係で興味深いのは、民事訴訟法（IT化関係）等の改正に取り組んでいる法制審議会にも委員を出している日本司法書士連合会が、すでに積極的に市民目線から民事裁判のICT化の普及に向けた活動を開始していることである。その一端として、たとえば、日本司法書士連合会編（2020）等を参照。
37）先に述べた「日弁連中小企業法律支援センター」では、すでに中小企業庁や中小企業支援関連団体等とともに、士業団体とも連携した活動が行われている。髙井（2017）p.101参照。これには、司法書士会だけではなく、税理士会や社会保険労務士会等が含まれる。

会やその業務内容を垣間見ることができた信用金庫を例に、コロナ禍の現時におけるその役割を考えてみたい。

　信用金庫とは、信用金庫法に規定された金融機関であり、金融庁の監督に服する。信用金庫の目的は、「国民大衆のために金融の円滑を図り、その貯蓄の増強に資するため、協同組織による信用金庫の制度を確立し、金融業務の公共性にかんがみ、その監督の適正を期するとともに信用の維持と預金者等の保護に資すること」にある（信用金庫法1条）。信用金庫は、国民大衆を視野に「地域経済」の健全な発展に寄与する使命を有するのである[38]。

　コロナ禍以前から、信用金庫は、株式会社に対抗して創られた協同組織運動の金融部門であり、単なる金融機関ではなく、「お金の弊害」を是正するために生まれた社会貢献企業であると言われてきた[39]。そこでは、コミュニティを重視した経営が中心となり、その3つのビジョンとして、「中小企業の育成発展」、「豊かな国民生活の実現」および「地域社会繁栄への奉仕」が語られたこともあった[40]。

　以下では、2021年（令和3年）2月17日にオンラインで行われたA信用金庫からのヒアリングの結果に基づき、コロナ禍における信金の現状について、いくつかの点を記したい。

　まず、地域においては、メガバンク、地銀、信金および信組等の金融機関が、それぞれ金融等に関する基本スタンスの違いから、一定の棲み分けを行っており、特定の地域におけるいわば「共存共栄」の状況にあることが窺われた。それは、中小企業支援の側面から見れば、「金融セーフティネットの多重性」という意義を見出すことができるであろう。興味深いのは、地域にある金融機関には各々固有の歴史と伝統があり、機関ごとに、いわば「気質」や「行風」等の違いがあることである[41]。

38）これに対して、銀行は、「銀行の業務の公共性にかんがみ、信用を維持し、預金者等の保護を確保するとともに金融の円滑を図るため、銀行の業務の健全かつ適切な運営を期し、もつて国民経済の健全な発展に資することを目的とする」（銀行法1条）ものであり、「国民経済」を視野に入れた業務活動を行うと、一応法律上の役割には異同が見られる。
39）吉原（2012）p.5等を参照。著者は、「脱原発宣言〔「原発に頼らない安心できる社会へ」のメッセージ〕」で注目を集めた城南信用金庫の元理事長である。
40）吉原（2012）pp.30.48等を参照。

現在、地銀再編等、地方金融機関の再編が語られているが、各地の金融機関の多くが、コロナ禍での顧客対応に追われる中で、その種の再編関係業務に時間や人員等を割く余裕があるかどうかは疑わしい。まずは、地域住民、地域中小企業・事業者の支援を第一に考えるべきであろう。コロナ禍以前からの政府・金融庁等の思惑と各地の現実との間に乖離がないかどうか、今一度再考する必要があるであろう。現時のコロナ禍では、再編問題以前の課題があり、むしろ地方創生の要としての役割を、地域金融機関等にも委ねるべきであろう。

　たとえば、信金の場合には、地域の中小企業を熟知している強みがある。中小企業と一概に言っても、その多様性、すなわち、業種、規模、技術および知財等はバラエティに富む。そのような状況で、信金はいわば情報集積回路のようなものであり、異業種のマッチング等の知恵を出し合い、地域密着型の再生をも可能にするハブあるいは結節点となり得る組織である。また、信金等のネットワークの活用を通じた事業譲渡も行われるようであるが、それにより事業も雇用も維持されれば、地域経済や地域生活にとっては極めて有益である。

　一般に M&A の業界は、コロナ禍で、スポンサーも降り始める傾向にあるとのことであるが、「地域内」での対応として、顧客同士のマッチングが実現できれば、地域経済の再生面では望ましい結果が得られるであろう。

　現在、経済産業省・中小企業庁の「中小企業再生支援協議会」が、各都道府県に常駐スタッフを置き、中小企業における事業改善や財務改善のアドバイスを行っている[42]。そこでは、企業再生に関する知識と経験を持つ常駐専門家（弁護士、公認会計士、税理士、中小企業診断士、金融機関ＯＢ等）が、多様性や地域性といった中小企業の特性を踏まえて、再生に向けた相談・助言から再生計画策定に至るまで、個々の企業の特性に即したきめ細かな支援を行っているとのことである。そこでは、特にいわゆる「第２会社方式」の支援が行われているようである。しかし、同協議会は、スポンサーを探す能力はないとされ、

41）それが背景となった悪しき例が、金融機関再編後に度々システム障害を惹き起こしたみずほ銀行の事例である。たとえば、2021年（令和3年）8月20日NHKニュース（https://www3.nhk.or.jp/news/html/20210820/k10013213351000.html.）等を参照（参照：2021年9月）。地域金融機関の再編のあり方と預金者等各種の顧客の便益等との関係を考えさせられる。

42）https://www.chusho.meti.go.jp/keiei/saisei/index.html.（参照：2021年9月）

コロナ禍が、経営者・債権者の犠牲をどれだけ正当化できるかが、個別事案で問われることになるであろう。

信金へのヒアリングでは、信金は、事業譲渡に際しても、できるだけ地域金融機関が業務を行う地域内で早期に譲渡先を見付ける可能性を有していることが明らかになった。その際には、地域金融機関のもつ独自のシステムおよびネットワークが重要な役割を演じている。コストがかかる方法で全国的に譲渡先を探すのではないのである。また、ヒアリングからは、特定調停、民事再生および特別清算等の法的な手続は、最後の手段であるとの感を深くした。近時の地域金融機関におけるいわゆるソリューション部門の業務拡大である。

ヒアリングで興味深かったのは、信金の専門家観である。たとえば、弁護士、公認会計士、税理士等に対する警戒感がなくはないことである。弁護士等が入ると、事がややこしくなるという表現も耳に残っている。先に述べたように、弁護士も弁護士会も、中小企業の支援に尽力していることから、誤解や同床異夢の感もなくはないが、この点は、相互交流を通じて課題解決のための協力の余地がまだまだ存在することを示しているように思われる。

一般に、確かに、金融機関の融資や政府の助成金等は、中小企業の企業活動にとって効用があり、必要不可欠の面もある。しかし、その反面、たとえば、金融庁が推奨する資本性ローン（劣後債[43]）例、10年後元本一括弁済、ただし、その間の利息は割高）の長い目で見た効用も不透明である。また、中小企業の経営状況次第では、結局のところ単に問題の先送りになりかねないおそれもある。個々の中小企業にとって、企業の維持や再生のための抜本的な解決策は多様であるが、関係者間の綿密な意思疎通に基づく将来計画の策定しかあり得ないであろう（もちろんそれには、経営や業務の抜本的な見直しも含まれる。）。ヒアリングでは、政府が、地域金融機関に対して債権放棄への期待（黙示の圧力）を感じさせる旨の言説も聴かれたが、国家によるその後の新展開のための

---

43)「劣後債」とは、「新型コロナ・ウイルス感染症対策挑戦支援資本強化特別貸付（新型コロナ対策資本性劣後ローン）」のことであり、「資本性ローン」などとも呼ばれ、法的倒産時には、すべての債務（償還順位が同等以下のものを除く。）に劣後する債権である。日本政策金融公庫HP（https://www.jfc.go.jp/n/finance/search/shihonseiretsugo_m.html.）を参照（参照：2021年9月）。

具体的政策やその保障があればともかく、現状では、基本的に地域金融機関の自主性が尊重されるべきであろう。

　なお、ヒアリングでは、ある信金が、特定調停（「第2会社方式」の活用を含む債権放棄の合意）については、弁護士経由の話は受けないとし、むしろ、公的機関である再生支援協議会が間に入ることで（同じ方式でも）正当化されると述べていた点は印象的であった。ただし、特定調停の手続では必ずしも十分ではなく、事案に応じて、税制上期限切れ欠損金との相殺処理等が可能な「特別清算方式」を用いることもあるという。

　ヒアリングからは、信金が、地域金融機関として、いわば顔の見える取引関係を大切にし、地域経済の確かな下支えをしている姿が浮き彫りにされた。いわば地域経済のハブ（中枢集積装置）としての役割を、コロナ禍の下で、今後とも発揮し続けることが望まれる。地域密着型の信金の関係形成や関係展開に、遠隔コミュニケーションの手段であるICTがどれだけ貢献し得るかは必ずしも定かではない。

　なお、2021年（令和3年）3月21日のNHKスペシャルでは、「浅草、遠い春を待ちながら －下町経営者と信用金庫」と題して、コロナ禍における朝日信用金庫（東京）の活動が紹介された[44]。ここでは、コロナ・パンデミックの第3波が襲い始めた2020年11月、東京浅草に支店を構える信用金庫が、夏以来顧客に緊急融資を続けてきたが、融資先の資金が急速に減少していることが明らかになったために、新たな対応に追われていた。たとえば、事業縮小を余儀なくされる老舗和菓子屋、経費を切り詰めざるを得ない中で顧客に新たなサービスの提供を試みる飲食店等、中小事業者の年末商戦に向かう姿勢や、信用金庫の関わり合いの深さを映し出していた。観光産業で成り立っていた地域経済が直面した未曽有の危機に立ち向かう中小企業と信用金庫の現実を垣間見ることができた。

　また、2021年（令和3年）4月23日のNHK京都スペシャル「京都"おせっかいバンカー"物語」では、京都信用金庫のユニークな取り組みが紹介されて

44）https://www.nhk.jp/p/special/ts/2NY2QQLPM3/episode/te/J546K2W4Y4/.（参照：2021年9月）

いた[45]。そこでは、信金の職員が中小事業者である顧客を訪ねてもカネの話はせず、"おせっかい"と称して顧客の課題解決に全力を尽くす、異色の日常業務が丁寧に描かれていた。たとえば、業績が低迷する中小企業、客足が遠のいた飲食店、起業を計画する若者等に、時間をかけて丁寧に向き合い、支店を挙げて課題解決に注力していた。「地域の企業が元気にならないと、自分たちの利益は生まれない」との信念のもとに、まず目先の利益は捨てて、縮小する地方で生き残るために独自の道を往く姿が描かれていたのである。きめ細かな世話焼きは、信頼形成の基礎であり、地域金融機関ならではの活動と言えるものであった。

いずれの番組も、国の「補助金以外に、企業や金融機関など市場内アクターが、非常時にいかなる自己調整機能を発揮し、レジリアントな法的関係を形成」[46]して行くかの課題について深く考えさせられた。

すでに述べたが、地方の金融システムについては、現在、「地銀再編」が政府レベルで語られている。コロナ禍に、しかも、いわゆる護送船団方式の時代ではなく規制緩和の時代において、上意下達的なお上のささやきはほとんど理解できないが、それでも確かに地域に根ざした金融機関の役割が再考されるべき時が来ているように思われる。しかしそれは、地方創生の本旨を考えた場合に、あくまで地域金融機関自体が選択的に決定すべき事柄であろう。

4．おわりに

コロナ禍は、新しい民事裁判の合理化のための歴史を必要とする。

それは、「憲法価値」をはじめ、法の支配と科学技術との結合的な発展の探求でもある。「民事裁判のＩＣＴ化」は、その実現のための絶好の機会であり、コロナ禍は、禍を福に転じる好機でもある。私見と上記『中間試案』およびその基礎にある考え方との間には大きな径庭が存在するが、しかし、民事裁判への「ユビキタス・アクセス権」の保障のないところに、公正な法の支配もな

---

45) https://www.nhk.or.jp/kyoto-blog/tokusyu/447890.html.（参照：2021年9月）
46) 金子由芳（2022）「コロナ禍の中小企業を取り巻く法と契約」（本書・第1章）参照。

く、上記のようなＳＤＧｓ第16項目の「平和と公正を実現できる強靱な司法制度」は存立し得ないと考えられるからである[47]。ＩＣＴは、利用さえできれば、人間とは異なり恣意性を排除でき、「誰一人取り残さない法的セーフティネットの形成」に裨益する。「法を生かす方途」となり得るのである。そのツールは、先に述べた弁護士や信用金庫の日常業務でも、有益なツールであり、業務展開の制度的基盤となるはずである。即時性や記録性にも優れ、「ユビキタス・アクセス」が実現できれば、地域的な法的セーフティネットのホットラインを形成できるはずである。それは、日常業務の安心安全につながると考えられる。

　本稿のテーマで、研究者としての視点からトータルに見た場合には、現在の日本で非常に"もったいない"状況が生み出されているように思われる。それは、弁護士の真摯かつ熱心な活動とその基本姿勢が、必ずしも地域経済の諸アクターに届いていないように思われることである。上記『意見書』で示された「国民の社会生活上の医師」としての法曹、特に弁護士や弁護士事務所の敷居は、まだまだ高いのである。その意味では、「中小企業法律支援センター」の活動には将来展開の可能性が大きいであろう。コロナ禍を奇貨として、その成功事例の公表等を通じ、かつ、先に述べたような費用や手続面での透明性を確保しつつ、広報活動もより積極的に行うべきであろう。しかも、地域金融機関としての信金等、暮らしの法律家としての司法書士、さらには税理士等との連携も重要となるであろう。「再生」とはまさに共同作業であり、中小企業自体の不利益は、最小限に抑えるべきであると考えられるからである。

　コロナ禍の民事紛争解決や地域経済の再生については、災害復興の局面での経験が重要な基本指針を提供するであろう。たとえば、「学者や法曹による復

---

47) なお、本報告後の2021年（令和3年）8月には、法務省民事局参事官室から『民事訴訟法（IT化関係）等の改正に関する追加試案』(https://www.moj.go.jp/content/001354091.pdf) とその補足説明(https://www.moj.go.jp/content/001354092.pdf.) が公表された（参照：2021年9月）。また、公益財団法人商事法務研究会において、「家事事件手続及び民事保全、執行、倒産手続等IT化研究会」も発足し、関係省庁を交えて民間での検討が始まっているようである。https://www.shojihomu.or.jp/kenkyuu/kajijikentetuduki.（参照：2021年9月）。このように、「民事裁判のICT化」については、中間試案の作成と並行して、様々な改革が行われつつあるが、しかし、それらの基礎にある考え方と本稿の基本スタンスは必ずしも一致するものではない。また、簡易裁判所、民事調停および人事訴訟等のICTについては、予断を許さない。

興支援が行政サイドに寄り添って進められる限り、それは『創造的復興』の支援に終わる。…大学研究者や法曹は、被災者の側に寄り添うことによってこそ、行政主導的制度文化にがんじがらめに染め上げられた日本法の束縛を解き放ち、新しい制度文化の芽生えをリアルタイムで支えていくことができ、また、帰納法的な研究対象ともなしうるはずである。」[48] と指摘されているが、私もそう思う[49]。

　コロナ禍で、地域および中小企業の自治的な再生をサポートする法曹、地域金融機関、そして国家の基本的なあり方や、コミュニケーション・ツールとしてのICTの活用可能性が、厳しく問われている[50]。研究者のそれも同様である。それでも、現在、社会的にも、これらの諸アクターが連携した国家的なセーフティネットの形成だけではなく、地域的なセーフティネットの形成も、強く望まれるのである。

48）金子（2016）p.302参照。そこで言及された「創造的復興」とは、「行政主導の都市開発・インフラ整備を推進する復興」目標であり、「心の復興」・「人間の復興」とは異なる。金子（2016）p.296。「創造的復興」とは、いわば物的復興にすぎないものであり、「人間の心の復興」とはほど遠いものである。両睨みの政策こそが不可欠であろう。この教訓は、コロナ禍の現時においても不可欠の視点であろう。

49）その意味で、展望的な知性が必要となる。
　「もろもろの国民に適する、社会についての最上の法を見つけるためには、すぐれた知性が必要である。その知性は、人間のすべての情熱をよく知っていて、しかもそのいずれにも動かされず、われわれの性質を知りぬいていながら、それと何らのつながりをもたず、みずからの幸福がわれわれから独立したものでありながら、それにもかかわらずわれわれの幸福のために喜んで心をくだき、最後に、時代の進歩のかなたに光栄を用意しながらも、ひとつの世紀において働き、後の世紀において楽しむことができる、そういう知性でなければなるまい。」
　ジャン＝ジャック ルソー（桑原武夫＝前川貞次郎訳）『社会契約論』61-62頁（岩波書店、1954年〔原著、1762年〕）。

50）なお、本稿執筆時の現在、簡易裁判所の民事事件管理システム「MINTAS」に重大な障害が発生し、何週間も復旧しない状況にある。https://www.courts.go.jp/saikosai/about/syougai/index.html.（参照：2021年10月）トラブルの発生はやむを得ないとしても、トラブルが発生した場合に即座にバックアップシステムに切り替えられるシステムの創造が課題であることも、この例は明らかになっている。この問題について、アメリカの大手法情報会社であるWest社における事前の備えに関して、川嶋（2022）p.71を参照。

＊追記

　脱稿後に、本稿で述べた民事裁判のＩＣＴ化に関する法案が閣議決定された旨のニュースに接した。法案自体、たとえば委任を受けた訴訟代理人等に限り電子申立てを義務化する（法案132条の11第1項）等、いわば「無難な初期設定」であり、最低限のＩＣＴ化といった感を拭えない。また、たとえば、計画審理と訴訟契約等で賄えると考えられるにもかかわらず、敢えて法の下の平等（憲法14条）等に反するようにも見える「法定審理期間訴訟手続」（「当事者の申出による期間が法定されている審理の手続の特則」と呼ばれていた訴訟手続。法案381条の2以下）といった特別な訴訟手続が設けられたりしており、様々な疑問もあるが、真に利用者の視点からの詳論は他日を期したい。

　なお、いわゆる「ウェブ家事調停」も一部の裁判所（東京、大阪、名古屋、福岡の4家庭裁判所）で試行されるとのことであった。2021年12月7日毎日新聞Web版（https://mainichi.jp/articles/20211207/k00/00m/040/204000c.）等を参照。そこでは、施行状況を見て、全国の家庭裁判所へ拡大されるとのことであった。

　初稿時の現在（2022年4月29日）、法案は衆議院を通過し、参議院で審議中とのことである。

＊追々記

　上記法案は、5月18日の参議院本会議で可決成立した。最高裁判所規則に多くを委ねる法律であるだけに、今後とも注視する必要がある。

参考文献

・飯尾淳（2021）『オンライン化する大学－コロナ禍での教育実践と考察』樹村房
・角田正志（2021）「原発事故被害者とともに歩む－福島からの視点」『月刊司法書士』589号, p.4
・金子由芳（2016）「『人間の復興』の制度論－2つの大震災から学ぶ災害復興基本法への宿題」,松岡勝実＝金子由芳＝飯考行編『災害復興の法と法曹－未来への政策的課題』成文堂, p.287
・川嶋四郎（2005）「『民事訴訟のIT化』のための基本的視座に関する覚書（1）－『先端テクノロジー』の民事訴訟改革への貢献可能性を中心として」『法政研究』（九州大学）72巻2号, p.1

・川嶋四郎（2013）『民事訴訟法』日本評論社
・川嶋四郎（2014）「『司法へのユビキタス・アクセス』の一潮流－シンガポール裁判所の21世紀」『民事手続における法と実践〔栂善夫先生・遠藤賢治先生古稀祝賀〕』成文堂, p.21
・川嶋四郎（2020）「法曹の世界を『三方よし』から『司法よし』へ」, 高中正彦＝石田京子編『新時代の弁護士倫理』有斐閣, p.295
・川嶋四郎（2021a）「『民事裁判のICT化』と臨床法学教育－『憲法価値』の真の実現を目指して」『法曹養成と臨床教育』13号, p.100
・川嶋四郎（2021b）「誰一人取り残さない『民事訴訟のICT化』に向けた総論的な緊急課題」『判例時報』2480号, p.87
・川嶋四郎（2021c）「『民事訴訟のICT化』についての基礎的課題－『民事訴訟法（IT化関係）等の改正に関する中間試案』の公表を機縁として」『同志社法学』422号, p.23
・川嶋四郎（2022）「民事裁判のICT化」と訴訟記録の閲覧等」『同志社法学』425号, p.25
・川嶋四郎＝張君鋭（2021）「中華人民共和国『人民法院オンライン訴訟規則』について―その法文と解説の翻訳的紹介等」『同志社法学』423号, p.151
・川嶋四郎＝笠原毅彦＝上田竹志（2021）『民事訴訟ICT化論の歴史的展開』日本評論社
・斎藤義房（2018）「民事裁判手続等IT化の動きと弁護士会に求められていること」『自由と正義』69巻11号, p.9
・実証研究資料（2018）「＜資料＞『民事裁判のICT化』に向けた実証研究の概説－利用者の目線から『民事裁判のICT化』の実践的な構想を目指して」『同志社法学』398号, p.334
・新堂幸司（2019）『民事訴訟法〔第6版〕』弘文堂
・髙井章光（2017）「中小企業による司法アクセスの現状と課題」『法の支配』185号, p.101
・髙井章光（2021）「コロナ禍からの事業再生と廃業－倒産事件に携わる弁護士の役割」『事業再生と債権管理』, p.6
・髙橋文郎（2021）「市民救援活動への期待と課題－被災地で活かされる司法書士の使命規定」『月刊司法書士』589号, p.35
・津久井進（2012）『大災害と法』岩波書店
・津久井進（2021）「災害弁護士がつなぐバトン」『自由と正義』72巻1号, p.17
・日本司法書士連合会編（2020）『裁判IT化がわかる！－民事裁判手続等IT化研究会報告書を司法書士が優しく解説』中央経済社
・正木みどり（2021）「法廷に当事者も証人もいない裁判?! 証人尋問さえ裁判所の判断で非公開にできる?!」『消費者法ニュース』127号（特集：裁判のIT化と審理の空洞化）, p.11
・村川雅弘編（2020）『Withコロナ時代の新しい学校づくり－危機から学びを生み出す現場の知恵』ぎょうせい
・吉岡毅＝髙井章光（2021）「日弁連による中小企業支援の10年－日弁連中小企業法律支援センターの活動を中心として」『自由と正義』72巻6号（特集：弁護士による中小企業支援の現状と将来の展望）, p.8
・吉原毅（2012）『信用金庫の力』岩波書店

第5章

コロナ禍における紛争解決手続等のIT化と更なる発展への期待

豊島 ひろ江

1. はじめに

　新型コロナウィルス感染拡大によって、リモートワークや、社内会議・研修のオンラインの開催は日常となった。このようなコミュニケーションのIT化は、コロナ禍において加速し、国内外の紛争解決手続には大きく影響した。

　国内裁判所においてはかねてより「裁判のIT化」を進めようとされてきたが、保守的な裁判所においてどこまでIT化を図ることができるのかはやや懐疑的な面があった。しかし、図らずも、未曾有のコロナ禍により「裁判のIT化」は加速し、予想以上に浸透しているといっても過言ではない。裁判所という場所に当事者が出頭して、直接主義のもとに裁判手続を行うという当然の前提が、感染拡大の防止、三密の回避といったコロナ禍における要請によって、民事訴訟法上の原則を制限することのお墨付きを得ているように思われる。裁判官、とりわけIT慣れしている若い裁判官はIT化に非常に積極的であり、弁護士もコロナ禍でオンライン会議に慣れ親しんでおり抵抗はない。

　さらには、海外渡航が禁止制限されている状態において、国際紛争においては、紛争解決のIT化は必然であり、オンライン仲裁やオンライン調停が常態化している。世界の仲裁機関等はオンライン審問に法的根拠を与え、運用のガイドラインを発表するなどIT化は活性化している。仲裁条項における「仲裁地」はまさに概念的な意味を強めつつある。

　このようなコロナ禍における紛争解決手続のIT化は、紛争解決の低コスト化・効率化・迅速化につながっている。コロナ禍における現在のこの変化は、Afterコロナ時代においても、より一層、オンラインによる紛争解決が日々進化していくことが予想される。コロナ禍におけるオンライン化の影響は、弁護士業務や司法サービスに対しても影響は大きい。我々弁護士の日常的な法律相

談は、コロナ禍において、オンライン会議が当然のようになりつつある。企業の社員は在宅勤務・リモート勤務を余儀なくされ、それは外部とのコミュニケーションもオンラインによることが要請されている。国内外の出張の要請はなくなり、「移動」の必要性は下がるばかりである。今や世界各地に居住する弁護士や依頼者と瞬時につながることが可能となった。

さらには、弁護士会の活動も、司法サービスのオンライン化を加速させている。とりわけ弁護士会の法律相談は、オンラインに化により簡易・迅速・柔軟・安価な法的支援を市民や企業に提供すること実現していくべきである。このような弁護士業務のＩＴ化は、地域毎のサービス提供という考え方は根本的に無意味なものにしつつあり、オンラインによりつながりうるクライアントはもやボーダレスになりうる。これは、都道府県毎の弁護士会という枠組みの意義も低下させていくかもしれない。このような国内外の紛争解決手続のＩＴ化や弁護士業務・弁護士会の活動のＩＴ化を紹介しつつ、これらＩＴ化を踏まえた中小企業支援の可能性について言及する。

2．コロナ禍における国内裁判のＩＴ化

(1) ＩＴ裁判の運用開始

令和2年2月3日、民事訴訟における現行法を前提に、ＩＴツール（Microsoft社の Teams）を用いたウェブ会議等を活用した争点整理の新たな運用（フェーズ1）が東京地方裁判所、大阪地方裁判所を含む一部の裁判所[1] で開始された[2]。現行法[3] にもとづくウェブ会議を利用した手続は、当事者一方の出頭が必要な弁論準備手続（民事訴訟法170条3項、民事訴訟法規則88条2項、3項）と

1）2020年内にはほとんど全ての地方裁判所本庁において現行法下でのウェブ会議の運用が開始されている。なお富澤・水木・武見（2021）pp.61-62及び脚注参照。また2022年には各地の支部および高等裁判所などに順次利用が拡大されていく予定である。
2）「民事訴訟手続のIT化に向けた取組～ウェブ会議等のITツールを活用した争点整理の運用開始について～」https://www.kantei.go.jp/jp/singi/keizaisaisei/saiban/dai10/siryou2.pdf（参照：2022年7月）
3）令和4年（2022年）7月時点。

当事者双方の出頭が不要な書面による準備手続における音声の送受信による協議（民事訴訟法176条3項、民事訴訟法規則91条1項、以下「書面による準備手続[4]」）があるが、当初は当事者一方の出頭を前提とした弁論準備手続の割合が多かった。その後、コロナの感染拡大に伴い、緊急事態宣言における裁判所機能は一時的に停止され、ウェブ会議の利用も一時停止をされたが、その後利用が再開されてからは、感染拡大防止のため、双方当事者が出頭しないウェブ会議（書面による準備手続）の割合が徐々に増加し、法改正を先取りした裁判手続のIT化が浸透している。コロナ禍における異常事態を経て、裁判手続のIT化が加速したといえる。

　弁護士ドットコムの「民事裁判手続のIT化に関する弁護士に対するアンケート」（2020年7月17日〜31日調査期間）によれば、民事裁判手続きのIT化の賛否については8割以上が好意的であり、8割以上が業務の労力・コストの削減に魅力を感じている[5]。

図5-1：裁判手続等のIT化の主な内容

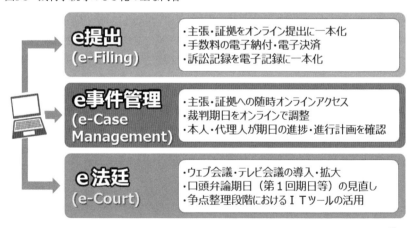

裁判手続等のIT化検討会「裁判手続等のIT化に向けた取りまとめ—「3つのe」[6]の実現に向けて—」18頁
https://www.kantei.go.jp/jp/singi/keizaisaisei/saiban/pdf/report.pdf（参照：2021年9月）

....

4）書面による準備手続は、弁論準備手続ではなく（期日ではない）、準備書面の陳述（自白、相殺・消滅時効の援用などの意思表示の効果）、書証の取調べ、和解などの効果は生じないが、手続上の問題は実務上の工夫をすることにより、多用されているのが実態である。

図5-2：ＩＴ化のプロセス

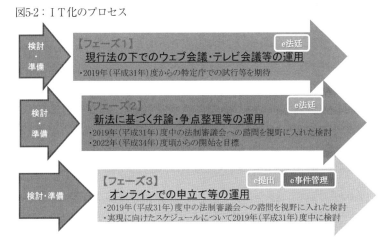

https://www.kantei.go.jp/jp/singi/titeki2/tyousakai/kensho_hyoka_
kikaku/2019/sangyou/dai2/siryou3-5.pdf 抜粋（参照：2021年9月）

　他方、現時点[7]でのＩＴ化裁判は、現行法にもとづくウェブ会議・テレビ会議の運用（フェーズ１）であり、これまでの電話会議による弁論準備手続・書面による準備手続を（便宜上）利用しているにすぎない。訴状・答弁書・証拠等のオンライン提出（フェーズ３：ｅ提出）を法的に認めるに至っているわけではない。

　とはいえ、民事裁判では Microsoft 社の Teams を利用することにより[8]、インターネット回線を利用したウェブ会議機能のみならず、ファイル共有機能、画面共有機能、メッセージ機能などが利用されている[9]。裁判所が作成した事

---

5) https://www.bengo4.com/corporate/news/article/3182（参照：2022年7月）「賛成」と回答した弁護士が58.2%、「懸念はあるが、おおむね賛成」は30.2%と9割近くが前向きな結果となっている。一方、「反対」と回答した弁護士は2.7%、「良い点はあるが、基本的に反対」は4.4%に留まり、ＩＴ化に対する期待感が大きい。

6)「3つのe」とは、①ｅ提出（e-Filing）、②ｅ事件管理（e-Case Management）、③ｅ法廷（e-Court）を言う。

7) 令和4年（2022年）5月時点。

8) 家事手続ではCiscoのWebexがウェブ会議のツールとして採用されており、令和3年（2021年）12月から東京・大阪・名古屋・福岡の各家庭裁判所で試行が開始されている。

9) Microsoft Teamsの利用にあたっては、最高裁判所や日本弁護士連合会から利用マニュアルやウェブ会議を行う際の留意事項などが弁護士向けに出されている。

件毎のチーム内のクラウドには、当該事件の準備書面や証拠等をアップロードする運用が試験的にすでになされている事件もある。もっとも、現行法上は、紙媒体での持参ないしはFAX送付でなければ「提出」されたことにはならないため[10]、正式な事件記録ではない。いわば法整備前に事実上オンライン提出が試験的な実施がなされている。

（2）民事訴訟法の改正と新法に基づく運用に向けての準備

　以上の運用として、法制審議会民事訴訟法（ＩＴ化関係）部会「民事訴訟法（ＩＴ化関係）等の改正に関する中間試案」（令和3年2月19日）の取りまとめ（同年5月7日までパブリック・コメント募集）がなされ[11]、令和3年3月18日、日弁連「民事訴訟法（ＩＴ化関係）等の改正に関する中間試案」に対する意見書が出された[12]。また、令和3年4月30日、大阪弁護士会「民事訴訟法（ＩＴ化関係）等の改正に関する中間試案」に関する意見募集に対する意見書が提出された[13]。

　これらの意見を踏まえて、民事裁判をＩＴ化するための民事訴訟法等の一部を改正する法律案が令和4年（2022年）5月18日には参議院本会議で可決成立し、令和4年度中には施行される見通しである（法務省「民事訴訟法等の一部を改正する法律案」参照）。これにより、同年度中に、改正民訴法にもとづくウェブ会議等による双方不出頭の争点整理手続や和解期日等の運用、令和5年度（2023年度）中には機材を調達してウェブ会議による口頭弁論の運用（フェーズ2：e法廷）、令和7年度（2025年度）中には訴状等のオンライン申立てや裁判記録の電子化が実現される予定である。令和4年度（2022年度）の法改正に伴い、裁判のＩＴ化は急速に進むことになる。

　この本格導入に備えて、令和4年2月からは、民事訴訟法規則の改正により、

---

10) 口頭弁論は、「書面」で準備しなければならず（民事訴訟法161条1項）、準備書面は、裁判所に「提出」しなければならない（民事訴訟規則79条1項）が、「交付」または「ファクシミリ」による送信のみ認められている（同規則47条1項）。
11) http://www.moj.go.jp/content/001342957.pdf（参照：2022年7月）
12) https://www.nichibenren.or.jp/library/pdf/document/opinion/2021/210318_8.pdf（参照:2022年7月）
13) http://www.osakaben.or.jp/speak/db/pdf/2021/oba_spk-251.pdf（参照：2022年7月）

オンラインでの申立等の運用の一部先行実施として、民事裁判書類電子提出システム「mints」（ミンツ）の施行運用[14]が開始され、電子ファイルによる準備書面や書証等についてダミーデータをアップロードする操作に習熟した後に、一定事件[15]において本格運用が開始され、フェーズ3（e提出、e事件管理）が一部先行実施され、法改正にもとづく2025年の本格導入に向けて準備されている状況である（再校最高裁判所「民事裁判書類電子システム（mints）について」参照）。

(3) ＩＴ裁判に対する期待と課題、中小企業に対する影響

　以上のとおりＩＴ裁判は実現に向けて着実に法整備と試験的な運用が実行されている。このような試験的な運用は、まだTeamsを利用したうえでのウェブ会議の利用や事実上の電子データの提出にとどまっているためか、裁判所および弁護士側において比較的好意的に受け止められていると思われる。むしろ、ウェブ会議を利用することをきっかけに、効率的かつ充実した協議を実現しようとする運用が行われている[16]。ＩＴ裁判に対する課題としてＩＴに不慣れな者への配慮や裁判を受ける権利の問題[17]や裁判所の心証形成に影響があることや情報セキュリティに対する懸念[18]などはあるものの、今後、試験的な運用を重ねながら、問題点を抽出して対策を取ることにより、ＩＴ裁判の安定的

---

14) 令和4年2月から甲府地方裁判所本庁および大津地方裁判所本庁において令和4年2月から試行運用、同年4月から本格運用を開始された。同年5月からは知的財産高等裁判所、東京地方裁判所および大阪地方裁判所の一部で施行運用が開始されている。

15) 当事者双方に訴訟代理人があり、かつ当事者双方がmintsの利用を希望した事件に限られる。

16) たとえば、これまで訴訟提起後、第1回口頭弁論期日は、被告側は原告の請求の趣旨を争う意思を示す答弁書を提出したうえで欠席することが多く、同期日は訴状の陳述と形式的な答弁書の提出と擬制陳述のみで形骸化していた実態があったが、近時は、被告（訴訟代理人）が第1回口頭弁論期日を欠席する場合には、同期日を開催せずに、当事者の訴訟代理人らの日程を再調整し、被告側に内容に踏み込んだ実質的な答弁書を提出させたうえで、第1回合合から争点整理を行う運用が増加している（2022年5月時点）。

17) https://www.nhk.or.jp/kaisetsu-blog/100/460256.html（参照：2022年5月）

18) 前述の弁護士ドットコムの「民事裁判手続のIT化に関する弁護士に対するアンケート」では、「利用者が裁判を受ける権利に関する懸念点」「裁判所の情報セキュリティに関する懸念点」などについて懸念する意見が出されている。https://www.bengo4.com/times/articles/177/（参照：2022年7月）

な運用が期待されている。

　中小企業にとっては、かかる裁判のＩＴ化は一般的にはメリットが大きいと言える。具体的には裁判手続へのアクセスの容易性によるメリットを享受できる。たとえば、遠隔地において裁判を提起された場合には参加が困難なため、弁護士に任せて報告を待つだけであった事件も、弁護士とともに地元でウェブ会議に参加をすることにより担当裁判官の考え方を知るなど裁判手続への理解を深め、合わせてオンライン会議による和解手続に直接参加し、迅速に紛争解決に導くアプローチが可能となりうる。また、簡易裁判所の対象となる少額な事件であれば、オンラインによる申立や裁判資料の提出が可能となれば、会社自身による裁判手続の遂行および紛争解決はより容易になるといえる。また、前述のとおり、ＩＴ裁判をきっかけに、形骸化した手続が見直され、迅速かつ効率的な裁判手続の運用が大いに期待できる。今回の新法によればＩＴ裁判の実現のみならず、一定の事件を除き、当事者の合意があれば６ヶ月以内に審理を終え、その後１ヶ月以内に判決を得ることが可能な、逆に言えば審理期間が制限される裁判手続が導入された（「法定審理期間訴訟手続」改正民事訴訟法第七編）。迅速な裁判が期待される反面、不公正な裁判結果となるリスクもあり、今後の慎重かつ公正な運用が期待される。

　他方でＩＴ裁判によるデメリットとしては、新たな裁判所の電子システムが導入されることによるその情報セキュリティの問題がある。たとえばライバル企業等による裁判資料への不正アクセスの結果、会社の機密情報が漏洩や書類の改ざん等のリスクなどが懸念される。これらについては今後の運用による改善を期待し、憂い無くＩＴ裁判によるメリットを享受することを期待したい。

　また裁判のＩＴ化については、現在は裁判所や弁護士会での試験的運用が主であるが、いずれは、一般人や中小企業を含む企業など裁判手続の利用者に対して、ＩＴ裁判の利用および課題や懸念について知ることが出来る機会や手段が提供されるべきであろう。

3．コロナ禍における国際仲裁のＩＴ化

(1) Before コロナ時代

　国際取引における国際仲裁手続においては、仲裁手続の申立、書面や証拠の提出・受領は、メール・宅配便等が利用されていた[19]。仲裁機関の事件担当者、仲裁廷、当事者や代理人らのコミュニケーションの方法としては、メールが主流であり、協議が必要な場合には主には電話会議が利用されていた（テレビ会議システムは高価であり多くの事務所が導入しているわけではなく、どこでもつながるわけではなかった）。また証人尋問を中心とする関係者全員が顔を合わせる審問手続は、参加者全員の日程調整を行い、一つの場所（通常は「仲裁地」の会議室など）に一堂に会するものであった。

(2) With コロナ時代

　コロナ禍においては、審問手続のために一堂に会することが不可能ないしは困難となった。そこで、ロックダウンなどの外出制限や海外渡航の禁止・制限がなされたことにより、世界的に著名な国際仲裁機関は、オンライン審問（リモート審問、バーチャルヒアリングとも言われる）を実施する権限を仲裁廷に認める規則改正を行うことにより[20]、仲裁手続上の疑義が生じないようにしたうえ、オンライン会議が可能なプラットフォーム（Zoom, Microsoft Teams, Google Meets など）を提供したうえで審問を開催している[21]。

(3) オンライン審問のメリット・デメリット

　オンライン審問のメリットとしては、遠隔地に赴く時間や旅費・交通費等の削減・低廉化、多数当事者の日程調整が容易にできることによる迅速化、現地

---

19) たとえば、日本商事仲裁機関（JCAA）においても、もとより電子メールによる仲裁申立や主張書面・証拠の提出が認められていた（JCAA仲裁規則7条1項、14条1項、18条1項、44条1項等）。

20) たとえば、JCAA仲裁規則第50条3項では、仲裁廷は「審問を場合、仲裁廷は、ビデオ会議その他の方法も選択肢に入れて、適切な方法を選択するものとする。」と定めている。

21) 同様に国際仲裁の審問場所を提供する施設、たとえば日本国際紛争解決センター（JIDRC）においても、オンライン会議による証人尋問に備えた180度視野のあるカメラやマイク・スピーカー内蔵したカメラなどを備えるなど設備を充実させている。https://idrc.jp/（参照：2022年7月）

に行かなくて良いため会社の担当者以外の決裁権限者が容易に審問に参加可能になることなどが挙げられる。

これに対して、オンライン審問の問題点については、そもそもオンライン審問が仲裁法や仲裁規則に違反しないか、証人による不正行為のリスクは生じないか。また、審問中の仲裁の情報の漏洩リスク、世界中に関係者がいることから時差の調整の困難性や不公平性の問題や、通信障害発生のリスクなどの通信環境も指摘されている。これらの問題点については、各種仲裁機関は、オンライン審問が各仲裁機関の規則上問題がないような改正をするなどその法的根拠を与え、各種問題点については、オンライン審問開催に備えたガイドラインを作成するなど、各仲裁機関・仲裁センターは、さまざまな工夫により問題解決を図ろうとしている。

たとえば、国際仲裁の審問場所を提供する日本国際紛争解決センター（JIDRC）では、コロナ禍において利用が急増しているオンライン審問について、実施の際の留意事項を調査し、オンライン審問（バーチャルヒアリング）を実施するに当たって事前に合意すべき事項の合意書案[22]を提案する。合意書案では、たとえば、どのビデオ会議用のプラットフォームを利用するか、通信障害に備えた代替手段、プラットフォームの主催者の決定、オンライ審問へのアクセスが可能な者の合意、通信環境のカメラ・モニター・マイク等の使用に関する取り決め、障害発生時の措置、審問手続における取り決め（画面共有の利用、休憩や仲裁廷の合議の際のブレイクアウトルームの利用の可否など）、および証人尋問の取り決め（証人への当事者の立会の可否、設置するカメラの種類・台数、尋問時のマイクの使用、発言方法等、独立した立会人の利用など）、サイバーセキュリティを確保するための合意書の措置などである。世界各国の

22）https://idrc.jp/wp-content/uploads/2020/11/draftagreementonvirtualhearing.pdfなど。（参照：2022年7月）

23）CC Guidance Note on Possible Measures Aimed at Mitigating the Effects of the COVID-19 Pandemic, https://iccwbo.org/publication/icc-guidance-note-on-possible-measures-aimed-at-mitigating-the-effects-of-the-covid-19-pandemic/, SIAC Guides – Taking Your Arbitration Remote, https://www.siac.org.sg/images/stories/documents/siac_guides/SIAC%20Guides%20-%20Taking%20Your%20Arbitration%20Remote%20 (August%202020).pdf （参照：2022年7月）

著名な仲裁機関や仲裁審問施設でもオンライン審問を実施するにあたってのガイダンスを提供している[23]。

(4) オンライン審問やハイブリッド審問が一つの選択肢となる時代へ

　上記問題点があるとはいえ、コロナ禍においては、また After コロナ時代においても、オンライン審問のメリットは大きい。世界の主要な仲裁機関ではオンライン審問について様々なガイドラインを出し実践され、国際的な紛争解決の迅速化効率化等を図ろうとしている。そのメリットは、After コロナにおいても有効であると考えられている。他方で、やはり慎重な判断を要する重大な案件については現実に集まった従来どおりの審問で行いたいという要請もある。したがって、今後、After コロナの時代においては、事案に応じて、現実に集まる審問かオンライン審問か、あるいは双方を組み合わせたハイブリッド審問にするか、国際仲裁の審問のあり方を選択する時代になっていくだろうと思われる。こうした流れは、後述する小さな規模の事件の低コスト化にもつながり、国際仲裁の利用促進につながるであろうと期待される。

4．紛争手続のＩＴ化による中小企業のメリット

(1) 紛争手続のＩＴ化

　国際仲裁や国際調停においては、コロナ禍のもと、多くのオンライン審問やオンライン調停が活性化している。

　他方で、国際仲裁においては、仲裁にかかる費用の高額化や手続の長期化に対する不満を解消するために、世界の国際仲裁機関においては、紛争金額が低額な場合には、簡易仲裁手続や迅速仲裁手続のような合理的費用で迅速に紛争を解決する手続が導入されている。これら迅速仲裁手続とオンライン審問を組み合わせることにより、より国際的な紛争を効果迅速に解決することができ、それは海外進出を行う中小企業にとっては望ましい。

(2) 迅速仲裁手続

　具体的には、迅速仲裁手続とは、一定の紛争金額の場合に、原則１人の仲裁

人により、短期間での仲裁判断を求める手続きであり、それを実現可能にするために、審理期間を制限し当事者の主張や請求を制限したり、書面審理のみ、つまり証人尋問（ヒアリング）を行わないで仲裁判断をすることが可能な手続きである[24]。

　たとえば、日本商事仲裁協会（JCAA）においては、請求額等の紛争金額が3億円以下の場合には、原則として迅速仲裁手続きが適用され、原則として仲裁人は1名、書面審理により仲裁人が選任されてから6か月以内に仲裁判断を出すことが予定されている。もし、審問を行う場合であっても、仲裁廷は、ビデオ会議などその他の適切な方法を選択して、審問の日数は可能な限り短い日数で審理することが求められている。比較的少額な紛争であれば迅速仲裁手続とオンライン審問の組み合わせにより、迅速かつ安価な紛争解決が可能となる。

(3) ハイブリッド型による仲裁手続や調停手続

　また通常の仲裁手続で、証人尋問等の審問が求められている場合であっても、Afterコロナ時代においては、完全なオンライン会議だけでなく、オンラインとリアル審問を組み合わせたハイブリット型による仲裁手続や調停手続を利用することにより海外渡航費や弁護士費用等を低減化できる。紛争解決にかかる費用を抑えたい中小企業にとっては、紛争の重大性次第で手続を選択できることは望ましいであろう。

(4) 海外紛争の迅速化・費用の低廉化

　このように、コロナ禍におけるＩＴ化により、図らずも中小企業の海外紛争に取り組みやすい環境が整備されてきたといえる。今後も、積極的に国際紛争の迅速化・費用の低廉化およびニーズに応じた選択肢を与える制度を整備していくことにより、過去には諦めていた小規模な国際紛争の解決に至る手段を提供することを目指すべきである。

---

24) https://www.jcaa.or.jp/arbitration/duration.htmlなど。（参照：2022年7月）
25) https://www.bengo4.com/corporate/news/article/3296（参照：2022年7月）

5．コロナ禍における法律相談のＩＴ化

　コロナ禍においては、弁護士業務にも変化が生じた。外出や移動が制限されているため、依頼者との面談がオンライン化するようになった。Zoom、Teams、Meet、Webex などの各種プラットフォームの利用は一般化され、事務所に来所したり、依頼者の自宅や会社行かずに打合せや法律相談をすることが増加した。とりわけ、若い世代の弁護士の営業ツールとして、法律事務所のＨＰにおいて一般市民は法人向けに対し、無料オンライン相談を提供するようになっている。コロナ禍において、かつての無料電話相談から、オンライン相談への変化は目覚ましい。

　弁護士によるオンライン法律相談のメリットしては、移動のための時間やコストを削減することや、それにより日程調整が容易になるというのは、弁護士にとっても依頼者にとっても望ましい。電話相談とは異なり、声だけではなく、表情や仕草を見ながらのコミュニケーションが取れることは、弁護士にとって、たとえば依頼者が説明を理解しているかを配慮したり、相手の反応を見ながら説得を試みたりする際には望ましい。依頼者にとっても、たとえば初めて会う弁護士との間では顔が見えた方が安心する面もあろう。

　他方で、そうはいっても、オンラインの画面上で読み取れる表情や仕草などはどうしても限定される。また「画面越し」であることから、直接的なメッセージが伝わりにくかったり、初対面での信頼関係の構築がやや困難であったりすることは否定できない。また事案が複雑な場合には、言葉だけではわかりにくく、一緒に資料を見たり、図面を書いたりしながら、共通の認識を深めていく作業も、オンラインよりも実際に面談をしたほうがより良い場合が多いであろう。とはいえ、それも「慣れ」の面もある。オンライン面談が当然のようになることにより、無意識の抵抗感はいずれ払拭されていくように思われる。

　この点、弁護士ドットコムの「2020 年における新型コロナウイルス感染症による法律相談動向」（2021 年 1 月 21 日調査）によれば、アンケート対象の弁護士の 6 割が、依頼者等との打合せで Web 会議システム利用が増加したこと、そのうちの 5 割が不便さを感じず、便利さが優位していると回答している[25]。

　このように、オンライン法律相談は、今後益々その存在価値を高めていくこ

とになる。

6．ＩＴ化を踏まえた中小企業支援の可能性

（1）オンラインによる法律相談・弁護士紹介の提供

　このようなＩＴ化により、中小企業に対する支援としては、市民に対するサービスと同様に、各種オンライン法律相談の実現により弁護士会に行かずに相談を可能にし、時間とコストの削減と迅速な相談解決につなげることであろう。実際に、大阪弁護士会[26]、第一東京弁護士会[27]、等多数の弁護士会が導入済みである。

　また、東京弁護士会では、中小企業の法的支援を専門に扱う「中小企業法律支援センター」を立ち上げ、中小企業へ法律相談を担当する弁護士を紹介している。当センターの弁護士紹介では、「コンシェルジュ弁護士」が申込者に電話対応で話を聞き、案件にふさわしい「精通弁護士」を紹介するという２段階での紹介システムである。コンシェルジュ弁護士の電話対応は無料であり、精通弁護士の面談相談料も初回30分は当面無料で提供しており、この紹介はWeb申込みを認めいる点でもＩＴ化がすすみ、相談者の便宜が図られている[28]。大阪弁護士会においても中小企業に限定せず広く一般事件を対象にした弁護士紹介の制度があり、Web申込みも可能である[29]。また、大阪弁護士会では簡易な法律相談についてメールによるインターネット法律相談システム（e相談）[30]が設けられており、京都弁護士会では一定期間にLINEによるオンライン法律相談が試みられる[31]など、各地でオンラインの法律相談が一般化しつつある。

（2）ＩＴ化を利用した国際業務支援の提供

　また、オンラインを利用することにより、ボーダレスの支援が可能になる。

26）https://soudan.osakaben.or.jp/?p=1924
27）https://www.ichiben.or.jp/news/oshirase2022/news2022/zoom.html
28）https://www.toben.or.jp/bengoshi/center/chusyo/
29）https://oba-soudanyoyaku.jp/top
30）https://soudan.osakaben.or.jp/common/pdf/leaflet_otasuke.pdf
31）https://www.kyotoben.or.jp/line_soudan.cfm（以上すべて参照：2022年5月）

それは国内にとどまらず、ＩＴを利用した国際業務支援の提供が可能になろう。

現在、日本弁護士連合会[32]や大阪弁護士会[33]等において中小企業の海外支援として中小企業国際業務支援弁護士紹介制度（初回 30 分無料、その後 10 時間までは 30 分毎に 1 万円（税抜）および実費）が提供されている。

この支援は、現状では、国内企業を対象にしているが、今後、海外進出を果たした日本企業などが、現地のトラブルなどについて、日本の弁護士に相談をしたいときに、直接海外現地子会社からの相談を受け付けることも可能にしていくことも検討しても良いと思われる。もちろん、日本法の範囲内でかつ海外現地の弁護士規制に触れない限度で行うことは必要であるが、現地法に関することについては、現地弁護士を紹介するなど、一次的な相談窓口として、アドバイスを提供することは、現地進出をした日本企業に対する支援となろう。

また、日本在住の日本企業を代理して、オンラインによる現地取引先会社との交渉を行うなどの支援も可能であろう。これは現状の制度でも対応することができることであるが、海外支援のためにどこまでのサービスが提供可能であるかについての具体的なアピールを行うべきである。

現在の中小企業国際業務支援弁護士紹介制度は、その存在自体が、全国の海外進出をする中小企業に対してまだ十分に知られていない。この支援制度の広報活動自体においても、オンライン会議等を通じて、日本国内の商工会議所やジェトロや、海外のジェトロとの連携を深めるなど、まだまだ工夫の余地があると考えられる。

7．国内裁判外紛争解決手続（ＡＤＲ）のＩＴ化

(1) 国内のＡＤＲの現状

前述のとおり、裁判手続のＩＴ化はすでに着手され、今後、法整備のもと、実現していくことが期待される。国内ＡＤＲとしては、弁護士会による紛争解決センターは、公益社団法人民間総合調停センター（大阪弁護士会）・東京弁護

32）https://www.nichibenren.or.jp/activity/resolution/support.html
33）https://soudan.osakaben.or.jp/tyuusyou.html#link02（以上すべて参照：2022年7月）

士会紛争解決センター他など弁護士の単位会毎に全国に 38 センター設置されている[34]。

　そして、2020 年 1 から 3 月には新型コロナウイルス感染拡大が全国に及んだことから、これを「災害」として捉え、災害ＡＤＲとして、オンラインによるリモートＡＤＲを実施する動きが加速された[35]。この傾向は、2021 年以降も継続されており[36]、国内の裁判外紛争解決機関（ＡＤＲ）のＩＴ化はまだ完全ではないが、コロナ禍を機会にオンライン審理・リモート審理が導入されている。

　このように新型コロナウイルス感染に関するＡＤＲをきっかけとして、複数の弁護士会が主催するＡＤＲにおいて、リモートＡＤＲの併用が積極的に取り組まれてきたことは注目に値する[37]。さらには、このようなリモートＡＤＲの併用は、2022 年度になって、新型コロナウイルスに関するトラブル（災害ＡＤＲ）に限定されず、全ての事件においてオンラインでの期日開催が可能になる動きに至っている。

　たとえば大阪弁護士会が運営主体となっている公益社団法人民間総合調停センター（総合調停センター）であるが、同センターは年間約 150 件前後の事件数の申立があり、3 ヶ月以内の解決を目指している[38]。裁判所と同じく、2020 年 4 月 7 日の緊急事態宣言を受け、センターの業務は、申立補助制度にかかる

34）https://www.nichibenren.or.jp/legal_advice/search/other/conflict.html（参照：2022年7月）
35）「仲裁ADR統計年報（全国版）」2019年度（令和元年度）版（自：2019年4月1日 至：2020年 3月31日）3頁　https://www.nichibenren.or.jp/library/pdf/document/statistics/adr/statistical_yearbook2019.pdf（参照：2022年7月）
36）「仲裁ADR統計年報（全国版）」2020年度（令和元年度）版（自：2020年4月1日 至：2021 年3月31日）3頁　https://www.nichibenren.or.jp/library/pdf/document/statistics/adr/statistical_yearbook2020.pdf（参照：2022年7月）
37）第一東京弁護士会仲裁センターは、Zoom等のWeb会議システムを利用したオンライン手続きによる災害時ADRを開始し（申立手数料は無料、成立手数料が一般のADRの半額、申立手続の簡略化など）、より一層利用者の利便性を図った制度を用意している。東京弁護士会紛争解決センターでは当事者双方の希望があればオンライン（Zoom）による期日が可能。その他、仙台弁護士会紛争解決支援センター、千葉県弁護士会紛争解決支援センター、岡山弁護士会岡山仲裁センター（リモート）。京都弁護士会紛争解決センター（Web調停）もIT手続を導入している。　https://www.nichibenren.or.jp/library/pdf/document/statistics/adr/center.pdf（参照：2022年7月）
38）https://minkanchotei.or.jp/faq/（参照：2022年7月）

受付相談は中止されたり、電話での相談に限定されたり、和解あっせん等の期日も、最終的には 6 月以降に延期されるなど、新型コロナウイルス感染拡大防止のための影響を受けた[39]。

　他方で、同センターは、国際的な家事調停（とりわけハーグ条約に基づく子の引き渡し・面会交流）に関する和解あっせん手続の参加方法としては、当事者は、センターに出頭して期日に参加する以外にも、スカイプ会議・テレビ会議または電話により期日に参加することを認めており[40]、実績もある。外国に居住する当事者が来日する場合、仕事を休まなければならないことや渡航費用・滞在の間の宿泊費用等が大きな負担となるためである。

　このような同センターの実績と、コロナ禍をきっかけとしたオンライン期日の必要性から、同センターは、令和 4 年（2022 年）2 月には申立書の書き方について電話相談に加えて、Zoom を利用したウェブ相談も可能となった[41]。また、同年 4 月からは、全てのＡＤＲの事件につき、Zoom またはスカイプを利用したオンラインでの期日開催が可能となった[42]。

　東京弁護士会紛争解決センター等でも、一般ＡＤＲのあっせん・仲裁手続や専門ＡＤＲについて、オンライン期日を希望することができ[43]、コロナ禍における利用者の紛争解決の便宜を図った対応が増加している[44]。同様のオンラインによるＡＤＲは、仙台弁護士会のリモートＡＤＲや金沢弁護士会のあっせん手続のリモート参加 が認められ、その他の弁護士会によるＡＤＲにも今後さらに拡大していくことが期待される。

　このようなコロナをきっかけとしたオンライン期日等の対応は、これまで対面の期日を前提としてきた一般のＡＤＲにも波及していることは、ＡＤＲの利便性を高めている。

39）https://minkanchotei.or.jp/data/1146/news_dtl/, https://minkanchotei.or.jp/data/1147/news_dtl/

40）https://minkanchotei.or.jp/hague/process.html

41）https://minkanchotei.or.jp/data/1262/news_dtl/

42）https://minkanchotei.or.jp/data/1263/news_dtl/

43）https://www.toben.or.jp/pdf/adr/normal/onlineadr.pdf

44）https://www.toben.or.jp/bengoshi/adr/（以上すべて参照：2022年7月）

(2) 今後のＡＤＲのＩＴ化による支援の拡大

すでに各地でも導入が進んでいるが、With/Afterコロナ時代において、国内ＡＤＲにおいても、国際仲裁のオンライン審問手続を参考にして、オンライン手続の仕組みをつくることにより、簡易・柔軟・迅速かつ安価なＡＤＲの提供の実現が目指されつつある。それにより、中小企業を含む、利用者が事案に応じて柔軟に選択できる紛争解決手段を提供することも可能にしているといえる。裁判手続だけが紛争解決手段ではなく、こうした民間のＡＤＲの利用がさらに活性化されることが期待される。

８．まとめ

以上のとおり、コロナ禍をきっかけとしたＩＴ化は、裁判を含む国内外の紛争解決手続や弁護士業務・弁護士会の活動の活動範囲を拡大し利便性を高めた。中小企業を含む一般市民にして、簡易迅速な紛争解決手段を与え、司法アクセスを容易にすることにつながっている。同時に、地域性や国境を関係なく弁護士の法的支援を容易に得る手段あるいは与える手段としての重要性は益々高まっており、新型コロナ感染拡大が収まった後においても、中小企業の国内外の企業活動に対するＩＴ化した法的サービスの提供を進化させていくべきである。

参考文献

・一般社団法人日本国際紛争解決センター（JIDRC）「JIDRC施設の特徴」, JIDRCホームページ https://idrc.jp/（参照：2022年7月）
・一般社団法人日本国際紛争解決センター（2020）「オンライン（バーチャル・リモート）審問に関する報告・提言書の公開」, JIDRCホームページhttps://idrc.jp/wp-content/uploads/2020/11/draftagreementonvirtualhearing.pdf（参照：2022年7月）
・大阪弁護士会　総合法律相談センター（2022）「4月12日（火）より、オンライン法律相談を開始します」, 大阪弁護士会　総合法律相談センターホームページ　お知らせhttps://soudan.osakaben.or.jp/?p=1924（参照：2022年7月）
・大阪弁護士会　総合法律相談センター（2022）「法律相談WEB予約」, 大阪弁護士会総合法律相談センターホームページhttps://oba-soudanyoyaku.jp/top（参照：2022年7月）
・大阪弁護士会　総合法律相談センター（2022）「インターネット法律相談システム」, 大阪

弁護士会総合法律相談センターホームページ　https://www.osakaben.or.jp/net-soudan/
（参照：2022年7月）
・大阪弁護士会　中小企業支援センター「海外お助けねっと〜海外案件弁護士紹介制度
〜」,大阪弁護士会中小企業支援センターホームページ　https://soudan.osakaben.or.jp/
tyuusyou.html#link02（参照：2022年7月）
・大阪弁護士会（2021）「民事訴訟法（IT化関係）等の改正に関する中間試案」に関する意
見募集に対する意見書,大阪弁護士会ホームページ 弁護士会から　意見書（2021）
http://www.osakaben.or.jp/speak/db/pdf/2021/oba_spk-251.pdf（参照：2022年7月）
・京都弁護士会（2022）「LINEを用いたオンラインでの法律相談」,京都弁護士会ホーム
ページ https://www.kyotoben.or.jp/line_soudan.cfm（参照：2022年7月）
・公益社団法人民間総合調停センター「よくあるご質問『Qセンターに紛争解決をお願いし
た場合、どのくらいの時間がかかりますか？』」,公益社団法人民間総合調停センターホー
ムページ　https://minkanchotei.or.jp/faq/（参照：2022年7月）
・公益社団法人民間総合調停センター（2020）「お知らせ『緊急事態宣言（4/7）を受け
ての当センターの業務について』」,公益社団法人民間総合調停センターホームページ
https://minkanchotei.or.jp/data/1146/news_dtl/（参照：2022年7月）
・公益社団法人民間総合調停センター（2020）「お知らせ『緊急事態宣言の延長を受けての
当センターの業務について』」,公益社団法人民間総合調停センターホームページhttps://
minkanchotei.or.jp/data/1147/news_dtl/（参照：2022年7月）
・公益社団法人民間総合調停センター「ハーグ条約に伴う手続の流れ」,公益社団法人民間総
合調停センターホームページhttps://minkanchotei.or.jp/hague/process.html（参照：2022
年7月）
・公益社団法人民間総合調停センター（2022）「お知らせ『申立書の書き方等について
のWEB相談について』」,公益社団法人民間総合調停センターホームページhttps://
minkanchotei.or.jp/data/1262/news_dtl/（参照：2022年7月）
・公益社団法人民間総合調停センター（2022）「お知らせ『インターネットテレビ会議方式
での調停期日について（オンライン調停が可能となりました。）』」,公益社団法人民間
総合調停センターホームページhttps://minkanchotei.or.jp/data/1263/news_dtl/（参照：
2022年7月）
・裁判所（2022）「民事裁判書類電子提出システム（mints）について」裁判所ホームペー
ジ　https://www.courts.go.jp/saiban/online/mints/index.html（参照：2022年7月）
・最高裁判所事務総局（2020）「民事訴訟手続のIT化に向けた取組〜ウェブ会議等のITツー
ルを活用した争点整理の運用開始について〜」,首相官邸ホームページ、政策会議　裁判手
続等のIT化検討会（第10回）配布資料　資料2　最高裁判所提出資料
https://www.kantei.go.jp/jp/singi/keizaisaisei/saiban/dai10/siryou2.pdf（参照：2022年7
月）
・裁判手続等のIT化検討会（2018）「裁判手続等のIT化に向けた取りまとめ—「3つのe」の
実現に向けて—」,首相官邸ホームページ、政策会議　裁判手続等のIT化検討会
https://www.kantei.go.jp/jp/singi/keizaisaisei/saiban/pdf/report.pdf（参照：2022年7
月）
・第一東京弁護士会「水曜日夜間・土日の一部相談で無料オンライン相談（zoom）を開始
します」,第一東京弁護士会ホームページ

https://www.ichiben.or.jp/news/oshirase2022/news2022/zoom.html（参照：2022年7月）
・東京弁護士会「中小企業等向け法律相談（中小企業法律支援センター）」，東京弁護士会
ホームページ　https://www.toben.or.jp/bengoshi/center/chusyo/（参照：2022年7月）
・東京弁護士会「オンラインADRについて」，東京弁護士会ホームページ　紛争解決　一般
ADRについて　必要書類　オンラインADRの詳細
https://www.toben.or.jp/pdf/adr/normal/onlineadr.pdf（参照：2022年7月）
・東京弁護士会「紛争解決センターについて」，東京弁護士会ホームページ
https://www.toben.or.jp/bengoshi/adr/（参照：2022年7月）
・富澤賢一郎・水木淳・武見敬太郎（2021）「ウェブ会議等のITツールを活用した争点整理
の運用（フェーズ1）の現状と課題」『ジュリスト』1553号pp.61-66
・日本商事仲裁協会（JCAA）「仲裁　手続期間」，JCAAホームページ
https://www.jcaa.or.jp/arbitration/duration.html（参照：2022年7月）
・日本弁護士連合会（2021）「センター紹介」，日本弁護士連合会ホームページ　公表資料
統計・調査（弁護士白書等）仲裁ADR統計年報　各地の紛争解決センターの紹介
https://www.nichibenren.or.jp/library/pdf/document/statistics/adr/center.pdf（参照：
2022年7月）
・日本弁護士連合会「中小企業の国際業務支援事業（弁護士紹介）（中小企業の国際業務の
法的支援に関するWG）」，日本弁護士連合会ホームページ
https://www.nichibenren.or.jp/activity/resolution/support.html（参照：2022年7月）
・日本弁護士連合会（2020）「仲裁ADR統計年報（全国版）」2019年度（令和元年度）版
（自：2019年4月1日　至：2020年3月31日）p.3, 日本弁護士連合会ホームページ　公表資
料　統計・調査（弁護士白書等）仲裁ADR統計年報　過去の仲裁ADR統計年報　https://
www.nichibenren.or.jp/library/pdf/document/statistics/adr/statistical_yearbook2019.pdf
（参照：2022年7月）
・日本弁護士連合会（2021）「仲裁ADR統計年報（全国版）」2020年度（令和2年度）版
（自：2020年4月1日　至：2021年3月31日）p.3, 日本弁護士連合会ホームページ　公表資料
統計・調査（弁護士白書等）仲裁ADR統計年報　https://www.nichibenren.or.jp/library/
pdf/document/statistics/adr/statistical_yearbook2020.pdf（参照：2022年7月）
・日本弁護士連合会「紛争解決センター（ADR）」，日本弁護士連合会ホームページ
https://www.nichibenren.or.jp/legal_advice/search/other/conflict.html（参照：2022年7
月）
・日本弁護士連合会（2021）「民事訴訟法（IT化関係）等の改正に関する中間試案に対する
意見書」，日本弁護士連合会ホームページ　公表資料　意見書等（2021）
https://www.nichibenren.or.jp/library/pdf/document/opinion/2021/210318_8.pdf（参
照：2022年7月）
・法務省（2021）「民事訴訟法（IT化関係）等の改正に関する中間試案」，法務省ホームペー
ジ「民事訴訟法（IT化関係）等の改正に関する中間試案」（令和3年2月19日）の取りまと
め　https://www.moj.go.jp/content/001342957.pdf（参照：2022年7月）
・法務省「民事訴訟法等の一部を改正する法律案」，法務省ホームページ
https://www.moj.go.jp/MINJI/minji07_00293.html（参照：2022年7月）
・弁護士ドットコム株式会社（2021）「民事裁判IT化、弁護士の8割超がコスト削減に期
待。弁護士ドットコムが調査を実施」，弁護士ドットコムホームページ

https://www.bengo4.com/corporate/news/article/3182（参照：2022年7月）
・弁護士ドットコム株式会社（2021）「裁判IT化　4割以上が「非弁行為の横行」に懸念【民事裁判手続IT化アンケートvol.2】」,弁護士ドットコムタイムズホームページ
https://www.bengo4.com/times/articles/177/（参照：2022年7月）
・弁護士ドットコム株式会社（2021）「『オンライン法律相談、弁護士の6割で増加　5割の弁護士「不便感じない」』弁護士ドットコムが調査を実施」,弁護士ドットコムホームページ　https://www.bengo4.com/corporate/news/article/3296（参照：2022年7月）
・International Chamber of Commerce（2020）"ICC Guidance Note on Possible Measures Aimed at Mitigating the Effects of the COVID-19 Pandemic" ICCウェブサイト
https://iccwbo.org/publication/icc-guidance-note-on-possible-measures-aimed-at-mitigating-the-effects-of-the-covid-19-pandemic/（参照：2022年7月）
・NHK（2022）「民事裁判がＩＴ化　流れはどう変わる？メリットと課題は？」,NHKホームページ　解説委員室　https://www.nhk.or.jp/kaisetsu-blog/100/460256.html（参照：2022年7月）
・Singapore International Arbitration Center（2020）"SIAC Guides – Taking Your Arbitration Remote", SIACウェブサイト
https://www.siac.org.sg/images/stories/documents/siac_guides/SIAC%20Guides%20-%20Taking%20Your%20Arbitration%20Remote%20（August%202020）.pdf（参照：2022年7月）

第2部

アジア諸国のコロナ対応と
法制度

第6章

アジア比較の視座

金子 由芳

1. はじめに

　新型コロナ感染症のまん延をパンデミックと称し、人間社会を突如襲った災害と呼ぶとしても、そのリスクの様相は自然災害とは大いに異なる。災害リスクは一般に、自然的要因（ハザード）とこれに立ち向かう社会的対応力の強弱（レジリアンス）の兼ね合いで説明されるが、感染症においてはハザードじたいが人間行動に規定され、また社会のレジリアンスが制度的・文化的要因に既定されることから、各社会が直面するリスクの相違が顕著に表れると考えられる。コロナ禍はあたかも、世界全体で大掛かりな対照実験の様相を呈している。

　本章ではとくに制度的要因に焦点を当てながら、アジア諸国の政府および市場アクターの対応状況について、比較検討の視座を提示したいと考える。本書冒頭でも述べられたように、アジア諸国は世界の他の地域との対比で新型コロナの感染症まん延そのものは比較的抑えられており、また法制度の基盤も似通っているなど、比較検討にとっての共通の土俵がある。この同じ土俵の上で、各国政府の施策の違いや、市場内での契約交渉の相違が際立つと考えられる。

　主な方法は、神戸大学社会システムイノベーションセンター主管の国際共同研究事業として実施した、中国・韓国・インドネシア・ミャンマー・ニュージーランド・フィリピン・タイ・ベトナム各地の研究協力者との連携による実証的検討である。その調査構造は表6-1に掲げた。各国政府のコロナ対策の違いが、市場内の契約関係におけるリスク再分配にどのような相違をもたらしているかに着眼し、2021年1月〜2月にかけて、各国の中小企業経営者、労働者、また金融機関に対して共通の質問票を用いて半構造的な聴取りを行った。詳しい調査結果は別途公刊予定である[1]。また本書の後続の章では、韓国（第7章）、インドネシア（第8章）、フィリピン（第9章）、ベトナム（第10章）につい

て詳述されている。

　この章では、共同研究の調査結果を総括する視点から、まずは各国政府の感染症対策の特色を引き出し、次に、市場セクターの側におけるこれへの対応、とくに中小企業金融を中心とするコロナ禍での契約修正の実相について、各国の法文化論的な特色も含めた比較考察を試みる。

表6-1：国際共同研究の陣容と各聴取り調査の対象数

国（都市）	研究協力者	中小企業の経営者（人）	中小企業の労働者（人）	金融機関（行）
中国（天津）	天津社会科学院　平力群教授	9	9	2
韓国（ソウル・蔚山）	高麗大学グローバル日本研究院社会災難安全療養センター　センター長・金暎根教授 神戸大学大学院国際協力研究科　博士後期課程院生・鄭旼政	10	23	4
インドネシア（ランプーン）	ランプーン大学法学部法と開発研究所　所長 Rudy Lukman 博士	9	9	3
ミャンマー（ヤンゴン）	ダゴン大学法学部　法学部長 Mi Khin Saw Aung 教授・博士	9	9	3
ニュージーランド（ウエリントン）	ニュージーランド人権委員会 Michael J.V. White 弁護士	9	9	3
フィリピン（マニラ）	フィリピン大学レジリアンス研究所 所長 Kristoffer Berse 教授、Kristen Dedase 博士、Lianne Depante 博士	18	18	4
タイ（バンコク）	タマサート大学法学部　法学部長 Munin Pongsapan 博士	9	9	3
ベトナム（ホーチミン市）	ベトナム国立大学ホーチミン経済法科大学　法学部長 Duong Anh Son 教授、講師 Vũ Kim Hạnh Dung 博士、同 Phan Thi Huong Giang 博士	9	9	3
	合計	82	95	25

（筆者作成）

2．アジア諸国の感染症対策の比較軸

　本件の国際共同研究から明らかになった第一点は、アジア各国政府が新型コロナのまん延に際して選択した感染症対策の戦略的な相違である。その概要を表2にまとめた。各国の感染症対策の違いを、とくに国家の強制力の発動の度合いに応じて分類する視点は、先行研究でしばしば見受けられる。ロックダウンなどの厳しい行動制限による国家介入型、法的強制力の弱い自粛要請型、行動制限を行わない集団免疫型などの分類である[2]。しかしこうした政府の対策に対して、国民がどのように対応するかは制度的・文化的な要因もまた関与するだろう。国民の反応を見越して戦略的な感染症対策を一気呵成に実施した諸国がある反面、伝家の宝刀を抜かぬままに時間を浪費し感染症を長期化させてしまった諸国もある。

（1）国家介入型アプローチ

　本件の共同研究の対象諸国のなかでは、中国・タイ・フィリピン・ベトナムなどは、ロックダウンを含む厳しい行動制限措置を断行した、「ゼロ・コロナ」政策とも称される国家介入型の感染症対策の好例である。しかしこれら諸国のあいだでも、感染症の抑圧に成功した中国・タイ・ベトナムと、ロックダウン発動に拘わらず感染症まん延が長期化したフィリピンなどの違いがある。

　たとえば中国の対応は、災害対策基本法である 2007 年突発事件応対法に基づき、早い段階で中央の国務院から省・直轄市レベルの人民政府に第一級応急対応についての授権が行われており、これを受けて地方レベルが緊急事態宣言を発している（湖北省で 2020 年 1 月 24 日〜 5 月 2 日、河南省で同年 1 月 25 日〜 3 月 19 日他）。さらに 1989 年伝染病防治法（2013 年改正）43 条に基づき、省・自治区・直轄市レベルにロックダウンの実施が授権され（武漢市で 2020 年 1 月 23 日〜 4 月 8 日）、各地方レベルではその実施主体として国家衛生健康委員会を設置、さらに各級人民政府傘下に新型コロナ対策特別チームを設置し

1）Kaneko, eds.（2022）を参照のこと。
2）たとえば、アジア諸国の感染症対策の分類として、Ramraji（2021）p.14以下参照。

て、ＩＴをも活用しつつ、罰則を伴う行動制限を各地の状況に応じて細やかに実施した。一時は 4,634 名に達した死者数も 2020 年 4 〜 5 月までに食い止め、まん延抑え込みが宣言された[3]。

これに対してフィリピンでも、2010 年災害予防管理法（RA10121）を基本法として、国家危機管理マニュアルに関する 2012 年政令 82 号、感染症発生対策タスクフォースに関する 2014 年政令 168 号などの制度根拠が備わっていたことから、2020 年 3 月の大統領令による罰則付きの行動規制、3 月 17 日〜 5 月 30 日の緊急事態宣言（告示 922 号）、また 9 月 17 日〜 12 月 30 日のロックダウン措置（929 号）等の国家介入型の政府対応が迅速に展開した。にも拘らず感染症まん延を抑えきれなかった背景として、本書第 9 章（ベルゼ他）は、いわゆるインシデント・コマンド・システム（ＩＣＳ）方式によるトップダウン型の感染症対策が、1991 年地方自治法のもとでのフィリピン社会の分権的制度構造と接合していなかったのではないかとする示唆を行っている。

また、本書第 10 章（ズオン & ヴ）で詳述されるベトナムでは、2020 年 3 月 31 日の首相指示による緊急事態宣言のもとで、2007 年感染症予防管理法を果敢に適用し、水際対策や行動規制の初動対応が成功したことで、まん延が早期に抑え込まれた。しかし 2021 年にデルタ株のまん延が長期化したことから、政府が経済的配慮を重視して「ウィズ・コロナ」政策に転換したとされ、結果としてまん延の統制が弱まったことが懸念されている。

（2）自粛要請型アプローチ

他方、当初から強制措置を発動せず、「ウィズ・コロナ」政策とも称される自粛要請型の対応を採りつづけた諸国のあいだでも、感染症抑制の効果に相違を生じている。

本書 7 章（金 & 鄭）で詳述される韓国では、2008 年の SARS 発生や 2015 年の MERS 発生の経験を受けて、1963 年感染症予防管理法や 1969 年検疫法などの基本法規の改正を重ねていたこと、また 2004 年災害安全管理基本法に基づき中央政府（行政安全部）に権限を集約しながらも水平・垂直方向の組織

3）以下とも天津社会科学院・平力群教授の調査報告による。詳しくは Kaneko, eds.（2021）所収。

間調整を強化してきたことなど、従来重ねられた努力が実り、コロナ禍ではＩＴを駆使した迅速なまん延抑圧に成功している。

　これに対して日本は、本書第１章でも述べたように、2012 年制定の新型インフルエンザ特措法のもとで、緊急事態宣言の発令権は国レベルに留保しながらも、法の実施は都道府県知事レベルに委ね、しかもまん延防止策と経済影響緩和策の２つの目標を同時追求するという難題を課しながらも、国からの予算措置は担保されないといういびつな構造のもとにある。感染症対策のリーダーシップは行政各層のどのレベルに所在するのか定かでなく、曖昧な水面下の調整に終始し、結果として、国民の自主判断に委ねられた文字通りの「自粛」要請で推移している。

　インドネシアの感染症対策も、本書第８章（ルディ＆チャイディル・アリ）で詳述するように、2020 年３月のコロナまん延開始直後に大統領が緊急事態

表6-2：感染症対策と経済対策の分類軸

感染症対策の態様		感染症対策の影響		経済社会リスクの再分配	
制度設計	制度・文化的対応	感染症防止（正の効果）	経済抑制（負の効果）	財政投入	市場型支援の必要性
国家介入型（ロックダウン）	恭順型（中国・ベトナム）	プラス大	マイナス大	大（補償・支援）（国際援助）	小
	抵抗型（フィリピン）	プラス小	マイナス中		大
自粛要請型	IT 活用（韓国）	プラス大	マイナス小	小（支援）	小
	恭順型（日本）	プラス中	マイナス中		中
	抵抗型（インドネシア）	プラス小	マイナス大		大
集団免疫型	（スウェーデン等）	プラス中	マイナス小	小（不要）	小

（筆者による整理）

宣言を発令したが、しかし強制的な行動制限を導入することなく、2018年検疫法に基づく大規模社会制限（ＰＳＢＢ）なる自粛要請に留まってきた。結果として感染は拡大し続け、アジア諸国の中でも感染率は最悪なレベルで現在まで推移している。ルディ博士らの指摘は、インドネシアの感染症対策が煮え切らないものとなった原因は、厳格な社会経済面への規制がもたらしかねない国民の「補償」の要求を恐れた財政当局の戦略にゆえんし、しかしそれが結果として感染症まん延を長引かせ、社会経済に打撃を与えてきたのではないかとする厳しい見方である。このような批判は、日本にも当てはまると考えられるであろう。

3．政府の経済的影響緩和策

　たしかに感染症対策が長引くほど、経済の停止状態を長引かせてしまう帰結をもたらすとすれば、コロナ禍が長引く社会ほど、経済的リスクを再分配するための制度論が必要となるであろう。その方法としては、表6-2の右欄に示すように、国家財政を投入する公的な再分配と、市場内のアクターが相互に調整しあう契約再交渉が考えられる。
　このうちまず国家財政による公的な経済支援策について、アジア各国間でどのような相違があるだろうか。一般論としては、表6-2で整理したように、国家介入型の感染症対策を採用し社会経済を一時的に止める判断を行った諸国では、「補償」の議論が起こりやすく、財政投入型の再分配が働きやすいと思われる。逆に、自粛要請型の感染症対策を採用した国では、政府は「補償」論を回避しやすいだろう。しかし実際のアジア諸国の対応は多様である。

（1）国家介入型アプローチにおける国民の受忍義務
　国家介入型の感染症対策を採った諸国の中で、中国では、国レベルの経済支援策は資金繰り支援融資や公租公課減免に留まり、省レベルでは中小企業支援への補助金支給も見られたようである（広東省2020年2月6日発令など）。ベトナムでも、詳しくは本書第10章で述べているように、2020年度中の早期の感染症の抑え込みに成功しながらもこの間の経済的影響が著しく、企業清算件

数は前年比24％増との数字もあるが、しかし政府の公的な経済支援策は限定的である。2020年中は公租公課減免や国立ベトナム銀行の通達による金融機関への資金繰り支援要請などに留まり、経済情勢の悪化した2021年にも、個人事業主や休業・解雇された労働者へのわずかな一時金（日本円換算で1〜2万円程度）の支給措置が導入されたに留まったとしている。

　このように中国やベトナムなどの社会主義諸国では、経済支援策は謙抑的なものとなっている。これら諸国の感染症対策においては、おそらく国家介入的な感染症対策を当然視し、安全という公共の福祉のためには国民や企業は無償の受忍義務があるとの前提に立ち、これに伴う社会経済的な損失についての「補償」という発想を持たないのであろう。たしかに、行動規制が短期で成果を挙げる場合には、こうした公共の福祉論は論理一貫した考え方である。しかし2021年度中のベトナムのように、「ゼロ・コロナ」型の感染対策が奏功せず長期化する状態では、国民の抱えるリスクはしだいに甚大となり、政府の支援策を要求する声が抑えられないものとなりつつあることは、本書第10章（ズオン＆ヴ）からも伺われる状況である。

（2）国家介入型アプローチにおける損失補償論

　同じく国家介入型の感染症対策を採ったフィリピンでは、感染症を抑え込めぬままに行動規制が長期化し、経済的影響が続くなか、まさに国民の公助への要請が高まっている。本書第9章（ベルゼ他）は、2020年3月以降の緊急事態宣言と並行して導入された、バヤニハン法（共和国法R11469号）に基づく一連の社会経済的影響の緩和措置を紹介している。しかしこうした政府措置は、必ずしも実際に市民・コミュニティに公平に届けられていないとし、実施体制の改善やモニタリング体制の構築を提言している。同様の示唆は本書第8章のインドネシアや第10章ベトナムについても言及されている。発展途上国では住民基本台帳など基礎的なデータベースが未整備であることが多く、そのような社会的な脆弱性がコロナ禍で顕在化しているという指摘である。ベルゼらはこうした発展途上国ならではのガバナンスの課題を補うために、グローバルな支援が必要であるとの指摘を行っている。

（3）自粛要請型アプローチにおける「大きな政府」「小さな政府」

　他方、自粛要請型の感染症対策を採る国々の間でも、国家公助のあり方が大きく異なる。

　韓国の感染症対策は強制措置を伴わず、国家の「補償」が問題化する局面は理論的には少ないと考えられるが、にも拘わらず、政府は歳出の6倍規模の補正予算により拡張財政を実施し、また世界に先駆けて小企業に対する「損失補償法」を立法する等、本書第7章（金＆鄭）が述べるように、文在寅政権の志す「大きな政府」をコロナ禍で実証する機会となった。

　これに対して日本では、国が緊急事態宣言を発令しながらも、そのもとで都道府県知事が強制力のないまん延防止策を長期化させるという煮え切らない対応が、国民のあいだに「補償」論を高めた。2021年度にも延長された雇用調整助成金、また持続給付金のような一時金を含めれば少なからぬ財政支出が提供され続けているが、損失に対する「補償」には及ばないとして、国民の満足感が得られていない。

　インドネシアも、日本と類似の状況にあると見られる。本書第8章（ルディ他）が指摘するように、緊急事態宣言が長期化する中で、総額695.2兆ルピアの補正予算を組み「国家経済復興プログラム（ＰＥＮ）」をアピールしたものの、村落行政を通じた労働者への配分体制のまずさなどから公助の偏在が指摘され、国民の不満を高めている模様である。既述のようにルディらは、財政負担を恐れるあまり厳格な行動規制の採用を避けたインドネシア政府の政策選択が、結果として経済社会的影響を拡大したと示唆し、しかし政府がこれを償う責任を全うしていないとする批判を向けている。

４．市場内のリスク再分配

　長引く感染症対策による経済的影響に対し、国家公助が十分でないとすれば、市場内アクターが相互の契約再交渉を通じてリスク再分配を模索するしかない。アジア諸国の市場セクターは、コロナ禍という共通の危機に直面しいかなる対応を示しているのだろうか。再交渉を取り巻く法制度や市場慣行の課題はあるだろうか。以下では中小企業金融の再交渉に焦点を当てつつ、各国の研究協力

者との連携で実施した、企業経営者や金融機関に対する聴取り調査の結果を紹介する。

（1）韓国

　感染症対策に成功し、また「大きな政府」型の支援により経済的影響が抑えられてきたと見られる韓国だが、市場セクターでは予想外にシビアな契約原理が働いているように思われる。本書の共同研究においては、政府全額出資の韓国産業銀行（ＫＤＢ）、政府出資６割の中小企業銀行（ＩＢＫ）、大手民間銀行であるハナ銀行、地域金融としての性格を有するＮＨ農協銀行、および信用保証基金に対する聴取りが行われた[4]。

　平時の融資条件について、政府系金融機関ＩＢＫでは融資の９割で公的信用保証を徴求するなど担保保証に厳格だが、ＮＨ農協銀行では製造業や小売業での無担保融資が２割に上るなど地域金融機関ならではのリスクテイクが見受けられる。債務不履行においては、政府系ＩＫＢは９割以上の案件で担保実行を断行し、きわめて少数のケースで法的再生手続を利用するとし、大手民間ハナ銀行の対応も同様であるが、ＮＨ農協銀行では、とくに製造業に対して担保実行が６割に控えられ、法的倒産手続を通じた再生ないし清算が４割に上っている。これに対してコロナ禍では、政府系ＩＫＢや大手民間ハナ銀行の対応に変化はないが、ＮＨ農協銀行では担保実行がさらに10ポイント減り、法的倒産手続や政府主導の私的整理メカニズムによる事業再生もしかりである。

　韓国では2005年に債務者回生破産法が成立し、政府主導の準則型私的整理とこの法的手続を連結する企業倒産処理のファースト・トラックとして推奨されていた[5]。コロナ禍での企業破綻処理は、まさにそうした倒産法制による迅速手続が活用されていると見られる。政府系ＩＫＢは、平時もコロナ禍も同様に、経営陣退陣型で有担保債権者を取り込む法定管理手続（日本の会社更生法に相当）の利用が最多であるとし、つまり民間銀行に優位して債権回収可能な

4）高麗大学グローバル日本研究院社会災難安全療養センター所長である金暎根教授による調査報告による。詳しくはKaneko, eds.（2022）所収。
5）ソウル中央地方法院倒産部の運用する"First-Track Program"につき川中（2014）参照。

政府系金融機関は深刻な破綻事例にしか関わらないとみられる。他方、大手民間のハナ銀行は、平常時には金融機関が別除権を確保しながら経営続投型の再建を支援する破綻処理（日本の民事再生法型）を主流としてきたが、コロナ禍では政府主導の準則型私的整理を活用しているとした。しかし地域金融のＨＫ農協銀行は、コロナ禍でも経営陣続投型の再建手続が主流であるとした。以上から、大手民間銀行はコロナ禍では政府主導手続による抜本整理が動き出しており、大手民間銀行も追随する傾向と見受けられる。

　事業再生の方針面では、政府系ＩＫＢでは、平常時では経営存続型再建が6割、家族・従業員等への承継型再建が1割、第三者スポンサーへの売却型（Ｍ＆Ａ）が4割であり、この際の担保権の別除権実行は7割、債務繰り延べは8割、債務免除は5割としたが、これに対してコロナ禍では、経営存続型の再建が10ポイント増え、第三者承継が減る傾向にある。雇用維持は平時で3割だがコロナ禍では2割とした。大手民間ハナ銀行では、平時から第三者スポンサーによるＭ＆Ａ型の事業再生が4割と最多であり、コロナ禍でこの比率がさらに5割へと10ポイント増えている。他方で担保別除権実行が平時の8割からコロナ禍で5割に低下し、その分、平時では5%ほどに過ぎない債務繰り延べや債権放棄が15%に増加している。金融取引関係の継続は2割に落ち、雇用維持は1割にとどまる。これらから、大手民間銀行はコロナ禍を契機に、第二会社方式のＭ＆Ａなどの抜本的債務整理に乗り出していることが窺われる。しかし地域金融であるＮＨ農協銀行は、平時から経営存続型再建が8割と圧倒的であり、第三者スポンサーへの売却型は1割に過ぎず、コロナ禍でもこの傾向が維持されている。平時でもコロナ禍でも同様に、事業再生に伴う担保権の別除権実行は4割、債務繰り延べは8割、債権放棄も9割のケースで行っているとした。コロナ禍においても金融取引関係は8割で維持し、雇用も6割のケースで守られている。

　このように韓国では、コロナ禍でも地域金融機関が事業再生や雇用維持に寄り添う傾向が際立っている。しかし他方で、大手民間銀行では、上記ファースト・トラックに見る政府主導の迅速な債務整理メカニズムに乗り出す傾向が伺われた。

（2）インドネシア

　インドネシアではコロナ禍の金融債務支払い猶予に関する法令は出ておらず、他方で、中小企業セクターに対する政府系金融機関のソフトローン（金利6%、期間3〜5年、担保は融資額3割で可）、および、公的保証機関による保証に依拠した民間金融機関の資金繰り支援融資が中小企業支援の主流である。

　他方でインドネシアは1990年代のアジア通貨危機を経験しており、当時、ＩＭＦ・世界銀行の経済管理下で政府主導の準則型私的整理手続（ジャカルタ・イニシアティブ他）が実施された[6]。ただし当時との制度面の相違として、2020年に新たな事業再生倒産法が導入されており、金融機関など有担保債権者の譲歩を強行する手続メカニズムが導入されている。こうした法変化を受けて、コロナ禍の中小企業金融の破綻処理は、実際にも変化しているのだろうか。大手投資銀行 Bank Tabungan Negara（ＢＴＮ）、都市銀行 Bank Rakyat Indonesia（ＢＲＩ）、および地域金融機関である Bank Rakyat Indonesia（ＢＲＩ）に対する聴取り結果は以下のとおりである[7]。

　投資銀行ＢＴＮの債権処理は、平常時は9割が私的整理による事業再生型処理によるが、コロナ禍ではその割合は減少しており、むしろ私的整理による清算型処理が3割、法的倒産処理手続や政府スキームの利用がそれぞれ2割、また担保実行1割などと多様化している。コロナ禍ではとくに、業種を問わず、政府による公金投入を伴う準則型私的整理スキームが選好されており、ついで公金投入を伴わない政府スキームが利用され、ついで経営存続型で有担保債権者を取込む新たな事業再生倒産法の手続が選ばれている。事業再生の内容面では、平常時であれば担保・保証実行は必須であり、債務繰り延べを行っても債務免除を認めることはなく、金融機関との取引継続は100%であるとするが、新型コロナ禍では経営者保証の実行が手控えられ、債務削減を1割程度受け入れており、これに伴い金融機関との継続的関係を絶つ例も1割程度見られるなど、シビアな状況が見え始めている。

6）詳しくは金子（2004）。
7）国立ランプーン大学法学部開発法学研究所長Rudy博士の調査報告による。詳しくはKaneko, eds.（2022）所収。

　都市銀行であるＢＲＩでは、平常時の債権回収は別除権行使による担保実行が６割に及ぶが、コロナ禍では業種を問わず担保実行は行われず、政府の公的破綻処理スキーム National Economic Recovery Program（ＰＥＮ）による準則型私的整理が100％を占めている。理由として、コストが抑えられるからとしている。なお事業再生のケースでは、経営存続型再建の比率は平時の６割から新型コロナ禍では９割に増えている。逆に言えば、経営者自身が続投する確実な再建以外は、ほとんどが清算処理に向かっている可能性がある。

　地域金融機関であるＢＮＩでは、平時もコロナ禍でも公的保証機関による保証付き融資が100％を占め、債権回収方法は私的整理による事業再生型処理が100％を占める。ただしコロナ禍の手続選択では業種別の差もみえる。小売業・観光業については公金投入を伴わない政府スキームが選好され、つまりは破綻の早い段階で迅速処理が選ばれていると見られるのに対し、製造業では経営存続型で有担保債権者を取込む法的倒産処理手続の利用が主流であり、つまり金融機関として製造業を最終局面まで支える対応である。このようにコロナ禍の影響色濃い業種に対しては早期に債権を処理し、将来性の期待できる製造業とは取引関係を維持する対応の差が表れていると考えられる。

　中小企業経営者への聴取りからも、同様に業種別の対応傾向の違いが見出される。聴取り対象の９社すべてが１ないし２の金融機関と長期的関係を有しており、コロナ禍で支払い猶予・担保実行猶予を求めた。製造業と小売業では金融機関の対応を得らえたが、観光業はいずれも拒絶されている。

　このようにインドネシアではコロナ禍の長期化に伴い、政府の準則型スキームを活用し債権放棄を伴う抜本的処理がいち早く開始していると見受けられ、都市銀行でこの傾向はとくに顕著であり、投資銀行や地域金融でも業種によって同様の傾向が窺われる。

（3）フィリピン

　フィリピンでは緊急事態宣言中に、コロナ禍の社会経済的影響緩和措置の根拠法となったバヤニハン法（共和国法 R11469 号）を導入し、その一環で債務返済や賃料の支払い停止措置が実施された。また中小企業向け政府系ソフトローン（CARES 事業）等が提供されている。このような金融支援措置に、経

済セクターはどう対応しているのだろうか。金融機関 4 行への聴取り結果によれば[8]、平常時には、ほぼすべての融資取引において企業資産上ないしは経営者の個人資産上の担保・保証設定が行われる。債務不履行の処理では担保保証の実行が 5 ～ 6 割を占め、私的整理による再建型処理が 4 割と続く。しかしコロナ禍では様相が一転し、担保・保証実行は 2 ～ 4 割程度にとどまる一方、法的倒産手続の活用による事業再生ないし清算が増え（回答の 25%）、また私的整理による清算型処理も利用されるなど、破綻処理方法が分岐している。とくに非エッセンシャルな小売業や観光業では私的整理を通じた清算型処理が破綻処理全体の 3 割に上る。

このような回答の背景に、金融機関による業種別の現実的な融資判断があるだろう。コロナ禍でも需要が安定的に見込まれるエッセンシャルな小売業や製造業に対しては融資取引を継続しつつも、非エッセンシャルな小売業や観光業ではコロナ禍の将来性を悲観し、清算型の債権回収を断行していると思われる。ただしその際の手続選択としては、迅速かつ合理的な法的倒産手続を選ぶとする回答と、従来の長期取引関係に配慮して穏便な私的整理による再生型清算処理を選ぶとする回答に分かれている[9]。事業再生における方針も平常時とコロナ禍で相違があり、平常時は経営続投、雇用維持、取引先や銀行との関係継続が主流であるが、コロナ禍では債権放棄を含む本格的な債権整理を行いつつ取引関係を絶つケースも表れている。たとえば Bank 2 では、平常時は家族等の事業承継が 4 割で、第三者承継に上回るが、コロナ禍では、債務処理の譲許性を高めつつも（債務繰り延べ 9 割・債務削減 3 割）、9 割のケースで被用者のレイオフ（一部レイオフ 6 割・全面レイオフ 3 割）を伴う抜本処理を促し、金融機関との取引関係継続も 15% に落ちている。Bank 3 も、平常時であれば経営陣続投型再建が 8 割、家族等への事業承継 2 割、企業資産・経営者資産上の担保・保証の実行は 4 ～ 5 割である一方で債務繰り延べ・債務削減への協力は 2 割、雇用維持 9 割、取引先・顧客の継続 100%、金融機関との取引・助言

8）フィリピン大学レジリアンス研究所長Kristoffer Berse准教授の調査報告による。詳しくはKaneko, eds.（2022）所収。
9）上記Berse報告による問2.2-4に対するBank 2とBank 3の回答傾向の相違など。

関係の維持100％などとしていたが、コロナ禍では、担保実行の実施を減らし、債務繰り延べや債務免除の対応9割としつつも、金融機関との関係継続は5割としている。つまり平常時は規律ある債権回収によって融資先を指導するような関係で長期取引関係を継続していたに拘わらず、コロナ禍では半数の企業との関係に見切りをつけているのである。

　中小企業経営者18名に対する聴取り調査からも、こうした現状は裏付けられている。平常時はほぼすべての企業が1ないし2の金融機関と長期的融資関係を継続してきたとし、コロナ禍では当初、いずれの企業も支払い猶予の要請を行って、金融機関側も受け入れていた。しかしコロナ禍の長期化に伴い事業継続が難しくなるなか、抜本的な破綻処理を余儀なくされる状況にある。製造業2社と観光業1社は私的整理枠組みを用いて第三者スポンサーへの営業譲渡を検討中であるとしたが、他方、経営権継続型の事業再建に拘泥する小売業5社や観光業3社は弁護士などの専門家の支援が必要であるとし、金融機関との利害対立がうかがわれた。

（4）ベトナム

　ベトナムでは、2020年中にまん延が成功裏に抑え込まれ、第四半期にはGDPが成長軌道に戻していたが、にも拘わらずこの間の企業統計では企業清算件数が激増を示していた（2020年8月時点で前年同期比9.3％増、2021年月時点で前年同期比24.2％増）。国立ベトナム銀行は2020年3月13日付でCOVID-19影響企業の返済延期・金利減免に関する通達No. 01/2020/TT-NHNNを発出したが、これを契機に却って金融機関が新規融資を出し渋り、企業の資金繰りに影響を生じたおそれが考えられる。

　民間金融機関3行（匿名希望）への聴取り結果は以下のとおりである[10]。Bank 1は平常時の債権回収では担保保証実行や法的倒産手続の活用を積極的に行っているが、コロナ禍では抑制的な行動をとっており、経営陣続投型の事業再生が8割、家族等への事業承継2割、事業再生における雇用維持100％、

10）ベトナム国立大学ホーチミン経済法科大学法学部Vu Kim Hanh Dung講師他による調査報告による。詳しくはKaneko, eds.（2022）所収。

取引先・顧客の維持や金融機関との関係を 100％維持するなどの柔軟対応を行い、担保・保証の実行は避けているとした。

　Bank 2 もまた平常時の破綻処理は厳格に実施し、担保・保証実行率 100％、雇用維持 100％などとの明解な方針を有するとしたが、コロナ禍での破綻処理についてはノーコメントであった。事業再建の方針については平常時・コロナ禍を問わず、また業種を問わず、既存経営陣の退陣型であり、有担保債権者を含む債務免除を行う手続が主流であるとした。ただしこれに次ぐ手続選択肢については、平時では経営存続型で有担保債権者が債務免除を行う処理も行うが、新型コロナ禍では経営存続型の再建では有担保債権者の債務免除を行わない別除権方式が多いとしている。

　Bank 3 では、コロナ禍の小売業や製造業の取引先ですでに約 1 割の企業破綻が生じているとした。破綻事例への対応は担保保証の実行で臨む点でコロナ禍の前後で相違ないとした。平常時の破綻処理では担保・保証実行 7 割、雇用維持 8 割、金融機関との関係維持 9 割などであり、コロナ禍での破綻処理方針でも変わりはない。たとえば観光業の不振はコロナ禍以前からの傾向であって、コロナ禍を配慮する必要はないとする。事業再生の手続手法についてもコロナ禍の前後で違いはなく、その主流は経営存続型で有担保債権者を取込まない別除権方式であるとした。

　このように感染症対策が比較的早い段階で奏功し、経済の落ち込みがさほどではなかったはずのベトナムにおいて、企業の破綻が続出している背景に、金融機関の厳しい債権回収行動の影響がうかがわれる。Bank1 のように、ベトナム国立銀行の通達に応えてコロナ禍での担保保証実行を手控える例もあるが、通常通りの厳格な債権回収行動を続ける Bank 3 の態度も際立ち、Bank 2 も明言は避けたもののおそらく Bank 3 同様の対応を示していると思われる。

（5）ミャンマー

　ミャンマーでは 2020 年のコロナ感染症対策の当初はまん延が比較的抑えられていたが、同年 11 月の総選挙の前後に急速にまん延状況が悪化し、12 月には月間 12 万件余りを記録した。死者も同年 3 月の 1 名から 12 月には 2,682 名という急増が報告されている。この間の経済的影響は小売業・観光業などを中

心に著しいが、経済支援措置としては政府系のミャンマー経済銀行によるソフトローン（利子1％・無担保・期間1年・金額上限なし）、および融資額の5割までの信用保証制度等が影響セクターに対して提供されている。しかしミャンマーでは中央銀行の金融機関に対する統制が厳しく、企業資産上の担保提供が厳格に求められてきた[11]。他方でこれと矛盾するようにして、世界銀行等の法整備支援による倒産法が2020年施行されている。同法は米国チャプターイレブン流の経営存続型再建手続を喧伝し、とくに中小企業向けに債務者主導の特別手続を採用しており、金融機関の担保権は自動的停止にかかり大幅な債務免除を余儀なくされる仕組みである。

民間金融機関3行への聴取り調査によれば[12]、コロナ禍の事業破綻事例はもっぱら私的整理で処理され、倒産法を利用する向きは皆無に近い。債権回収重視の中央銀行の指導方針と債務者優位の倒産法との矛盾が、倒産法回避型の実務対応を生んでいるように思われる。

（6）考察

以上では中小企業金融という一断面を切り取って、コロナ禍のアジア諸国の契約再交渉の様相について、国際比較を試みた。市場アクターの行動は、おそらく平常時から各国で制度文化の違いがあり、コロナ禍で顕在化しているように思われる。表6-3に試みに整理したように、たとえば平常時の担保保証の徴求行動に着眼すれば、日本の伝統的な中小企業金融では企業資産担保とは別に「経営者保証」が徴求されるが、それは本書第1章でも見たように金融機関側にとってはメインバンク関係の証のようなものであり、ウェットな金融文化を象徴しているといえるかもしれない。逆に、たとえば上記のベトナムの都市銀行のように、平時から複数の金融機関が競合関係にあり、金利収入が確保されるかぎり担保徴求にはこだわらないドライな関係もある。

コロナ禍ではこうした平常時における契約文化の違いが、さらに際立ち、ま

11) 詳しくは金子（2018）、同（2019）参照。
12) ダゴン大学法学部長Mi Khin Saw Aung教授による調査報告による。詳しくはKaneko, eds.（2022）所収。

表6-3：中小企業金融に関する聴取り調査の論点整理

共同調査の質問項目	ドライな制度文化（利潤追求）例：ベトナムの都市銀行	ウェットな制度文化（長期信用関係）例：日本の地域金融
雇用関係	早期の解雇	雇用維持
長期取引先	解約	業界慣行の維持（在庫積増し等）
賃貸借関係	解約	支払延期・減額なし、解約制限法理
金融取引関係：担保保証慣行など（問2.2-1）	複数の金融機関との取引関係 短期・高利息 担保提供による利下げ	メインバンク、高い負債比率 長期・低利子 企業資産根担保＋経営者個人保証
平常時 不良債権処理（問2.2-2）	担保実行 法的倒産処理 政府の準則型私的整理	直接交渉による債務繰延
平常時 倒産手続選択（問2.2-6）帰結（問2.2-7）	M＆A方式、他	経営存続型再建
コロナ禍 不良債権処理（問2.2-4）	担保実行 法的倒産処理 政府の準則型私的整理	直接交渉による債務繰延 既存債権の劣後化 新規資金供給
コロナ禍 倒産手続選択（問2.2-8）帰結（問2.2-9）	M＆A方式、他	経営存続型再建 ↓ 政府の準則型私的整理／債権免除

（筆者による整理）

た分岐してゆく。韓国では、地域金融機関には、中小企業に寄り添い事業再生のリスクテイクに任じるウェットな姿が見受けられた反面、大手民間銀行はコロナ禍を好機として政府枠組みや倒産法制を活用し、不採算企業との関係精算にいち早く乗り出すドライな行動がうかがわれた。インドネシアの金融機関も、コロナ禍の長期化に伴い、都市銀行を中心に、あるいは業種によって、ドライな抜本的処理が開始されていることが見出された。フィリピンでは平常時には

数年余り続くウェットな金融慣行がうかがわれるが、長引くコロナ禍でやはり、ドラスティックな債務整理が動き出していた。

　こうしたアジア諸国の比較的ドライな金融慣行に鑑みれば、本書第1章でみた日本の地域金融機関のコロナ禍での対応はまさにウェットなものに感じられ、今後のコロナ禍の長期化の中で金融機関がどこまで中小企業を守り抜けるか、改めてユニークな調整となるように思われる。

5．総括

　本書第1章で論じたように、コロナ禍は災害であり政府が引き起こしたものではないから、自助・共助で立ち向かうことが筋であるとする「小さな政府」論を強調するのが、日本の政府の立場である。しかし本章の試みたアジア諸国の比較では、「小さな政府」論とは異なる政府や市場の対応も見出された。韓国では日本と同様に要請主義に依拠し、ロックダウンなどの強制措置を採らなかったが、SARS や MERS の経験を踏まえた行政内部の連携体制が奏功し、早期に感染症対策を成功させている。しかも日本と同等以上の補助金メニューを含む経済対策を展開するなど、「大きな政府」の姿勢で臨んでいる。彼我の違いからすれば、コロナ禍が単なる自然災害とは言い切れず、政府の感染症対策の巧拙という人為的要素によって増幅されうるハザードであることに気づかされる。

　ある政府が財政的配慮ゆえにロックダウン等の強制的な感染症対策を採用せず、自粛要請に留め、そのためまん延状態をずるずると長引かせ、社会経済に甚大な影響を与えている局面は、「政府の失敗」に他なるまい。そのような局面で浮上する法的議論は、「公助」論でも「損失補償」論でもなく、国民に対する損害を償う「賠償責任」であるとする議論も成り立つはずである。大幅減税により、あるいはたとえば適正なキャピタルゲイン課税を社会保障費に充てるなどの逆進的再分配により、政府の償いとして、コロナ禍の社会経済的リスクの均等化に報いる道である。インドネシアでも、日本同様、緊急事態宣言を長期にわたって継続しながらも、財政的配慮から強制措置を採らず結果として感染まん延を来し、社会経済を疲弊させているとする厳しい批判が本書第8章

ではなされている。政府が果敢にロックダウンを実施しながらも感染症抑え込みに成功していない第9章フィリピンや、第10章ベトナムですら、政府への批判が向けられつつある。感染症は災害であるから自助・共助の問題であって公助の問題となる局面ではないとする「小さな政府」論は、長引くコロナ禍でおそらく地位を失っていくのであろう。

　政府が「小さな政府」論に拘泥し、抜本的なリスク再配分の対策を採らない社会では、市場内アクター間でミクロ・レベルの相互調整が働いていかざるを得ない。本書第1章で、日本の中小企業が労働者の雇用を守り、ポスト・コロナの新規需要の開拓へ向けた事業再構築の挑戦を続ける姿、これを体力の限界まで支えようと融資契約の修正を重ねる地域金融機関の姿を、筆者の聴取り調査から見出した。これに対して本章では、アジア諸国の研究協力者とともに実施した中小企業経営者・労働者・金融機関に対する聴取り結果の概要を紹介した。韓国のように「大きな政府」が感染症から経済を守る姿勢を打ち出す社会では、市場内の相互調整の動因が比較的弱いとみえて、地域金融機関が破綻企業を支えるウェットな姿は垣間見えたもの、民間金融の趨勢はコロナ禍を契機にむしろ不採算企業との関係解消に向かう様子であった。他方、日本と同様に政府が果敢な感染症対策を回避しつづけるインドネシアでは、日本と異なり、金融機関は早くも破綻企業との関係解消へ向けて準則型私的整理を活用している模様である。背景に、平常時からの金融文化の違いがあるのであろう。日本の中小企業金融の基層に、オーナー個人保証を介するメインバンクのいわば「ウェット」な人的信頼関係が流れており、コロナ禍でこそその紐帯が試されている。インドネシアでも企業のメインバンク関係は見られるが、その性格は経済合理的な「ドライ」なものであったことが、コロナ禍で顕現しているのだろう。他方、フィリピンの中小企業の金融文化は、平常時からオーナー保証を介した人的関係があり、コロナ禍でも企業の資金繰り支援の要請に応える姿勢が日本に似た「ウェット」なものを感じさせる。しかし感染症長期化の中でそれにも限界が見え、私的整理による契約解消に向かう姿が見出された。他方、ベトナムの金融機関は早くも2020年当初のロックダウンの段階で、早急に金融を引き上げ、企業清算の増大を招いた模様であり、地域金融文化の未成熟さを感じさせる。

　本章の国際比較から得られる示唆は、コロナ禍の社会経済リスクへの対応を、ミクロの契約関係が体力のぎりぎりまで持ちこたえようとする法文化への関心とともに、そのような契約修正の限界である。危機に臨んだ短期的な応急対応が市場内の「共助」に期待されるとしても、しかし災害が長期化し社会経済的負担が「共助」のキャパシティを超える水準に達したとき、「大きな政府」が顕現し「公助」を発揮する局面が訪れるはずである。そのためにこそ人間社会は国家を形成し維持してきた。日本の災害対策基本法や災害救助法を嚆矢とする災害法制は、国民の生命・身体・財産の保護に任じる国家の役割を規定し、コロナ禍の感染症もまた「災害」定義の延長上で国家に義務としての「公助」を要請している。グローバル化の現代、国家を超えたグローバルな政府間調整さえ展望されねばならないと本書第8章のベルゼらは示唆しているが、そうした理想をめざしつつも、少なくとも当面わたしたちは国家の役割を希釈してはならないだろう。わたしたちは国家に対して租税を納めるその構成員であり、主権者として国家の方向性を決する権利と責任がある。コロナ禍の日本とアジアの比較は、災害リスクに向き合うためにこそ「政府」を作り上げてきた、人間社会の原点を思い起こさせるものとなっている。

参考文献

・金子由芳（2004）『アジア通貨危機と金融法制改革』信山社
・金子由芳（2018）『ミャンマーの法と開発』晃洋書房
・金子由芳編（2019）『アジアの市場経済化と民事法　—法体系の模索と法整備支援の課題』神戸大学出版会
・川中啓由（2014）「迅速な企業再生の手法に関する一考察—ソウル中央地方法院破産部の新しい試みを素材として」、『比較法学』47巻、pp.89-121
・Kaneko, Yuka, eds.（2022）*Changing Law and Contractual Relations under COVID-19: Reallocation of Social Risks in Asian SME Sectors*, Springer
・Ramraji, V.V. eds.（2021）*COVID-19 in Asia*, Oxford University Press

第7章

韓国における COVID-19 対応

金暎根・鄭旼政
（翻訳　金子由芳）

1. 感染症対策の組織体制

　韓国は、自然災害・人為的災害・社会的惨事を含む多様なリスクに対して脆弱な国であり、大災害が地方政府レベルの対応力を超える局面でたびたび、垂直的な情報収集・伝達の管理問題に出会ってきた。2021 年現在、韓国の災害管理体制は、行政安全部（日本の総務省および警察庁に相当する）に集約されており、自然災害のみならず人為的災害についても、国・省・市の三層の地方行政体制を統括している。この体制のもとで、中央災害安全調整本部（CDSCH）が設置され、関係省庁や機関相互の重要な応急対応や政策協調について垂直方向・水平方向の調整を行っている。

　韓国の災害管理体制は、ここに至るまで、重大な災害のたびに大きな変遷を示してきた。その最近の経緯は、以下の表 7-1 に示すとおりである。盧武鉉大統領時代の 2003 年に、韓国で初めて内閣レベルに設けられた災害管理組織であり、かつ自然災害のみならずあらゆる災害類型を所管する機関として、国家緊急管理庁（NEMA）が設置された[1]。つづく李明博大統領時代（2008 ～ 2013 年）には、NEMA と行政安全部との二元的体制が築かれた。NEMA が各地方自治体の対応力を超える災害において調整機能を果たしたのに対し、行政安全部は国家緊急事態計画や民間防衛における国レベルでの運営を所管した。

　朴槿惠大統領時代（2013 ～ 2017 年）には、「完全なる安全管理の強化」を

1）詳しくは、Jung & Song（2014）、また Kim & Sohn（2017）参照。
2）前掲・Kim & Sohn参照。
3）関連する分析としてOECD（2020）参照。

表7-1：災害管理組織の変更

年度	政府	災害	組織	特徴
2008	李明博政府	自然災害、人的災害、社会災害＋国家安全保障	・消防防災庁（NEMA）と行政安全部（MOPAS） ・二重化システムの構築	災害関連機関との連携体制の確立
2013	朴槿恵政府	人的災害＋社会災害＝社会災害 *（災害及び安全管理基本法の改正）*	・消防防災庁（NEMA）と安全行政部（MOSPA） ・二重化システムの構築	
2014			・行政自治部（MGAHA）と国民安全処（MPSS） ・二重化システムの構築	海洋警察（KCG）の職務を国民安全処理（MPSS）に編入
2017	文在寅政府	自然災害、社会災害＋国家安全保障	・行政安全部（MOIS） ・一元化システムの構築	消防と海洋警察の職務を行政安全部（MOIS）に編入

（出典：KAIST, World Bank, and MOEF（2020）筆者編集）

めざし、2013年に行政安全部が新たに安全行政部に改組された[2]。これに伴い、従来は NEMA が所掌していた社会的災害の管理責任が、安全行政部に移管された。しかし2014年にはセウォル号沈没事故が発生し、韓国政府は、政府部内の横断的連携の強化の必要性を痛感し、安全基準や危機管理を大幅に見直すこととなった。この結果、安全行政部は、行政自治部と国民安全処に分離された。この際、従来の NEMA の権限はすべて国民安全処に移管された。

　国民安全処は傘下に、2015年、災害対策の関係省庁の連絡調整機関として、危機管理センターを設置した。同センターは偶発事態監視会議の場での調整を通じ、緊急事態における情報収集や伝達を含むリスク・コミュニケーションの要となることが期待された。同会議の決定は、国民安全処長官ないし首相の政治的判断と直結している[3]。

文在寅大統領の下では、2017年、再び行政自治部と国民安全処が合併し、行政安全部とされている。行政安全部は、災難安全管理本部を所管し、同センターは51の災害管理関連の部局を有している[4]。災害発生時には、各道市の知事が行政安全部の監督下で、情報収集や共有等の対応を行うこととなっている。行政安全部は中央災害安全対策本部を設置し、応急対応から復興過程に至る災害管理の責任を集約する。通常は、行政安全部大臣が中央災害安全本部の長を務めるが、同大臣の要請により首相が務めることもある。

２．感染症対策の法と組織体制

　1963年制定の「感染症の予防及び管理に関する法律」及びその施行政令、施行規則が韓国における感染症対策の根拠法規である。また2004年制定の「災害及び安全管理基本法」は感染症対策に留まらず、災害予防・応急対応・被災者支援・復興に及ぶ災害管理全般の運用指針を与えている。同法の制定以前には「70余りに及ぶ災害関連の法規があり、13もの関係機関の管轄権が関わり、深刻なガバナンスの問題と調整課題を生み出していた」と評される状況があった[5]。しかしSARS（Severe Acute Respiratory Syndrome）やMERS（Middle East Respiratory Syndrome）の経験を経て、表7-2に示したように徐々に法的枠組みの整備が進んだのである。

　2008年のSARS発生は、韓国社会において感染症対策に関する激しい議論を生み、公衆衛生システムを高度化する課題の重要性を知らしめた。政府はSARS後ただちに、「伝染病予防法」に基づき韓国疾病管理予防センターを立ち上げ、また1969年制定「検疫法」の改正を行ない、バイオ・テロや海外の未確認感染症の発生などの国家緊急事態に際して即応できる体制とした。

　感染モニタリング体制については、その構築を意図した政府の努力にも拘らず、韓国ではいまだに感染症拡大に有効に対応しうる体制が整っていない[6]。

4）関連する分析としてKAIST, World Bank & MOEF（2020）参照。
5）前掲OECD（2020）p.29参照。
6）Kim（2020）参照。

表7-2：SARS・MERS後の法制改革

法令	SARS（2008）以降	MERS（2015）以降
1 *災害及び安全管理基本法*（2004）	–	–
2 *感染症の予防及び管理に関する法律*（1963）	▪ 疾病管理庁設立 ▪「感染症の予防及び管理に関する法律」に全面改正（2009年）	▪ 保健福祉部が統合予防接種管理体系を構築・運営するための法的根拠を設立 ▪ 個人情報等の政府が必要なデータの収集、管理、保有の許可
3 *検疫法*（1969）	▪ 国家非常事態に対応するため、管理対象にバイオテロや身元不明の海外流行病など、新たな伝染病を追加 ▪ 検疫および監視期間の調整 ▪ 政府の検疫費用支払いに対する法的根拠体制作り	▪ 検疫伝染病の類型に中東呼吸器症候群（MERS）を追加し、検疫管理を強化 ▪ 入国者は汚染地域への訪問を報告することを義務付けられ、保健福祉部は乗客の個人情報と移動経路を閲覧または提出を受け取り
4 *医療法*（1963）	–	▪ 感染症管理機構を設置し、医療機関及び中小病院を支援 ▪ 感染症発生時の医療機関に関する具体的な情報を公開 ▪ 国・地方自治体・教育庁間の協力を強化

（出典：法務部, 筆者編集）

そのため、2015年のMERSまん延時、最初の患者が中東から韓国への旅行から帰国後に発熱を呈した際、4つの病院が彼の病状をMERSと特定することに失敗した。5つ目の病院がようやくそれを探知したが、感染症拡大を止めるには手遅れだったのである。当時、韓国疾病管理センターが検疫プロセスを担っていたが、同センターは医療スタッフや患者の家族に対する対応を実施していなかった。数日後、保健福祉部が中央MERS管理本部を設置し、まん延対策を引き受けることとなった。後日、国民安全処（現在の行政安全部）が政府内横断的MERS対策支援センターを立ち上げ、中央省庁や地方自治体を束ねる

調整努力に乗り出すこととなった。

　行政諸機関は当時、感染拡大防止のための情報共有について、課題に直面した。最初の患者が確認されてから、政府がMERSに関する情報開示を行うまでには2週間を要した。ソウル都行政は国がメディアに情報統制を行ったことを非難し、公共病院もこぞって国家公共保健情報システムに対する不満を表明した。MERS感染により、韓国は死者38名、感染者17,000名、世界で2番目に深刻な死亡率を記録し、リスク・コミュニケーションが顕著な課題として浮き彫りになった。行政各部は、感染を抑えるための情報共有の重要性を認識した。感染対策のさなかに、主管部門が4度も変更され、対応の混乱や国民の政府に対する不信につながっていたことも指摘されている[7]。じっさい、多くの行政部門が情報を欲していたが、組織間の縦割り構造がMERS勃発を機に悪化し、組織間調整や協力を難しくしていたとの指摘がある[8]。省庁間の水平調整に。加えて、国・道・市の垂直関係における情報共有も問題を残していた。

3．COVID-19感染対策における措置

　COVID-19対応においては、韓国は中央災害安全対策本部を立ち上げ、首相自身がその長の任に就くことにより、政府内の横断的調整関係を築き、また地方自治体との連携促進を図った。2020年2月23日に危機警戒レベルを最大水準（レベル4）に引き上げてのち、直ちに、政府は中央災害安全対策本部を立ち上げ、首相がその長を担った。行政安全部の大臣は自ら長となって政府部内横断的対策支援本部を立ち上げ、副本部長を連絡調整に専念させた。

　2020年9月、政府は、従来の疾病管理本部を疾病管理庁に格上げ改組し、リスク評価やモニタリングに関する大幅な権限委任を行った。同機関はその後の韓国のCOVID-19対応の組織調整において中核を担うこととなり、「大きな政府」として機能するためにあらゆる重要権限を集約する司令塔となった[9]。

7）前掲OECD（2020）p.28参照。
8）Kim et al.（2017）参照。
9）前掲Kim（2020）pp.66-68参照。

図7-1：韓国のCOVID-19対応の組織体制

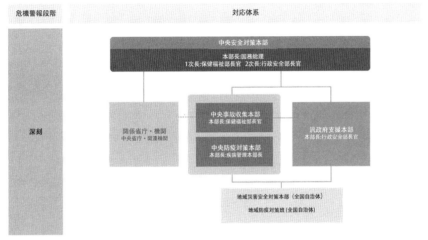

（筆者による整理）

　このように、韓国では、COVID-19 対応の全般を通じて組織間調整に重きが置かれたことで、国民一般や行政各部の不安を大きく減らすことに成功したといえるだろう[10]。政府は省庁間の信頼醸成に意を砕いたのみならず、一般国民に向けても衛生慣行やソーシャル・ディスタンスについて広範な発信を行った。情報は積極的に公表され、透明性が高められた。保健福祉部は毎日２回のプレス・リリースを欠かさず実施し、感染状況やウィルスに関する情報がインターネットや携帯電話で広く発信された。

4．経済的影響の緩和対策

　韓国の COVID-19 対応は、初期対応において感染率の拡大に直面し[11]、政府はＩＴを駆使した感染予防措置を展開することにより、感染対策と経済対策の両立を図った。人々はハイテクの恩恵で、感染の懸念なく通常の経済活動を維持しえたのである。政府と産業界は新たな感染対策の手法（たとえばドライ

10）Chung & Soh（2020）参照。
11）Lee（2020）参照。

表7-3：感染対策と経済セクターへの長期的影響

		韓国	日本
1919COVID-19 コロナ	政府による感染管理	IT 短	弱 長
	SARS/MARSによる公法	MARS → 1963 年法改正	神戸インフルエンザ → 2012 年法
	GDP 成長率	-1.0%	-4.8%
経済	失業率	4.0%	2.8%
	政府支援	▪ ソフトローン + 保証 ▪ 運用ポリシーと拡張ファイナンス	▪ 税金の繰延 - 補助金 ▪ ソフトローン + 保証 - 賃金補助金 ▪ 金融緩和政策
	私法	▪ 損失補償法、金利引下げ、賃貸料補助金及び人件費	▪ 基金ポリシー

（出典: Kaneko（2021），筆者編集）

ブ・スルーの陽性検査）や商品（例えばテスト・キット）を開発し、世界的にも浸透した[12]。行政は会合の制限や、学校や福祉施設の一次的閉鎖を実施したものの、経済活動じたいは維持された。町に出歩くことは大人数で集合しないかぎり自由であり、海外渡航も規制されていない。

　さらに、マクロ経済面の COVID-19 の影響を最小化するために、韓国政府は大規模な拡張財政を採用し、金融セクターを通じた資金供給も行った。すなわち国会の承認を得て財政は緊急経済システムへと転換し、6 回の補正予算が組まれた。企業セクターの再建に対しても、「大きな政府」としての寛大かつ包括的な支援が提供されたといえよう。

　その結果、韓国経済は先進諸国のいずれよりも早く COVID-19 の影響から抜け出すことに成功している[13]。2021 年 9 月現在のデータでは、2020 年度の韓国の経済成長率は 1.6% で、これは G20 諸国のうち上位 10 か国中で最も高

---

12) Liu et al（2020）参照。
13) IMF（2021）参照。

い数値であり、中国（5.4%）やトルコ（5.1%）に次ぐ。2021 年度の成長率は4%を超えるとの予測もある[14]。こうした数値からすれば、韓国は感染症対策と当時に経済的影響緩和にも成功していると言えるだろう。

　このような韓国政府の成功は、日本の感染症対策が限定的で長期化していることと対照的である。日本では神戸市における 2009 年新型インフルエンザの経験が、神戸モデルとして標準化されたと見られる[15]。抑制的な感染症対策は経済面への配慮から採用されたと考えられるが、逆説的に感染拡大や経済的影響の長期化を招いている。

5．COVID-19 の影響下の中小企業セクター

　中小企業セクターは韓国経済にとって不可欠の基盤であり、企業数の 99%を占め、雇用の 83%を担っている。しかし感染症は中小企業セクターの脆弱性を浮き彫りにした。大企業が迅速な経済回復の恩恵を被っているのに対して、中小企業はいまだに COVID-19 の影響と闘っている。韓国中央銀行によれば[16]、大企業の負債率は 2021 年第二四半期にはすでに以前の水準並みに低下してきているが、中小企業は COVID-19 下の経済的困窮に対応すべく借入れに依存したため、負債比率は大幅に増大したままである。2021 年 8 月時点で、金融セクターの中小企業向け貸出残高は 452.5 兆ウォンで、前年同期比で10.3%（42.3 兆ウォン）の増加である。他方、大企業向け残高は前年同期比で 2.6兆ウォンの減少を示した。

　韓国政府は従来、中小企業を産業政策の前線に位置づけ続けてきた。たとえば 2019 年度、韓国政府は歳入全体の 4.7%を占める総額 22 兆ウォンを中小企業支援に振り向けていた。COVID-19 の影響下においても、中小ベンチャー企業部は、11 兆ウォン余りを中小企業経営支援策のための補正予算に充てている。同政策は、元本返済繰り延べ、利払い延期、政策基金の拡充などである。

14）MOSF（2021）参照。
15）Kaneko（2022）参照。
16）Kim（2021）参照。

表7-4：中小企業支援措置の比較：韓国・日本・米国

	韓国	日本	米国
政策名	貸付金の支払期限および元利金の返済延期	日本信用保証協会の保証を利用した中小企業向けの地方公共団体融資	中小企業庁債務救済
ターゲット	全ての金融セクターから融資を受けた中小企業	売上が15％以上減少した中小企業	中小ベンチャー企業部から融資を受けた中小企業
内容	融資の満期延長と元利金の返済延期（無制限）	無利子、無担保ローンのサポート	3ヶ月間の元利金および手数料の免除（月額$9,000）
期間	2020.4.1~2021.9.30	2020.04~	2020.3.27~
担当部署	金融委員会	経済産業省	中小ベンチャー企業部

（出典: Noh, et. al（2021），筆者編集）

IMF（2021）は、これらの措置が、中小企業の債務デフォルトの回避と流動性水準の回復にきわめて有用であったとしている。

　韓国の金融当局は、資金供給のみならず中小企業の債務問題にも積極的に関与した。金融監督を所管する金融委員会は銀行頭取との「懇話会」を通じて、「債権格付けの悪化した企業の元利支払いの影響緩和に必ず対応しなければならない」とする談話を繰り返し、銀行側はこれを、企業の資金繰り支援のための無利子の融資継続を求める提言として受け止めたという[17]。

　さらに韓国政府は、2021年10月27日付けで「損失補償法」を導入すると宣言した[18]。これは中小企業が感染症対策による休業・時短等で被った損失を国家が補償する、世界的にも初の試みとなる。「損失補償法」の対象は、1966年制定の中小企業枠組み法にいう「小企業」であって、2021年の第3四半期に、「伝染病予防法」49条2項に基づく政府の休業・時短要請によって深刻な財務損失を喫した場合である。

17）Hur（2021）参照。
18）詳しくはKwon（2021）。

表7-5：雇用維持のための補助金措置：韓国・日本・米国

	韓国	日本	米国
補助金名	雇用維持支援金	雇用維持支援金	雇用維持クレジット
ターゲット	休職等雇用維持措置を講じている会社	最近3ヵ月間、生産指標が10％以上減少	廃業または売上高が20％以上減少した企業
補助金額	賃金の3分の2	賃金補償金（通常賃金の60％）	賃金の70％
補助金限度	1日6万6千ウォン	1日1万5千円	四半期ごとに＄7,000 年間＄280,000
補助金支給期間	180日	1年・1年以上	1年
担当部署	雇用労働部	厚生労働省	財務部

（出典: Noh, et. al（2021）, 筆者編集）

6. 中小企業セクターへの聴取り調査結果

　COVID-19下の中小企業の実情を知る目的で、2021年1月から2月、筆者らはソウル市および蔚山市において、金融機関4行、中小企業10社の経営者、および23名の従業員に対して聴取り調査を行った。対象金融機関は、政府出資6割の政策金融機関である韓国産業銀行（KDB）、政府全額出資の韓国企業銀行（IBK）、民間の大手都市銀行であるハナ銀行、および農業協同組合が出資するNH農協銀行である。また対象中小企業は、製造業4社、小売業3社、観光業3社であり、そのうちほとんどが小企業で、雇用1〜9名の企業が6割を占めた。

　聴取り結果から、中小企業の経営者および従業員はCOVID-19により深刻な経済的影響に晒されていることが明らかになった。中小企業が感染症まん延の短期及び長期の影響によりよく対処しうるよう、さらなる金融的支援や助成が必要とされている。

　回答した中小企業経営者の5割が、収益の激減と、長期的取引先の喪失に直面しているとした。さらに21％の回答が労務費の圧迫、雇用維持の難しさを

指摘した。また14％の回答が債務支払いの問題を挙げた。他方で、回答企業のごく一部しか政府の公的資金支援を受給していない。公的資金支援を受給したとする回答では、「賃料支払い」「税額控除」「金利減免」「労賃」についての支援を受けたとする言及があった。全体のうちわずか2社（観光業）のみが、2020年第1及び第2四半期に百万ウォンの政府補助金を受給していた。うち1社はさらに3,400万ウォンの観光業向け少額融資を受けていた。

こうした苦境においてもしかし、いずれの企業とも解雇は実施していない。いずれもあらゆる手を尽くして解雇を回避しようと努力していた。労務費の圧縮のために、経営者回答の26％が時短やワークシフト方式を採用して工夫したとする一方、時短等を行わなかった回答企業は44％であった。またほぼすべての回答企業（95.7％）が雇用における差別を行っていないとした。

労働者への聴取りでは、観光業1社の従業員のみが給与の7割相当の政府補助金を3か月間、受給したとした。回答の6割が、雇用さえ維持されるならば賃下げや労働時間延長も受け入れるとした。

韓国政府の中小企業支援が基本的に融資形態に留まることについて[19]、中小企業は融資のみでは彼らの苦境を支えるに不十分であるとする認識がうかがわれた。政府の支援融資は、据置き期間2年の5年ローンであり、95％まで政府系信用保証機関の保証が付保される[20]。

回答した中小企業は、それぞれ1ないし2の金融機関と長期的な取引関係を有している（平均9.7年）。平均の負債資本比率は88％であった。このような長期の債権者債務者間の信頼関係に依拠して、回答企業の多くが債務繰り延べに積極的に応じてもらえていることがうかがわれた。つまり金融機関はパンデミックの渦中にある債務者を支え雇用維持を守ることを約束していると見られる。とくにＮＨ農協銀行は債務繰り延べに積極的に応じており、その際の交渉方式は債務者が主導する私的交渉であり、金融機関の担保実行の別除権を阻害するような法的手続きは採用されていない。

ＮＨ農業銀行はまた、債務者の破綻処理では法的な倒産処理を行うケース

19）この点につきILO（国際労働機関）の指摘もある。ILO（2020）参照。
20）Kaneko（2022）参照。

図7-2：中小企業の聴取り結果

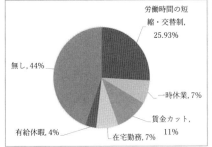

労働時間の短縮・交替制, 25.93%
無し, 44%
一時休業, 7%
賃金カット, 11%
有給休暇, 4%
在宅勤務, 7%

図7-3：コロナ19における雇用主の措置

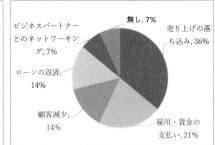

ビジネスパートナーとのネットワーキング, 7%
無し, 7%
売り上げの落ち込み, 36%
ローンの返済, 14%
顧客減少, 14%
雇用・賃金の支払い, 21%

が４割であるとした。とくに COVID-19 下の破綻処理では多くの場合（８割）、経営権存続型の事業再建を図るとし、第三者への営業譲渡型の破綻処理は１割に留まるとした。準則型私的整理手続については、ＮＨ農協銀行は慎重に対応している。ＮＨ銀行としては破綻処理の８割のケースで、企業との取引関係を維持するための債務繰り延べや債務免除を受け入れている。このように地域にねざした金融機関ほど、事業者との紐帯が強く、COVID-19 まん延の危機に当たってその経営存続にコミットを表明していると見受けられる。

　他方で政府系銀行や民間銀行は、COVID-19 を契機として不採算な中小企業との融資関係を整理するきらいも見せている。国有の韓国企業銀行（IBK）や民間大手のハナ銀行は、筆者らの聴取りに対し、政府が支援する準則型私的整理の枠組みを利用して債務整理を促進しているとした。ただしＩＢＫは、COVID-19 以前との対比で、経営権存続型の再建処理が６割から７割に増え、第三者スポンサーへの売却型再建が４割から３割に減っているとした。ハナ銀行の不良債権処理では、COVID-19 以前と比べ、第三者売却方式の再建処理が４割から５割へと増加している。担保実行率は８割から５割へ減少した。債務免除率は5％から15％に増えているとした。

7．結論

　韓国は、地方レベルの災害予防・減災・応急・復興に至る総じて垂直的な災害管理モデルを採用してきたが、大規模災害においてはこの伝統が情報伝達

表7-6：COVID-19対応における韓国と日本の比較

	韓国	日本
リスクコミュニケーション	▪ 統合コミュニケーションシステム ▪ コミュニケーションの復元力	▪ 災害理念と安全理念の対立 ▪ コミュニケーションポリシーに対する制限 ▪ デジタルガバナンスが不十分
災害管理	▪ 融合複合技術を活用した防疫	▪ メガ・クライシス・マネジメント
ガバナンス	▪ 疾病管理本部が主導する「大きな政府」の形で中央政府と地方自治体間の統合の管理体系。	▪ 伝染病の経路に対する受動的疫学調査
政府の役割	▪ 民主主義イデオロギーに基づく政府介入の拡大	▪ 伝染病統制における政府の役割の最小化
経済災害	▪ 閉鎖なき経済活動の継続	▪ 従来の安全体制に基づく災害復旧第一方針
災害金融	▪ 特別保証、満期延長、ワークアウト制度　ソフトローン＋保証	▪ 特別保証、満期延長、無利子、無担保ローンのサポート ▪ 税金の延期＋補助金
国際協力	▪ 地域協力と安全共同体のロールモデル	▪ 公共外交

（出所：筆者による整理）

の障害となってきた。文在寅大統領下の政府は、2017年に国家安全処その他の関連機関を統合して行政安全部を設け、災害対応の司令塔とした。2020年のCOVID-19感染の勃発に際して、この統合されたコミュニケーション・システムはよく機能し、韓国災害管理予防庁のもと「大きな政府」の役割を果たしたといえる。韓国政府はCOVID-19関連の情報を明確に発信し、インターネットや携帯電話などあらゆる情報媒体を通じて情報共有を続けた。社会的行動規制の実施中にも、一般国民はコミュニティにおける安心感を継続し、混乱や騒擾はいっさい起こらなかった。感染防止の多様な工夫は、韓国式検疫"K-quarantine"として世界的なロール・モデルとなった。

　COVID-19による経済的影響を懸念し、韓国政府はハイテクやＡＩを活用し

た感染対策を実施し、ロックダウンは実施していない。韓国政府はまたビジネスセクターへの資金供給など包括的な経済措置を実施し、金融市場の安定化にも成功した。この間、拡張財政の政策方針がとられ、この面でも「大きな政府」を印象付けた。

　大規模な災害に備え、韓国は包摂的に多様なステークホルダーを連結する「コミュニケーション・レジリアンス」を構築してきた。ただし、韓国政府の「インクルーシブな戦略」にも拘らず、今なお経済的支援と現実のニーズには乖離がある面も見いだされる。筆者らの聴取り調査からは、回答した中小企業の半数が、深刻な収益の減少と長期取引先の喪失を経験している。これら企業は多大な努力により解雇を回避している。ごく一部の観光業等の回答を除いて、回答企業は公的支援を受給していない。金融機関は他方で、COVID-19 を不採算企業との長期取引関係を整理する機会と捉えている向きも見いだされた。とくに国有銀行は政府主導の準則型私的整理スキームを活用した債務整理に乗り出しており、民間銀行もそのようなトレンドに追随する傾向が見受けられた。

参考文献

＜日本語文献＞
・金暎根（2013）「東日本大震災後の日本経済と北東アジア経済協力の進路：TPPを中心として」関西学院大学災害復興制度研究所・高麗大学校日本研究センター共編『東日本大震災と日本-韓国から見た3.11』関西大学出版部,pp.83-110.
・金暎根（2013）「災害後の日本経済政策の変容―関東・戦後・阪神淡路・東日本大震災の比較分析」『日語日文学研究』Vol.84,No.2,pp.375-406.
・金暎根（2014）「韓国の震災学/災害（災難）学：失われた災害ガバナンス20年」東北学院大工編『震災学』第5号,荒蝦夷,pp.163-187
・金暎根（2015）「韓国の震災学/災害学：失われた災害ガバナンス20年」神戸大学震災復興支援プラットフォーム編『震災復興学:阪神・淡路20年の歩みと東日本大震災の教訓』ミネルヴァ書房,pp.228-242.
・金暎根（2015）「災害後日本経済システムの変容―関東・戦後・阪神淡路・東日本大震災の比較分析」早稲田大学・震災復興研究論集編集委員会『震災後に考える：東日本大震災と向きあう92の分析と提言』早稲田大学出版部,pp.981-1001.

＜英語文献＞
・Chung, D. W., & Soh, H. S. (2020, January 4). Korea's response to COVID-19: Early lessons in tackling the pandemic. *World Bank Blogs*. https://blogs.worldbank.org/

eastasiapacific/koreas-response-covid-19-early-lessons-tackling-pandemic
- Hur, W. S. (2021, April 5). Should we provide more financial support to small and medium-sized businesses affected by COVID-19? *Hankyung.Com*. Retrieved from https://www.hankyung.com/society/article/2021040211591 (in Korean)
- IMF. *Mountains after Mountains: Korea is Containing COVID-19 and Looking Ahead*. (2021, April 29). https://www.imf.org/en/News/Articles/2021/04/29/na042921-mountains-after-mountains-korea-is-containing-covid-19-and-looking-ahead
- Jung, K., & Song, M. (2014). Linking emergency management networks to disaster resilience: bonding and bridging strategy in hierarchical or horizontal collaboration networks. *Quality & Quantity*, 49 (4), 1465–1483. https://doi.org/10.1007/s11135-014-0092-x
- Jung, Y. H. (2020). Response to the employment crisis caused by COVID-19 in Japan: Expansion of the employment maintenance support system. *International Labor Brief*, 41–58. (in Korean)
- KAIST, World Bank, & Ministry of Economy and Finance (MOEF). (2020, September). *FORECAST: Disaster Response Governance of Korea and COVID-19*. MOEF.
- Kaneko, Y. (2022). Law and Social Changes in Pandemic: Survey Results on the COVID-19 affected SME Finance in Asian Countries. in Yuka Kaneko, eds. , *Changing Law and Contractual Relations under COVID-19: Reallocation of Social Risks in Asian SME Sectors*, Springer forthcoming.
- Kim, J. H. (2021, September 17). Polarization between small and medium-sized enterprises and large enterprises in debt is getting infensified. *Yeonhap News*. Retrieved from https://www.yna.co.kr/view/AKR20210916169800002?input=1195m (in Korean)
- Kim, K. W., Yoon, H. Y., Jung, K. (2017). Resilience in risk communication networks: Following the 2015 MERS response in South Korea. *Contingencies and Crisis Management*, 25:148–159. https://doi.org/ 10.1111/1468-5973.12180
- Kim, K., Andrew, S., & Jung, K. (2017). Public Health Network Structure and Collaboration Effectiveness during the 2015 MERS Outbreak in South Korea: An Institutional Collective Action Framework. *International Journal of Environmental Research and Public Health*, 14 (9), 1064. https://doi.org/10.3390/ijerph14091064
- Kim, Young-Geun. (2018). Disaster Resilience: Safety Index of Post–Risk Society. *Journal of Japanese Studies*, 29, 334–356. (in Korean)
- Kim, Young-Geun. (2020). Disaster Management Governance on 3.11 COVID-19 Pandemic of Korea and Japan. *Asian Studies* 23 (2), 47-73. (in Korean)
- Kim, Young-Geun & Jung Minjung. (2021). Risk Communication in Disaster Management: COVID-19 Financial Governance for Small and Medium-Sized Enterprises (SMEs) in South Korea. *Crisisonomy* 17 (10).
- Kim, Y.K., & Sohn, H. G. (2017). *Disaster Risk Management in the Republic of Korea*. Springer Publishing.
- Kwon, C. S. 2021, September 23). Enforcement of the Loss Compensation Act. *Korea Policy Briefing*. Retrieved October 28, 2021, from https://www.korea.kr/news/policyBriefingView.do?newsId=156474627 (in Korean)

・Lee, J. W.（2020, September 23）. "Painful Finger" SME policy, simple is beautiful. *The Hankyoreh*. Retrieved from https://www.hani.co.kr/arti/economy/heri_review/963301. html（in Korean）

・Lee, Y.（2020, December 29）. Fierce coronavirus wave tests South Korea's no-lockdown strategy. *The Japan Times*. https://www.japantimes.co.jp/news/2020/12/22/asia-pacific/south-korea-coronavirus-surge/

・Liu, Y., Lee, J. M., & Lee, C.（2020）. The challenges and opportunities of a global health crisis: the management and business implications of COVID-19 from an Asian perspective. *Asian Business & Management*, 19（3）, 277–297. https://doi.org/10.1057/s41291-020-00119-x

・MOSF.（2021, September 23）. OECD raises Korea's economic growth rate to 4.0% this year. . . "Fast and strong recovery". *Korea Policy Briefing*. Retrieved October 28, 2021, from https://www.korea.kr/news/policyNewsView.do?newsId=148893404（in Korean）

・Noh, M. S., Lee, J. H., & Kim, Y. S.（2021, August）. *The Biden government's policy for supporting Small and Medium-sized Enterprises（SME）in response to COVID-19 in the United States*.（No. 21-15）. Korea Small Business Institute（KOSI）.

・OECD Reviews of Public Health: Korea.（2020）. *OECD Reviews of Public Health*. Published. https://doi.org/10.1787/be2b7063-en

・Risk management, inclusive finance and COVID-19.（2020, June 29）. International Labor Organization（ILO）. https://www.ilo.org/empent/areas/social-finance/WCMS_749384/lang--en/index.htm

＜韓国語文献＞
・한경닷컴. 2021년 4월 5일자. [시사이슈 찬반토론] 코로나 피해 중소 사업자에 금융지원 더 해야 하나. https://www.hankyung.com/society/article/2021040211591
「ハンギョンドットコム」2021年4月5日【時事イシュー賛否討論】コロナ被害中小事業者にもっと金融支援すべきか」https://www.hankyung.com/society/article

・정영훈. 2020. 일본의 코로나19에 따른 고용위기 대응: 고용유지 지원금제도의 확대. 국제노동브리프. 18（11）: 41–58.
チョン・ヨンフン「日本のコロナ19による雇用危機対応: 雇用維持支援金制度の拡大」「国際労働ブリーフ」18号（11）, 2020年, p.41–58.

・『연합뉴스』 2021년 9월 17일. 「빚더미에 몰린 중소기업, 대기업 과 양극화 갈수록 심화」 https://www.yna.co.kr/view/AKR20210916169800002?input=1195m
「聯合ニュース」2021年9月17日「莫大な借金を抱える中小企業、大企業と両極化する一方」https://www.yna.co.kr/view

・김영근. 2018. 재해리질리언스 포스트 위험사회의 안전지수. 일본연구. 29: 334–356.
キム・ヨングン「災害レジリエンスポスト危険社会の安全指数」「日本研究」29号, 2018年, p.334–356

・김영근. 2020. 코로나19 재해 거버넌스에 관한 한일 비교분석. 아시아연구. 23（2）: 47-7
キム・ヨングン「コロナ19災害ガバナンスに関する韓日比較分析」「アジア研究」23号（2）, 2020年, p.47-7

・대한민국 정책브리핑. 2021년 9월 23일자. 손실보상법 시행. https://www.korea.kr/news/

policyBriefingView.do?newsId =156474627

「大韓民国政策ブリーフィング」2021年9月23日「損失補償法施行」https://www.korea.kr/news =156474627

・한겨레. 2020년 9월 23일자. '아픈 손가락' 중소기업 정책, 단순 한 것이 아름답다. https://www.hani.co.kr/arti/economy/heri_review/963301

「ハンギョレ」2020年9月23日「『痛い指』中小企業政策, 単純なのが美しい」https://www.hani.co.kr/arti/economy/heri_review

・대한민국 정책브리핑. 2021년 9월 23일자. OECD, 올해 한국 경제성장률 4.0%로 상향…"빠르고 강한 회복세" https://www.korea.kr/news/policyNewsView.do?newsId=1 48893404

「大韓民国政策ブリーフィング」2021年9月23日「OECD, 今年の韓国経済成長率を4.0%に上方修正…『早く強い回復傾向』」https://www.korea.kr/news 48893404

・노민선. 이정환. 김예슬. 2021. 코로나19 대응을 위한 미국 바이 든 정부의 중소기업지원정책. KOSI 중소기업 포커스. 21-15

ノ・ミンソン, イ・ジョンファン, キム・イェスル「コロナ19対応のための米国バイデン政府の中小企業支援政策」「KOSI中小企業フォーカス」2021年, p.21-15

(以上URL参照はすべて2021年10月)

第8章

インドネシアにおける感染症対策と経済再建の相克

ルディ ＆ チャイディル・アリ
（翻訳　金子由芳）

1．はじめに

　COVID-19 はグローバルなパンデミックであり、世界各地で、各国政府の政策能力を試している。インドネシアでも、中央政府レベルから末端のコミュニティのレベルに及ぶ行政システムの全階層で、政策対応が続いている。最初の感染が 2020 年 3 月 2 日に報告され、それは日本人観光客に伝統的ダンスを教えていた母娘だった。以後、感染が全国へ急拡大し、本稿執筆の現在に至るまでインドネシア社会を席巻している。

　本稿は、とくに、感染症対策と経済的影響緩和とのトレードオフという政策衝突の場面に焦点を当て、規範的議論と実証分析を通じて、インドネシアにおける政策対応の特色を論じたい。はじめに文献調査により政策選択の基盤をなす規範的議論を確認し、つぎに政府の支援策の具体的内容を紹介し、さらに中小企業・労働者および金融機関へのインタヴューを中心とする経済セクターの実証観察の結果を紹介する。インドネシアにおける政策選択の苦衷を論じることにより、世界各地の発展途上国が直面している問題に光を当てることになるだろう。

2．COVID-19 への政府対応

（1）COVID-19 対応の法制度と組織体制
　感染拡大と共に必要性に迫られるようにして、インドネシア政府の体制整備が進められた。その基本法は 1984 年法律 4 号「感染症まん延対策法」、また同法をさらに詳細に補った 1991 年法律 40 号「感染症まん延防止法」である。

2007年法律24号「災害管理法」や、2009年法律36号「保健法」、2018年法律6号「検疫法」も関係する。

　COVID-19のまん延開始直後には、インドネシア政府は2020年大統領令12号によりCOVID-19を「国家級災害」として指定した。これにより、自然災害を対象とする2007年「災害管理法」のガバナンス体制をCOVID-19にも適用しうることとなったはずであったが、しかしインドネシア政府は実際には同法を活用しなかった。政府はむしろ、2018年「検疫法」を中心に感染症対策を進めた。すなわち同法（1条1項）の規定する「大規模社会制限（PSBB）」の枠組みである。PSBBは、感染の疑われる特定地域の住民に対してまん延防止のために実施される行動制限である。

　政府はPSBBの実施のために2020年政令21号を公布し、中央政府・州・郡のレベルで組織体制が整備された。このうち中央政府は「検疫法」（10条）に基づき、緊急事態宣言を発令また解除する権限がある。緊急事態宣言の発令があれば、政府は出入国制限をはじめとする強制措置をとることができる。ただし「検疫法」は、緊急事態宣言の発令に先立って、政府がまずは疾病の類型とリスク要因について特定しなければならないとする要件を規定していた。

　他方、2020年政令21号（6条2項）は、保健担当大臣にPSBBによる行動制限を策定する裁量権限を与えている。その際、保健担当大臣はCOVID-19対策タスク・フォース議長の諮問意見を考慮することが要件となっている。保健担当大臣はこの広範なPSBB策定権限を活用して、ロックダウンなどの果敢な措置を導入できたはずであるが（検疫法59条）、しかし実際には行われなかった。コミュニティの基本的ニーズに対して、中央政府は責任を発揮しなかったのである。

　州政府のレベルは、2020年政令21号（6条1項）に基づき、PSBBの実施面の責任を負っている。この際、州知事はPSBBの実施について中央の保健担当大臣に提言を行う権限をも有している。しかしPSBBの内容自体は上記のように中央で決定されるものであり、そこにロックダウン等の強制措置が入れ込まれていなかったため、州知事のレベルもやはりコミュニティの実情に応えることができなかった。

　郡政府のレベルは、同じく2020年政令21号（6条1項）に基づきPSBB

の実施責任を負う。郡長・市長はＰＳＢＢの実施について中央の保健担当大臣に提言を行う権限を有している。しかしＰＳＢＢの内容自体は中央で決定するものであるから、郡長・市長のレベルもやはり、コミュニティ・レベルの求めるロックダウン等の強制措置の要望に応えることができなかった。

このほか、行政システムの各レベルで、COVID-19 の実施に関わる多様な機関の相互調整が課題であった。とくに、災害管理法を実施する国家災害管理庁とその傘下の各地方レベルの災害管理庁、保健省研究開発庁とその傘下の各地方レベルの保健研究開発庁、また行政各レベルに設けられた COVID-19 対策タスクフォースの間で、相互調整が図られねばならなかった。実際の COVID-19 対応は、主に COVID-19 対策タスクフォースの指揮下で進んだ。

（2）COVID-19 感染対策の具体的内容

COVID-19 のまん延開始当初のインドネシア政府の政策は、上記の 2020 年大統領令 11 号と 2020 年政令 21 号に基づくＰＳＢＢによる、学校・職場・宗教施設等における一時的休業や公共施設に使用制限であった。加えて、出入国管理局長通達による入国規制、またＩＴを活用した市民・外国人の行動監督システムである電子健康警戒カード（e-HAC）が実施された。

中央政府主導で感染症対策が進むなか、地方レベルで独自条例によりＰＳＢＢの実施体制を詳細化する動きは、わずか 18 自治体（2 つの州と 16 の郡）に留まった。しかもその行政手続は極めて複雑である。郡レベルでＰＳＢＢの実施体制を確立しようとすれば、まず中央政府の保健大臣の承認を要するが、この際に保険大臣が設定する条件を受け入れる必要がある。これらの条件は、目標感染件数、急速拡大状況への対応、郡内部の地域間の感染拡大への対応などに関わるものである。COVID-19 の感染が急拡大しているさなかに、こうした承認手続を踏んでいるだけで時間を浪費する。また、ＰＳＢＢの社会的周知に問題があり、国民にその内容が十分理解されていなかったことから、行動抑制の実施は困難を伴うものとなった。また国民の行動に対するモニタリングの調査手法がなく、統計データに基づく科学的な行動管理が実施できなかった。結果として、ＰＳＢＢは成果が挙がらないまま長期化することとなり、その間、多大な経済的影響が生じ、大量解雇による失業等の社会問題が深刻化している。

　一般市民は、もちろん抗原検査・抗体検査・PCR検査の結果に基づき自主的に行動抑制を行うこともできた。こうした検査は、空港・船舶を利用した移動、特定地域への移動、学校や職場での要請などで実施されることもある。しかしテストは安価ではなく、また各地で価格差もあり、一般国民にとっては利用が困難であるのが現実である。

　2021年7月以降、中央政府は新たなPSBBを開始した。そこでは「コミュニティ主体の行動規制（PPKM）」が導入された。PPKMは法的な根拠に依らず、行政要綱で進められており、内務省の行政ラインが主管している。PPKMでは全国一律の基準を設け、常時その見直しを予定し、政府による各地の実情把握と行動規制に役立てられることが期待されている。

　このような政府対応に見受けられる一つの問題は、法的構造の混乱である。「検疫法」では隔離、自宅検疫、病院検疫、地域検疫、および大規模社会規制（PSBB）を定めているが、政府が目下推進中のPPKMは「検疫法」にいうPSBBに他ならないと考えられる。しかし、PSBBは上記のように保健大臣を中心とする中央政府主導の策定体制をとるのに対して、PPKMの策定は内務省ラインを通じて各地方行政が主管するしくみである。にも拘らず、おもしろいことに、PPKMの運用における罰則はすべて「検疫法」に依拠して実施されている。つまり行政要綱が法律の組織体制の根幹を変更しながらも、その法律を活用し続けている状況である。

（3）経済的影響の緩和策

　COVID-19は社会経済に劇的な変化をもたらしている。それは単なる健康被害を越えて、世界経済危機をもたらしていくとも予測されている[1]。IMF（国際通貨基金）は現状はすでにリーマン・ショック時よりも深刻であると述べている[2]。インドネシアでも経済的影響は激甚であり、とくに労働市場、生産面のサプライチェーン、金融市場、GDP等の数値に既に影響が顕著に表れている[3]。

1）Arumsari et al.（2021）参照。
2）IMF（2020）参照。
3）Brodeur et al.（2021）参照。

COVID-19 による歳入激減と歳出激増で国家財政の破綻も懸念されるなか[4]、政府は 2020 年政府要綱 1 号により、COVID-19 の社会経済への影響に対処する特別補正予算（ＡＰＢＮ）を組み、感染症対策と経済的影響緩和の双方に重点を置いた。これにより、産業界、コミュニティ、金融システムの保全に向けて一定の措置が採られている。

政府要綱 1 号のもとで「国家経済復興プログラム（ＰＥＮ）」が決定され、その実施要領である 2020 年政令 23 号に基づき実施が進められている。ＰＥＮは既往の社会保障制度と連結し、零細中小企業セクター向けの支援措置（ＵＭＫＭ）、家族の希望プログラム（ＰＫＨ）、無償食糧支援プログラム、社会的現金支給プログラム、村落支援プログラム（ＢＬＴ）等を含んでいる。

政府は補正予算ＡＰＢＮによる総額 695.2 兆ルピアを、国家経済復興に当てている。その焦点は、国内消費需要の喚起、事業活動の活性化、マクロ経済の安定と資金供給の拡大、の 3 点である。これら課題の実施へ向けては、財政政策当局、金融政策当局、また関連する諸団体との協調が重要である。

なかでも国内需要の喚起は、国家経済の牽引役として期待されている。内需は国民の購買力に依存するので、政府は 172.1 兆ルピアをこの目的に投下している。この資金供給は、補助金支給や電子取引決済などあらゆる機会を通じて経済に流れ込んでいる。政府はまた公共セクターによる公共需要をも喚起しており、中央省庁のみならず地方政府各層に予算使用を促している。

世帯・労働者・企業向けの主な支援措置は以下のとおりである：

（i）世帯向け支援

　・食糧支援

　・直接現金支給のための村落基金（とくに生計基盤を失った世帯、感染危険に対して脆弱な家族を抱える世帯などを優先。居住登録のない世帯も含まれる）

　・社会基金省による社会的現金支給支援（社会保障統合台帳のデータに掲載された受給者が優先され、自治体を通じた個別申請により台帳に掲載されない者も受給可能である）

4）Laksmi et al.（2020）参照。

・電力料金減額（低所得世帯に対して半減等）

(ii) 労働者向け支援
・民間セクターの被用者への賃金補助金（インドネシア市民であり社会保障制度に参加し、賃金5百万ルピア以下であるなどの一定の要件に合致する対象者向け）
・国家公務員共済制度による金融支援（テレワークなどの変則的勤務に対応する公務員に対する支援）

(iii) 企業向け支援
・租税・関税減免措置
・零細中小企業の債務リストラ（2020年金融庁規則11号）
・零細事業者への支援（2020年協同組合中小企業省規則6号）

3．COVID-19影響下の中小企業セクター

（1）中小企業をめぐる法制度

　インドネシアにおける中小企業の基本法制は、2008年法律20号「中小企業法」である。このほか、2007年法律40号「中小事業者の有限責任会社形態への転換に関する法」や、2016年法律1号「中小企業金融保証法」などの関連法制がある。

（2）中小企業経営者への聴取り結果

　筆者らは2021年1月から2月に、COVID-19下の中小企業セクターの法的課題を知る目的で、所属大学が所在するランプーン州において、小売業3社・観光業3社・製造業3社の経営者計9名、および従業員計9名、また金融機関に対して聴取り調査を実施した。主な質問項目は4点で、これらに対する回答の要旨は以下のとおりである：

　第一は、中小企業が受給した公的支援の内容である。観光業1社および小売業1社のみが、上記のPENスキームおよび直接現金支給プログラムを受益し

た。つまり9社中の他の7社が公助を受給していない。

　第二は、中小企業が直面する課題である。すべての回答企業が売り上げの激減が課題であるとし、そのため賃料等の固定費の支払いに窮していた。

　第三は、中小企業が状況に対応すべく行っている工夫や自助努力についてである。製造業3社すべてが倒産手続過程にあり、全従業員が解雇手当なしで解雇されている。観光業では3社すべてで従業員の一部の解雇が起こっており、解雇手当は支給されている。うち1社は雇用契約の規定により積増しの手当ても支給した。小売業では3社中1社は全従業員を帰省させ、2社は一部解雇を行った。これらのうち1社しか解雇手当を支払っていない。

　第四は、金融面の課題である。9社とも金融機関から一定の借入れを行っており、全社とも COVID-19 下で私的整理による債務リストラ交渉を実施中である。平常時からの担保・保証面は、小売業は政府系の信用保証制度を活用し、観光業や製造業では第三者担保・保証提供が行われていた。COVID-19 下では金融機関に債務繰り延べや担保保証の実行猶予を求めている。

（3）労働者への聴取り結果

　筆者らは小売業・観光業・製造業それぞれ3名の中小企業の被用者に対し聴取りを行った。主な回答として、とくに製造業で、労働時間が維持されたまま賃金カットが行われる傾向が見られる。しかし労働者は雇用が維持される限り、賃金カットは歓迎するという意向が一貫していた。観光業では対照的に大幅な解雇が進んでおり、回答者は新たな職探しが必要と考えていた。またいずれも中小企業では労働組合が組織されていないことが分かった。

（4）金融機関への聴取り結果

　筆者らはまた、Bank Tabungan Negara（ＢＴＮ）、Bank Rakyat Indonesia（ＢＲＩ）、Bank Negara Indonesia（ＢＮＩ）の3つの銀行に対して聴取りを行った。質問の焦点は、一つは政府による中小企業金融に対する支援策であり、他の一つは COVID-19 の影響下で倒産状況にある中小企業に対する対応方針である。

　まず政府の支援策に対しては、3行とも、政府の国家経済再建スキームは大変役立っているとする回答が共通していた。しかしその他の支援策として、政

府系金融機関によるソフトローン、政府系信用保証機関による保証、アドバイザー派遣等について、ＢＴＮは有効であるとしたが、他の２行は否定的であった。

　現在インドネシアでは、COVID-19 を理由とする債務免除・繰延べを強制する立法措置はなされていない。３行ともそれぞれ自行の対応方針を定立している。たとえばＢＴＮでは不良債権比率を各業種とも 10％以内とする方針である。ＢＲＩでは、業種別に不良債権管理枠を設け、小売業で 1.11％、観光業で 0.13％、製造業で 0.10％である。ＢＮＩでは、小売業で 4.5％、観光業で 0.03％、製造業で 1.31％である。

　倒産状況にある中小企業に対する方針は、３行でかなり異なっていた。ＢＴＮでは平常時においては無保証融資を行うが、COVID-19 のもとでは担保保証を厳しく徴求しながら新規支援融資を検討している。ＢＲＩはこの逆であり、平常時は厳しく担保保証を徴求していたが、COVID-19 下では柔軟化している。ＢＮＩは平常時も COVID-19 下でも変わりなく無担保融資が中心である。インドネシアでは抜本的な会社更生法がないので、各行の企業破綻処理の考え方の違いに影響しているのかもしれない。

4．考察

　本稿は以上で、インドネシアにおける COVID-19 対応を、主に感染症対策の法的側面と、経済的影響緩和策を中心にみた。法的な設計面では、当初「検疫法」の枠組みのもとで中央政府主導のＰＳＢＢによる行動制限が取られたが、災害管理法の枠組みが採られてもよかったはずである。ＰＳＢＢは違反に対する強制力も弱く、政府の対応は及び腰となり、フォーマルな法的措置を避ける傾向が見受けられた。

　ＰＳＢＢによる緩やかな行動制限手法という選択は、違反の多発を招き、結局ＰＳＢＢの実施にとって障害となる選択だったが、それでもインドネシア政府が緩やかな手法を選んだ理由は経済面への配慮であっただろう。政府は、人々の生計基盤である経済活動を止めてしまう行動規制を避けたかったのであろう。ということはつまり、政府は、厳しい行動制限を採用した場合に必要となる人々の生活面への支援費用を、負担したくなかったのであろう。

ＰＳＢＢの実施は不成功であり、感染拡大を抑えられなかった。厳しいロックダウンとは異なり、ＰＳＢＢのもとでは一定の活動が継続されえたためである。おそらくロックダウンを採用していれば、感染症対策はより早期に抑え込むことができたはずだ。世論は一貫してロックダウンの導入を求めたが、政府はＰＳＢＢに固執し続けた。その狙いは財政的配慮の優先にあったと考えられる。

　こうしたＰＳＢＢの問題性は、経済支援策の実施面でも顕著である。本稿の聴取り調査でも明らかであったように、一般コミュニティや零細中小企業は、現金支給支援等の公助にほとんど浴していない。多少の支援が行われるスピードよりも速く、感染症は拡大していく。脆弱な経済主体ほどそのしわ寄せを受けていることは、筆者らが聴取りを行ったすべての中小企業が倒産状況に置かれている事実からも明瞭である。

　政府が多様な経済的支援を導入していることは事実だが、これら制度は乱立し混乱している。政府はどの支援がどこに届いているのかのデータバンクも有していない。背景には、複数の省庁・組織がそれぞれ権限を有し、本来は機関間調整の主軸となるはずであった行政各レベルのタスクフォースの下に情報が集約されていないという、ガバナンスの問題がある。

5．結論

　本稿の結論として、インドネシア政府の COVID-19 対応は財政節約的に選択されたこと、それゆえに経済的配慮を優先させ感染症対策が緩やかなＰＳＢＢ、またそれと大きくは異ならないＰＰＫＭに終始したことに特色があるといえる。しかしそれは結果として、経済的継続性を確保することにはつながらなかった。インドネシアは、感染症対策と経済的影響緩和を同時追求することを目的とした制度設計を選択したがゆえに、そのいずれの面でも苦しい状況に置かれることとなったと考えられる。

参考文献

・Arumsari, I., Fauzi, R., Maruf, M. A., & Bigwanto, M. (2021). Economic or public health? southeast asia's tackling of covid-19 a year later. *Kesmas*, 16(1), pp.90–96. https://doi.org/10.21109/kesmas.v0i0.5216

・Brodeur, A., Gray, D., Islam, A., & Bhuiyan, S. (2021). A literature review of the economics of COVID-19. , *Journal of Economic Surveys*, Vol. 35, Issue 4, pp.1007–1044, available at https://doi.org/10.1111/joes.12423

・International Monetary Fund. (2020). World Economic Outlook: A Long and Difficult Ascent. available at the IMF website: https://www.elibrary.imf.org/view/IMF081/29296-9781513556055/29296-9781513556055/29296-9781513556055.xml?language=en（参照：2021年9月）

・Laksmi, M., Hartini, S., & Endiana, I. D. M. (2020). *Analysis of the Corporate Income Tax Cuts Policy Year 2020 to Mitigate the Effect of Covid- 19 Outbreak on the Indonesian Economy.* No.9, pp.326–333.

第9章

フィリピンのコロナ禍の中小企業と法

クリストファー・ベルゼ、クリステン・デダセ＆リアンヌ・デパンテ
（翻訳　金子由芳）

1．はじめに

　多くの諸国で零細中小企業セクターは社会経済開発における重要な役割を
担っている。フィリピンでは、共和国法第9501号「零細・中小企業憲章」が、
雇用数200名未満あるいは資産規模1億ペソ（米ドル換算でおよそ2百万ドル）
未満の企業を零細中小企業と定義している[1]。これらの企業は2020年度時点
で企業数の99.51%を占め、この数字はインフォーマル・セクターを除いたも
のである。また労働人口の62.66%を雇用し、国民総生産の35.7%に貢献して
いる。また輸出企業の6割を占め、年間輸出の4分の1に貢献している。

　こうした経済面での貢献以外にも、零細中小企業は社会的なインクルージョ
ンにとって重要な役割を果たしている。フィリピンではとくに零細中小企業セ
クターは労働集約的な特性があることから、貧困削減にとって重要な手段と考
えられている[2]。またいわゆる「社会的企業」として、「市場の失敗」分野にお
ける社会内問題解決のために、草の根で活動する零細中小企業が増えている[3]。

　しかし災害におけるレジリアンスの面では、零細中小企業は、組織的な課題
や人的資源の問題ゆえに、大企業に比べて脆弱な存在と考えられる。目下の
COVID-19感染症拡大においても、零細中小企業セクターの被っているショッ
クは著しい。そこで本稿では、COVID-19に直面したフィリピンの零細中小企
業のレジリアンスについて、以下の諸点で検討したい：

1）内訳は、零細企業は雇用1～9名で資産3百万ペソ未満、小企業は雇用10～99名で資産3百万
　　～1千5百万ペソ未満、中企業が雇用100～199名で資産1千5百万～1億ペソ未満である。
2）Lanzona（2015）参照。
3）Ballesteros & Llanto（2017）参照。

・フィリピン政府の感染症対策
・政府施策の零細中小企業や労働者に対する影響
・零細中小企業の対応努力
・レジリアンス強化のための課題

　方法としては、文献調査の他、2021 年 1 ～ 2 月に、18 の零細中小企業と 18 名の労働者に対する聴取り調査を実施した。以下本稿では、先行研究の確認の後、政府対応を解説し、次に調査結果を記述し、分析を行う。

2．フィリピンの零細中小企業のレジリアンス

　フィリピンの零細中小企業は、従来から、災害等のショックに対して極めて脆弱であり、その復興過程では海外の移民労働者からの送金やインフォーマルな金融に依存する例が多いとする研究がある[4]。また 2015 年に商工業省とアジア災害対応センターが全国の零細中小企業を対象に実施した調査でも[5]、回答企業の 77％がＢＣＰ（事業継続計画）を策定しておらず、また多くの企業は復興過程で自己資金、家族や友人の支援、支出削減、補助的な営業で乗り切ったとし、正規の金融アクセス面での課題が目立つ。COVID-19 のもとでは、アジア開発銀行がフィリピン全土の 1,804 社の零細中小企業を対象に実施した調査によれば[6]、73.1％の回答がロックダウンのもとで何週間かにわたり休業を行ったとしている。この調査では、零細企業ほど痛手を被っていることが表れており、2020 年 3 月時点で、零細企業の 59.9％が売上げゼロ、また 61.7％が収益ゼロと回答している。対策については、とくに製造業とサービス業を中心に多くの零細中小企業で、解雇あるいは労賃支払い延期による労働コスト削減の道を選んでいる。ロックダウンが終了しても、零細中小企業の財務構造は回復していない。またマニラ首都圏の零細中小企業を対象とする他の調査によれば[7]、回答の 63％が COVID-19 を未だかつて経験した最も深刻な営業面に

4）Ballesteros & Domingo（2015）参照。
5）Department of Trade and Industry & Asian Disaster Preparedness Center（2015）参照。
6）Shinozaki & Rao（2021）参照。
7）Flaminiano 他（2021）参照。

対するショックであるとしており、多くの企業が収益を悪化させるなか最大の
ニーズは金融的支援であるとし、企業の側としても支出構造の見直しや新規戦
略が求められるとしている。

３．政府の COVID-19 対策

（１）基本政策

　フィリピン政府の COVID-19 対策のいくつかは、過去の災害対応の中で培
われてきたものである。まず最も基本的な法規は、1991 年共和国法 7160 号「地
方自治法」である。同法は、健康・社会福祉・農業・公共投資・環境天然資源
管理の 5 つの基本的な行政分野を地方自治に委ねている。同法はまた、災害応
急対策や被災者支援などの災害リスク管理を一義的に地方自治体の責務として
定めている。

　つぎに、2010 年共和国法 10121 号「災害リスク減少管理法」があり、国家
災害管理枠組みに基づく「包括的に、すべてのハザードについて、多元的、政
府部門横断的かつコミュニティ・ベース」（3 条 Y 項）の災害対応を規定して
いる。同法は地方行政やコミュニティの対応促進と共に、非政府アクターの参
加を推奨している。同法は、事後対策中心から事前準備中心の災害対応へのパ
ラダイム・シフトをもたらした。

　また、WHO（世界保健機関）の国際健康規則を受けて制定された、公疫に
関わる報告義務についての 2018 年共和国法 11332 号があり、これにより地方
自治体に疫学的調査部門が設置され、感染症対策の機関調整も行っている。ま
た同法は保健省長官に、国家級ないし国際級の感染状況の宣言の発令権限を与
えている。

　2014 年政令 168 号は、保健省長官を長とする、感染症管理の省庁横断型タ
スクフォース（ＩＡＴＦ）の設置を定めている。ＩＡＴＦは、現在発生中ある
いは発生の危険のある感染症の評価、監視、管理、予防についてフィリピンで
もっとも主要な権限を集約する機関である。同政令のもとで、保健省長官は大
統領に対し、検疫や患者輸送などの必要のために、軍や警察への発令を提言す
る権能をも有している。

2012 年政令 82 号は、国や地方各級の危機管理組織を設置し、危機管理者による国家危機管理マニュアルの実施を支える法規である。同政令により、感染症対策においては、保健省長官が国家危機管理委員会を統括することとなる。

2020 年共和国法 11469 号および 11494 号は、両者合わせて「治癒と復興のためのバヤニハン（助け合い）法」と称されており、COVID-19 対応における緊急措置の根拠法となっている。前者は緊急対策の予算措置、低所得世帯へ補助金、融資や賃料などの支払い猶予、また政府による私的資産の収用措置などの根拠法規である。また感染症に便乗した物資供給の阻害や虚偽情報の流布などの反社会的行為に対する処罰の根拠法でもある。後者は感染症の影響下にある健在の復興法であり、低所得世帯や解雇された労働者への支援、零細中小企業への融資や補助金、租税減免、賃料や融資返済の猶予等の根拠法である。

2021 年共和国法 11534 号「企業復興・税制優遇法（ＣＲＥＡＴＥ）」は、2021 年 4 月に導入され、主に法人税を 30％から 20-25％へ減税するとともに、各種の財政的支援を合理化する根拠法である。

（2）感染症対策

COVID-19 コミュニティ検疫制度は、2020 年 5 月から 2021 年 9 月に、地方級・州級・高度都市級にて実施された感染症対策である。同制度は 4 つのレベルで分類されていた。このうち第一のＥＣＱ（拡大コミュニティ検疫）は、危機的ゾーンとも言われ、人流の規制を含む厳格な規制であり、医療・金融・食品・電力・水などの公共サービスなど必須セクターにおける特別に認められたエッセンシャル・ワーカーだけが移動を認められ、食品等は配給制となる。第二のＭＥＣＱ（修正拡大コミュニティ検疫）は、封じ込めゾーンとも呼ばれ、行動規制は続いているが可能な範囲で調整され、たとえばエッセンシャル・セクターの製造業は 50％の稼働が認められる。第三のＧＣＱ（一般コミュニティ検疫）は、バッファーゾーンとも呼ばれ、行動規制を続けながらも、政府や企業は 75％まで稼働可能である。教育も一定程度再開される。第四のＭＧＣＱ（修正一般コミュニティ検疫）は、バッファー圏外とも呼ばれ、公疫基準に基づいて社会経済活動が許される。

2021 年 9 月 16 日からは、COVID-19 危険レベル制度という新たな感染症対

策が開始している。同制度は５つのレベルから成り、感染症件数と病床数・ICUなどの医療システムの限界との２つの視点で危険度を分類している。このうち危険度５が最高の危険度で、従来のＥＣＱに相当する。その詳細は以下の表9-1に示した。

（３）制度的調整

　フィリピンのCOVID-19対策を統括しているのは緊急感染症対策省庁横断

表9-1: COVID-19危険レベル制度

	危険レベル1	危険レベル2	危険レベル3	危険レベル4	危険レベル5
外出	自治体の規制の範囲で自由に外出可能	自治体の規制の範囲で自由に外出可能	自治体の規制の範囲で自由に外出可能	外出規制： -18歳以下 -65歳以上 - 既往症	ＥＱＣガイドラインによる
旅行	可（100%）	同一ゾーン内で、自治体の規制の範囲で可能	同一ゾーン内で、自治体の規制の範囲で可能	同一ゾーン内で、自治体の規制の範囲で可能	
屋外の運動	可（100%）	可（100%）	可（100%）	可 （住居周辺のみ）	
営業活動	可（100%）	可（50%）： - 屋内娯楽、ライブ、劇場、映画館、遊園地、ゲームセンター - 屋内スポーツ場 - 屋内ジム・温浴施設・プール - 介護サービス	不可： - 屋内娯楽 - 屋内外の遊興施設 可（30%）： - 屋内飲食 - 屋内スポーツ場や社会イベント - 介護サービス - 博物館 - ネットカフェ、ビリヤード場、ボーリング場等 - カジノ	不可： - 博物館 - ネットカフェ、ビリヤード場、ボーリング場等 - カジノ - 屋内スポーツ場 - 屋内ジム・温浴施設・プール 可： - 屋外飲食（30%） - 屋内飲食（10%） - 介護サービス（30%）	
集会	可（100%）： - 宗教活動	可（50%）： - 宗教活動 -COVID-19以外の葬儀	可（30%：） - 宗教活動 -COVID-19以外の葬儀	可： - 屋外での宗教活動（30%） - 家族の実でのCOVID-19以外の葬儀	

（出所：IATF-NTFガイドラインに基づく筆者による整理）

型タスクフォース（IATF-NTF）である。その運営はいわゆるインシデント・コマンド・システム（ICS）に依拠したトップダウン方式を採ることとされている。にも拘らず実際の運用は、地域ごとに警察が前面に出るものとなっている。また国レベルの規制に反しない範囲で、各自治体レベルの独自の工夫も認められている。

（4）零細中小企業への経済的支援

　上記のバヤニハン法の登場とともに、フィリピン政府は零細中小企業向けに、補助金やソフトローンなどの一連の支援プログラムを導入した。

　第一は、共和国法 11469 号に基づく、社会保障制度を通じた小企業賃金補助プログラムである。508 億ペソの予算を投入し、労働者一人当たり 5〜8 千ペソ（米ドル換算 100〜160 ドル）の賃金補助金を、2 か月にわたって、休業を余儀なくされた企業に提供した。

　第二は COVID-19 営業再開支援制度（CARES）である。フィリピンにおける主要な小企業向け金融機関である小企業公社により実施された無利子無担保融資であり、融資規模は 1 社あたり 1 万〜5 百万ペソである。利用企業は 4 年間に 8％以内の一括利用料を支払うのみである。

　第三は租税減免措置であり、上述した企業復興・租税減免法（CREATE）で、とくに課税収入が 5 百万ペソ未満かつ企業資産が 1 億ペソ未満の企業では、法人税の最高税率が 30％から 20％に引き下げられた。またバヤニハン法による租税減免措置として、2020-2021 年度の営業損失の向こう 5 年間の繰り越しが認められた。

　第四は労働者に対する現金支給である。その一つは COVID-19 調整措置プログラム（CAMP）で、労働雇用省による賃金補助制度であり、一次的休業やフレキシブルな雇用形態を実施した民間事業所の労働者に対して一人当たり 5 千ペソ（米ドル換算で百ドル程度）の補助金が提供された。また、社会調整プログラム（SAP）があり、これは脆弱なカテゴリーの人々に対する一人当たり 5〜8 千ペソの現金支給である。その対象者は主に平常時における社会的セーフティネット制度であるパンタウィッド・パミヤン・フィリピノ事業の対象者であり、インフォーマル経済の従業者などである。このほか平常時から

失業者や季節労働者等を対象に 10 ～ 30 日の緊急雇用を提供する労働雇用省の TUPAD プログラム等がある。

　その他に、本稿執筆現在、政府系金融機関であるフィリピン土地銀行・フィリピン開発銀行・小企業公社・農業信用政策委員会等に対する公的資本注入についての法案が、議会で懸案となっている。

4．COVID-19 の零細中小企業への影響

（1）零細中小企業のレジリアンス

　筆者は、零細中小企業のレジリアンスを、経営者個人としておよび法人組織としての 2 つの局面で分けて捉えるべきと考えている。個人としてのレジリアンスは、目的達成の自信、失敗・ストレスを受けた時の適応力、目的意識、および社会的サポートで捉える。組織としてのレジリアンスの要素は、内部資源、状況把握と前向きな態度、リーダーシップ、決断、計画戦略、ストレス管理、目的の統一性、スタッフの協力、有効なパートナーシップ、縦割り解消、創造性である。2021 年の第一四半期に実施されたレジリアンスの先行調査では、経営者個人の 5 段階評価の平均は 4.106. また組織レジリアンスの評価は 4.595 と報告されている[8]。

（2）聴取り調査から見出された課題

　本稿の実施した聴取り調査では、18 社の零細中小企業の経営者による回答を得たが、その過半数が COVID-19 下の最大の課題として、顧客喪失を挙げた。顧客喪失の帰結として、営業不振、労賃支払いの圧迫からする雇用維持の困難、また債務支払いの困難を挙げている（Berse et al. 2022, Figure4）。

　回答企業の多くが 1 ～ 9 か月の休業を迫られている（Berse 前掲 Figure5）。回復に要する時間について、過半の回答（61.54％）は 1 年を超えるとした（Berse 前掲 Figure6）。

　この調査では労働者 18 名に対する聴取りをも行ったが、多くの回答が輸入

8）Cooper他（2013）参照。

減と物価高騰を最大の問題として訴えた。つづいて賃金減少、移動制限、労働時間の長時間化、失業の恐れ、政府の支援策の不足を挙げた。とくに妊娠中の女性労働者や障害ある回答者ではとくに移動制限の問題が挙げられた。（以上につき Berse 前掲 Figure7）

　政府に期待する公助については、経営者も労働者も共に、無償のワクチンの提供を挙げ、税制優遇や補助金が続いた（Berse 前掲 Figure8）。

5．COVID-19 に対する零細中小企業の適応努力

（1）営業上の支援

　顧客喪失等の操業上の障害は、収益フローを悪化させ、零細中小企業の財務状況を悪化させた。この間、これら企業は営業損失分を補填するための様々な試みを行っている。回答企業の多くが（61.1％）、民間銀行からの借り入れを通じて当面の資金繰りを補っていた。また 18 社のうち 9 社までが経営者の個人的な預金を取り崩し、企業の操業を支えていた（Berse 前掲 Figure10）。

　さらに、政府系銀行から融資を受けられたのは 18 社中わずか 2 社でしかないことは注目に値する。またマイクロファイナンスや協同組合からの資金調達も皆無であった。この点の解釈については、フィリピンの零細中小企業は民間商業銀行へのアクセスが良いためと思われ、COVID-19 影響下でも民間銀行の融資提供が比較的迅速であることはこの傍証である。じっさいフィリピンの民間銀行セクターは競争が激しく、政府系銀行との対比でより積極的であり、すでに感染症以前から企業との深いつながりを有していたとみられる。

　融資の担保保証については、すべての回答企業が、銀行からの借り入れに際して企業資産上に担保権を設定しており、これは家族や友人による融資でも然りである（Berse 前掲 Figure11）。

　回答企業が銀行に求める自行の最多回答は債務返済の繰り延べであり（92.3％）、これに続いて担保保証の実行猶予（30.77％）であった（Berse 前掲 Figure12）。

（2）経営者による自助努力

本調査のほとんどの回答企業は、COVID-19 の影響を緩和するための自助努力として、第一に、従来の製品・サービスに工夫を施す新機軸を試みている。いくつかの企業ではそうした試みが成果を挙げていないが、その原因は原材料の高騰や、製造ラインの収益悪化などによる（Berse 前掲 Figure13）。

いくつかの零細中小企業は、ロックダウンによる休業を補填するために労働者のワークシフトを変えたとする回答もあった。他の企業は、従来のサプライチェーンを通じた原材料の仕入れに問題を生じ、代替供給先を探すことに苦労している。

労働者が得た支援については、失業保険制度（SSS）とする回答を筆頭に、失業補助金、職場の休業中の賃金補助、政府による一律支援金、会社による支援と続いた（Berse 前掲 Figure14）。

6．結論と提言

本稿はフィリピンの零細中小企業セクターにおける COVID-19 の影響について、「レジリアンス」の視点からの検討を試みた。聴取り調査と文献研究から、3つの主要な教訓が得られた。第一に、フィリピン政府の対応が感染抑制と経済的影響の緩和策の狭間で振幅を見せる状況である。従前からの感染症対策の経験を踏まえつつもその部分的な改良を重ねるなかで、機会主義的な課題ともいうべく、ガイドラインの錯綜や、各地の工夫と国の規制との衝突などの問題を呈していることである。

第二に、感染症の負の経済的影響により、零細中小企業は営業上また資金繰り上の困難に遭遇していることが判明した。このことは先行研究の指摘とも重なる。この問題は、企業経営者の高度な経営判断、営業上のレジリアントな対応に拘わらず、生起していることがわかった。

第三に、そうした損失を補填するうえで、政府や民間セクターの外部的支援は欠かせないものとなっている。各企業の経営者や労働者による支出削減などの自助努力もまた観察された。

以上を踏まえた提言として、すべての業種・セクターの零細中小企業につい

て経営者や労働者の状況を政府が把握し、また補助金・減免税など公助措置へのアクセスを確保すべく、統一的なモニタリング制度が設置されるべきであると考えられる。観光業、非エセンシャルな製造業や小売業などのいわゆる脆弱なセクターについては、とくに然りである。また政府の役割に加えて、企業側におけるＢＣＰ（営業継続計画）の策定などの自助努力も積極的に推進されるべきである。そうしたＢＣＰはサプライチェーンの全体をカバーするものであるべきで、実効性のある主体的な適応メカニズムについてのグッド・プラクティスを集積していくことが求められる。

　おわりに、地方自治体は、より積極的に零細中小企業の復興プログラムや支援機会を充実させていくべきであると提言したい。たとえばCOVID-19以前から、貿易産業省が関与する零細中小企業向けの支援プログラムの実施は低迷していたことは知られていた[9]。COVID-19下でも、わずか5.7％の零細中小企業しか上記のCARES制度を利用できていないとするデータもある。

　本稿は限られた検討であり、今後、グローバル・ショックとしての文脈のなかで零細中小企業のレジリアンスに関するより詳しい検討を行っていくために、サンプル数を増やし、地方部の事業者や、経営破綻後の企業の状況も含めて、研究対象を広げる必要があると考えている。零細中小企業のレジリアンスにとっては、いわゆるソーシャル・キャピタルの果たす役割も検証に値する課題であると考えており、とくに本件調査結果に表れた各企業の主体的な適応メカニズムの更なる深掘りが有意義であると考えられる。

　さらに、脆弱なカテゴリーの労働者（例えば妊娠中の女性労働者PWDなど）に対するCOVID-19の影響も将来への検討課題である。ＢＣＰの採用を推進するため決め手となる要因やインセンティブの分析も重要となろう。政府の零細中小企業セクターに対する介入の有効性に関して、政策科学の手法による包括的なアセスメントを行うことにより、とくに今回の感染症のような広範な障害を管理する長期的な政策デザインについて検討していくことも課題である。

9）Daño-Luna, Canare & Francisco（2018）。

- Ballesteros, M. M., & Domingo, S. N.（2015）. Building Philippine MSMEs Resilience to Natural Disasters. *PIDS Discussion Paper Series*,2015-20. https://dirp3.pids. gov.ph/webportal/CDN/PUBLICATIONS/pidsdps1520.pdf.（参照：2021年10月28日）
- Ballesteros, M.M., & Llanto, G.M.（2017）. Strengthening Social Enterprises for Inclusive Growth: Philippines. *PIDS Discussion Paper Series*,2017-04. https://dirp3.pids.gov.ph/websitecms/CDN/PUBLICATIONS/pidsdps1704.pdf（参照：2021年10月28日）
- Berse, Kristoffer B., Dedase, Kirsten Lianne Mae C., Depante, Lianne Angelico C.（2022）"Template on the COVID-19 Response and Economic Impact Mitigation Measures," Kobe University Center for Social System Innovation
- Cooper, C., Flint-Taylor, J., & Pearn, M.（2013）.*Building Resilience for Success: A Resource for Managers and Organizations*. Palgrave Macmillan, Doi:10.1057/9781137367839
- Daño-Luna, M., Canare, T., & Francisco, J. P.（2018）. Drivers of Philippine SME Competitiveness: Results of the 2018 SME Survey. *SSRN Electronic Journal*. Doi:10.2139/ssrn.3299885
- Department of Trade and Industry & Asian Disaster Preparedness Center.（2015）. Disaster Resilience of Micro, Small and Medium Enterprises（MSMEs）in the Philippines: Enabling Environment and Opportunities. Retrieved from https://drive. google.com/file/d/0ByoFpFM9THk1WkdMSTJFa2Ywc1k/view?resourcekey= 0-W2sXkPyl4CquLCpNDfYZKA（参照：2021年10月28日）
- Flaminiano, J. P., Francisco, J. P., & Caboverde, C. E.（2021）. Road to Recovery and Resilience for Philippine MSMEs During the COVID-19 Pandemic. *SSRN Electronic Journal*. doi:10.2139/ssrn.3821248
- Lanzona, L.A., Jr.（2015）. Social Enterprises and Employment: Mainstreaming SMEs and Employment Creation.*PIDS Discussion Paper Series*,2015-38. https://dirp3.pids.gov.ph/webportal/CDN/PUBLICATIONS/pidsdps1538.pdf（参照：2021年10月28日）
- Shinozaki, Shigehiro and Rao, Lakshman N.（2021）"COVID-19 Impact on Micro, Small and Medium-Sized Enterprises under Lockdown: Evidence from the Rapid Survey in the Philippines," ADB Working Paper Series No.1216, Asian Development Bank

第10章

ベトナムにおける
感染症対策と経済対策のバランス

ズオン・アイン・ソン & ヴ・キム・ハイン・デュン
（翻訳　金子由芳）

1．はじめに

　ベトナムでは2020年初頭のCOVID-19感染の開始当初、政府の厳しい感染症対策によってまん延の統制はかなり良好に推移し、その成功は、他国との比較で顕著に低い陽性率にも表れていた。しかし2021年4月以降の第四波は、デルタ株の感染の威力により急速に拡大し、バクギアン省から開始しベトナム南部で猛威を振っている。本稿執筆中の2021年9月現在、全国の陽性数は486,674人に達し、215,268人が治療を受けているが、死者は12,138名に上っている[1]。なかでもベトナム経済の中心であるホーチミン市は、この第四波の渦中で、全国でも最も感染拡大に晒されている（表10-1）。ベトナムでは陽性者に占める死亡者の比率が2.45％と世界最悪水準にあり、その8割はホーチミン市に集中しており、医療逼迫の状況は深刻である。初期の検疫対応で評価のあったベトナムではあるが、ワクチン接種は他のアセアン諸国との対比でも遅れており、2021年9月時点で接種率が18％に留まっている。

　長引くCOVID-19感染症対応のもと、ベトナム経済にも、かつて経験したことのない影響が生じている。多くの企業は存続の危機に晒されている。感染症統制と経済開発の両輪の目標を実現するため、ベトナム国会と政府は果敢な政策を継続的に実施しているが、企業セクターに向けられた経済支援パッケージもその一つである。

　本稿では、第一にベトナムにおけるCOVID-19対策の法的枠組みを紹介し、またその経済面への影響を検討する。第二にホーチミン市周辺の企業セクター

1）Our World Data（2021）参照。

表10-1：ベトナムの主要地域のCOVID-19感染状況（2021年9月2日時点）

省	一日当たりの 新規感染数（人）	感染数の 累計（人）	死亡者数の 累計（人）
ホーチミン市	+5,963	232,585	9,592
ビンデュン省	+4,504	122,732	970
ドンナイ省	+803	25,328	241
ロンアン省	+583	23,221	287
ティエンザン	+290	10,136	278
キエンザン省	+122	1,588	14
ドンタップ省	+102	7,142	152
ビンフック省	+70	546	5
ゲアン省	+66	1,555	4
タイニン省	+62	5,077	16

（出所：報道資料に基づき筆者が整理）

に対する聴取り調査に基づき、政府施策の成果や課題を検証する。おわりに政策提言をまとめる。

2．COVID-19 感染症対策の制度枠組み

（1）COVID-19 感染症対策の法制度

　ベトナムの COVID-19 感染症対策の根拠法規は 2007 年「感染症予防管理法」である。本法の実施過程では、感染症開始当初から共産党や政府があらゆるキャンペーンを通じて「ゼロ COVID」政策を宣言し、一連の首相指示により、ロックダウンを始めとする果敢な感染症抑制措置を進めた。さらに注目されるのは、ベトナム国会による 2021 年の第 30 号決定（No.30/2021/QH15）であり、政府・首相に対して、国民に対する行動規制やその他の既存法規に規定のない施策を実施するための包括的な権限委任を行った。この授権により、政府は必要な法令発令について一層の裁量権を得た。

　しかし 2021 年 8 月 29 日の首相談話以降は、ベトナム政府の裁量的かじ取り

の方向性は変化していると見られる。ロックダウンによる果敢な感染症対策の優先に拘わらず、感染拡大が収まらないなか、経済面の影響が限界に達しており、政府としても「ゼロ COVID-19」を後退させ、より経済的影響緩和に配慮するいわば「ウィズ COVID-19」路線へのシフトを見せつつあるのである[2]。

（2）COVID-19 感染症対策の組織体制

　ベトナムでは 2020 年 1 月末にいち早く、国家 COVID-19 予防管理運営委員会が設置され、首相がその長を務め、各省大臣がメンバーである。地方自治レベルでも同様に、省人民委員会の議長を長として省級 COVID-19 予防管理運営委員会が設置され、各地の感染症対策の諮問機能を果たし、実働は各地の共産党リーダーが行政部門と共に担っている。末端の人民委員会は、上位行政と緻密な連絡を取り合いながら、各地の状況に即応した感染症対策を実施することが求められている。

3．COVID-19 感染症対策の具体的内容

（1）危険度分類

　国家 COVID-19 予防管理運営委員会が 2021 年 5 月に発令した決定 2686 号は、4 段階の COVID-19 感染危険リスク評価を行っている。著しい高度危険（レッドゾーン）、高度危険（オレンジゾーン）、低度危険（イエローゾーン）、普通（グリーンゾーン）、の 4 段階であり、その詳細を表 10-2 でまとめた。

　危険度評価は日々変更され、各都市の「COVID-19 マップ」としてウエブサイトで公開されている（図 10-1 参照）。

2）Nguyen, Le & Le（2021）参照。

表10-2：危険度分類

	コミューン・レベル	地区レベル	省レベル
危険度4 （レッド・ ゾーン）	・未確認の感染源で クラスター発生 ・または、工業団地・ 学校・大型スーパー など確認済の源で、 感染が統制不能	・3割以上のコミュー ンで非常に高度な 危険、あるいは5割 以上のコミューンで 高度危険 ・または、過半数のコ ミューンにおける統 制不能な感染源の 発生拡大	・3割以上の地区で 非常に高度な危険、 あるいは5割以上の 地区で高度危険 ・または、過半数の地 区における統制不能 な感染源の発生拡 大
危険度3 （オレンジ・ ゾーン）	・未確認の感染源発 生 ・または、工場・オフィ ス・市場・病院等にお ける非常に高度な 危険 ・または、近隣コミュニ ティにおける非常に 高度な危険	・3割以上のコミュー ンで高度な危険、あ るいは5割以上の コミューンで通常危 険、あるいは1つのコ ミューンで非常に高 度な危険 ・または、2割のコ ミューンにおける統 制不能な感染源の 発生拡大 ・または、省境付近の 省管轄の主要な工 業団地や生産施設 で統制不能な感染 拡大	・5割以上の地区で 通常危険、あるいは 2つ以上の地区で高 度な危険、あるいは1 地区で非常に高度 な危険 ・または、異常な状況 で感染拡大中であ るがテストや検疫が 追い付かない状態 で、一時的に高度危 険を認定すべき条状 況
危険度2 （イエロー・ ゾーン）	・コミュニティ内部で 危険箇所を特定 ・または、工場・オフィ ス・市場・病院等にお ける高度危険 ・または、近隣コミュニ ティにおける高度危 険 ・不法入国や検疫 キャパシティを超える 高度危険	・特定された感染源 で14日以内に10万 人以上が感染 ・または、2割のコ ミューンが非常に高 度な危険、あるいは 3割のコミューンで普 通危険	・特定された感染源 で14日以内に10万 人以上が感染 ・または、2割の地区 が高度な危険、ある いは5割の地区で普 通危険

（出所：筆者による整理）

図10-1：ホーチミン市のCOVID-19マップ（2021年9月3日時点）

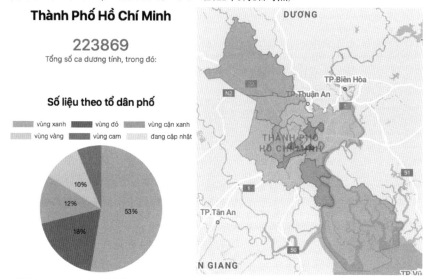

（出所：ホーチミン市情報コミュニケーション局ホームページhttp://vnexpress.net/covid-19/covid-19-viet-nam、2021年9月2日参照）

（2）規制の加重

　こうした国の4段階の危険度分類に沿って行動規制が敷かれているが、省・特別市レベルではさらに追加の規制を設けることもできる。たとえばホーチミン市では、首相指示15号・16号・19号の内容を受けつつも、これをさらに加重した独自基準として市共産党委員会指示12号が実施されている。

　たとえば国のレッドゾーンにおける行動規制の主な内容は以下のとおりである：

①保健省決定3986号/QD-BYTに沿った検疫を行う。

②14日にわたって以下のような行動規制を行う。

・生産活動・企業活動を停止する。ただし生活必需品（食品・薬品・燃料・電力・水・輸出入・医療等）を除く。

・工業団地において、感染症対策を実施しつつグローバル・サプライチェーンへの連結を切らないための生産体制の見直し。

・祭り、文化、スポーツ、娯楽、宗教活動、30名以上の集まる葬儀、20名

以上の集まる結婚式の延期。

・職場・学校・病院における3名以上の集合禁止。互いに2メートル以上の距離を取る。

・公共輸送の停止。

・農産品・生産財原料・産品の輸送車両による運送は感染症対策条件付きで認める。

さらにこれに対して、たとえばホーチミン市のレッドゾーンでは、市共産党委員会指示12号で次のように行動規制を加重している：

・緊急時以外の外出禁止。食品購入のための外出は週2回まで、地方政府の配給券によって行う。

・区レベルでレッドゾーン指定された地域では食品購入の外出も禁止し、食品配送による。

・不要不急の生産・営業・建設・運輸活動の停止。

・銀行・証券は営業継続。

・その他企業は「3名以上の接触禁止」「一方通行」原則に依拠し、政府の指示に従う範囲内で可能。

・伝統的市場は売り手と買い手の間に障壁を設け、操業レベルを通常の3割とし、偶数日奇数日で隔日営業とする。

・行政も隔日出勤とする。

・COVID-19感染拡大中の地域では、地域を囲む隔離壁を設け、公用車、軍、QRコードを有する特別車両・物資、帰省した労働者のみの通行可能とする。

4．経済影響緩和策

（1）COVID-19下の経済の現況

　COVID-19下のベトナム経済は、2020年度中は、政府の迅速な感染症対策の成功により、深刻な影響はなかった。2021年に入っても当初半年はＧＤＰ成長率が5.64％と堅調であったが、しかし7月以降、一転して企業セクターは困難に直面している。政府の報告によれば、2021年1月～7月期で、新規企業

設立数は前年同期比 7.25% マイナスの 114,025 件に落ち込み、これに対して休業・清算企業数は前年同期比 24.18% 増の 85,508 件となっている[3]。このうち 43,165 件は一時的な休業であるが、30,147 件は解散手続を進めており（前年同期比 24.5% 増）、また 12.196 件がすでに清算済である（前年同期比 17.81%）。ホーチミン市に限っても、23,199 社が解散しており（前年同期比 14.8%）、全国の 29.1% を占めている。しかしこの数値は経済的影響の一端を反映しているに過ぎず、現状なお、感染症対策のためにほとんどの企業が営業停止状況にあるのである。清算手続を取りたい会社であっても、感染対策ゆえに手続が遅延しているだけのものも相当数あるはずである。

　他方で貿易面は堅調であり、2020 年中のベトナムの実績は好調で、2,815 億ドルと、前年比 6.5% で伸びを示した。2021 年も 1 〜 7 月までの実績値では前年同期比で財の輸出 25.5% 増、輸入 35.3% 増を示し、輸出の 73.8% を外資が占め、貿易赤字は 27 億ドルであった。

　以上のように COVID-19 の経済的影響は一概には判定できず複雑な側面があることから、政府の対策もいくつかの柱で実施されている。その一つは主に労働者障害者社会問題省が 2021 年決定 68 号に基づき実施する労働者や経営者を支援するプログラムであり、また他に 2021 年政令 75 号に基づくエッセンシャル・ワーカーへの優遇措置がある。以下で詳述する。

（2）経営者に対する支援措置

　企業に対する支援の第一は、公的保険制度の保険金負担率の減免である。労働災害補償制度の保険料は 2021 年 7 月から 2022 年 6 月にかけての 1 年間につき免除されている。また年金保険制度について、従来から保険料を全額支払ってきたが COVID-19 下で被用者の保険料支払いが 15% 以上滞っている企業では、2021 年 4 月から 6 カ月の猶予が実施されている。

　第二は、雇用訓練への支援である。経営者にとって、労働者の雇用維持のために新機軸の事業用の訓練や再訓練のニーズがある場合に、政府の資金支援を

3）企業統計管理局ホームページ（https://dangkykinhdoanh.gov.vn/vn/tin-tuc/597/5418/tinh-hinh-dang-ky-doanh-nghiep-thang-7-va-7-thang-dau-nam-2021.aspx）にて参照。(参照：2021年9月)

得ることができる。最高額は労働者一人当たり月額150万ドンであり、6か月間支給される。しかし筆者の聴取り調査では、とくにホーチミン市・ビンデュン省・ドンナイ省のように感染拡大が深刻化した地域では、この制度の効果は薄いことが判明した。感染拡大中は政府の規制により営業が休止し、支援を得ることのできた企業は筆者の聴取りの範囲では皆無であった。

　第三は、休業中の給与支払いのための公的融資である。2021年5月から2022年3月に政府の指示により休業を行った企業は、休業中の給与支払いのために、ベトナム社会政策銀行から無金利のソフトローンを得ることができる。融資の返済期間は12カ月である。またとくに航空運輸行・観光業・宿泊業・労働力輸出産業では、正規の労働契約があり社会保険料を支払っている労働者に対する賃金支払いについて、無担保で無利子融資を受けることができる。期間はやはり12カ月である。しかし筆者の聴取り調査では、この融資制度の手続は煩瑣であり、融資審査も厳しく、しかし融資金額は限られている等、実効的ではないとの評価であった。とくに担保提供しうる資産を欠く中小企業では、融資を受けることができていない。この制度を実効的なものにするためには、政府による担保保証面の支援措置が必要と考えられる。

　第四は、個人事業世帯への支援であり、2021年5月から2022年3月に15日以上にわたって休業を余儀なくされた個人事業世帯は、一時金3百万ドンを得ることができる。このような現金支給制度は迅速かつ広範に周知されうるかが課題である。統計上の把捉の限界から、利用できていない世帯がどの程度あるかが明らかでない。

（3）労働者への支援

　被用者向けの第一の支援策は、休業中の賃金停止に際する賃金補助制度である。2021年5月から2021年12月の間に、政府の規制により、15日以上にわたって企業・協同組合・公営部門・民間教育組織が休業した際、その被用者は、一時金の支払いを受けられた。1か月以内の賃金なき休業については一人当たり185.5万ドン、それ以上の休業については一人当たり371万ドンである。

　第二に検疫のための休暇に対する支援である。2021年5月から2021年12月の間に、政府の規制により14日以上にわたって検疫や規制地区からの移動

を禁止された正規の労働者は、一時金として一人当たり百万ドンを支給される。

第三は解雇された労働者への支援である。2021年5月から2021年12月の間に、政府の規制の結果として労働契約の終了を余儀なくされた企業・協同組合・公営部門・民間教育組織の労働者は、一時金として一人当たり371万ドンを支給される。

第四は追加支援や児童への支援である。妊娠中の被用者は一人当たり追加で百万ドンを受給する。6歳以下の児童を扶養する両親は、追加で子供一人当たり百万ドンを支払われる。また子供の治療や検疫に対しては、治療費や食料の公助とともに子供一人当たり百万ドンの一時金が支払われる。また感染者に対する食糧支援として、45日間にわたり、一日一人当たり8万ドンが支給される。また検疫のための食糧支援として、21日間にわたり、一日一人当たり8万ドンが支給される。

第五に、職能レベル4級以上の資格を有する芸術監督・俳優・画家が2021年5月から2021年12月の間に、政府の規制により15日以上にわたり活動休止を余儀なくされた場合は、一時金として一人当たり371万ドンが支給される。

第六に、資格を有する観光ガイドも、2021年5月から2021年12月の間に政府の規制により15日以上にわたり活動休止を余儀なくされた場合、一時金として一人当たり371万ドンが支給される。

最後に、正規の労働契約のない被用者に対しては、状況により、また各省・市の財政的制約の範囲で、休業日数に応じて一人当たり5万ドンから1.5百万ドンが支給されうる。

以上の支援措置が実際にどのように機能しているかについては、正確な統計データがないが、問題が散見される。労働者への現金支給は居住地の近隣組を通じて実施されるのだが、近隣組のリーダーが居住者を把握しているとは限らず、支給漏れの原因となっている。逆に受給資格がないのに受給するケースもまま見られる[4]。というのはこれらの労働者への支援制度は2020年度から実施が開始したものもあり、その支給が完了しない間に翌年度の支給が開始したため混乱が起こっている。正確な住民台帳システムが完備していないことがそ

4）重複受給問題の実態について、Pham（2021）、またHung（2021）参照。

もそもの原因である。

また第二の問題として、これらの支援措置が一時金の支給に留まっており、労働者が直面する本質的な問題の解決に及んでいないことが指摘される。食糧・健康・労働環境・自宅で待機する子供の教育などをめぐる多様な問題が残されている[5]。

第三の問題として、これらの労働者を主たる対象とする支援措置が、真に支援を必要とする対象群に届いていない現実がある。たとえばCOVID-19のもとで孤児が急激に増えているなどの社会課題があり[6]、対策が必要であろう。

第四の問題として、今後、経済活動を徐々に再開する準備を進める過程で、労働者が職場復帰するための支援が必要となるだろう。とくに故郷に戻っていた労働者たちの職場への帰還は課題であるが、現状は地域を跨る移動は規制されている。このままでは、とくにホーチミン市など経済的中心でありながら感染拡大が深刻である地域では、労働需要のひっ迫は時間の問題であろう。移動手段の支援や生活再建費用の補助などの配慮を通じて、影響緩和が図られるべき局面である。

以上のように労働者に向けられた支援措置は、真のニーズに必ずしも対応できているとは言いにくい。しかしCOVID-19の影響で国家財政じたいがひっ迫する中で、どこまで、どのような公助の積増しが可能か、今後の根本的な検討課題となろう。

5．COVID-19下のベトナムの中小企業セクター

（1）第四波下の中小企業支援策

筆者らは、2021年初頭、中小企業セクターの置かれた現状についての聴取り調査を実施した。その詳細はDuong, Vu & Pham（2021）にまとめている。調査対象企業の業種別内訳は小売業3社、観光業3社、製造業3社である。そ

5）ベトナム保健省の報告書による。Ministry of Health of Vietnam（2021）参照。
6）共産党ホーチミン市委員会ホームページで報告されている。https://www.hcmcpv.org.vn/tin-tuc/tphcm-ho-tro-van-dong-nguon-luc-cham-soc-nuoi-duong-tre-em-mo-coi-cha-me-vi-dich-covid-19-1491884785（参照：2021年9月）

の全企業が売上げの大幅な落ち込みを経験中であり、賃料や賃金等の支払いに困窮し、操業が困難となっているとした。また特に小売業の全社が、長期的な顧客関係を失ないサプライチェーンが崩壊しているとした。雇用面では、製造業と小売業では全社が雇用を維持し通常の賃金の支払いを継続しており、解雇も実施していないが、これに対して観光業では全社がすでに2020年3月〜4月に大規模な解雇を実施している。全9社とも政府に対する補助措置を申請したが、賃金カット分に対する極めて少額の補填支援を得たに留まる。また9社中の3社が取引先の金融機関に元利返済の猶予を要請し、うち2社は成功したが、1社は金融機関に断られたとした。以下ではこれらの聴取り結果を踏まえつつ、COVID-19下のベトナムの中小企業セクターが置かれた状況について検討したい。

　まずは2021年4月の第四波以降、ベトナム政府が徐々に強化しつつある中小企業向けの支援策を確認する。政府はまた同時に工業団地や輸出加工区などでのワクチン一斉接種など、操業継続の前提となる感染症対策にも重点を置いている。

　政府の中小企業支援策の第一は、2021年政府決定78号による遠隔地間の輸送促進策である。たとえば運輸省は遠隔地輸送用の車両のために高速道路のグリーン・レーンを設け、各車両のＱＲコードにより優先通行を認めるなどのＩＴ化を活用している。しかし各地での地方政府の受け止めは、感染症拡大への恐れから、複雑である。

　第二は、政府決定68号による労働者・経営者支援の12の施策である。上述した労働災害補償保険や失業保険の保険料減免や、休業中の賃金補填のための融資は、この一環である。電力料金、水道料金、通信料の引下げ等もこの一環で行われている。

　第三は、金融獲得への支援である。ベトナム国立銀行（中央銀行）は、2020年度から実施していた金融機関に対する債務繰り延べ・免除・金利減免の促進措置（2020年1号通達）を、2021年も若干改良のうえ継続している（2021年3号通達・14号通達）。しかしながらこれらの措置は実務上まったく効果を挙げてはいない。その原因の一つは手続要件の煩雑さにある。また公的信用保証制度が存在しないなか、民間銀行がCOVID-19下のリスクテイクに及び腰で

あることが原因と考えられる[7]。筆者の聴取り調査では、全体の3割の企業が金融機関の支援を求めたが最初から門前払いを食らったとしている。

第四は、財政的支援である。ベトナム国会はすでに2020年6月の116号決定により、法人税の減免を決定した。これにより2020年期の収益2億ドン以下の事業者は法人税の3割の減免を得た。2021年の上半期には、政令52号により付加価値税・法人税・個人所得税・土地リース税の減税措置が、合計115兆ドン分実施されている。その他公租公課の減免措置等を併せると全体で138兆ドンに上る財政的措置となっている。

政府はさらに、2021年度下半期に向けて20兆ドン分の追加の租税減免措置を国会常務委員会に提出準備中であるとし、その内訳は法人税の3割減税、個人所得税の5割減税、付加価値税の3割減税などを含む。これらの措置は企業の経営再建を後押しするものとして歓迎の声が強い。

このように政府も経済支援措置に努めているのであるが、企業セクターの期待には十分応えるものとなっていない。企業セクターからは手続の簡素化や、アクセスしやすい地元政府窓口での手続などを求める声があるとともに、大胆な減免税措置への期待が高まっている。

（2）中小企業への聴取り結果

筆者らの中小企業聴取り結果によれば、目下直面している最大の課題として共通して挙げられた回答は、売上げの激減であった。発注激減、契約の解約などにより、売上げは平常時の4～5割に落ち込んでおり、とくに観光業等では7～8割となっている。

第二の課題は収益減少であり、なかでも観光業の回答ではいずれも収益がゼロであった。航空産業では2020年中に前年同期比6割減、さらに2021年に入って8割減となっている。

第三の課題は、省の境をまたぐ長距離の材料調達・製品販売の困難である。これは各地の政府対応が安定的でないためであり、たとえば省境をまたぐたびに自己負担によるPCR検査の実施を求められ甚だしいコストアップ要因と

7）金融機関のリスク回避行動については、Ha A.（2021）他が同様の指摘を行っている。

なっており、またそのつど14日間の検疫目的で省境での待機を余儀なくされることもあるという。結果としてデリバリーが遅れ、在庫の積み上がりにより倉庫の使用費が増大し、船舶の輸送費の高騰、一部の部品の欠落による生産ライン全体の途絶など、多様な営業上の混乱が生じている[8]。

　第四に、国の公助に対する評価は不明である。というのは、手続条件が極めて厳しいため多くの回答企業は公助の活用を諦めてしまっている。また公助を活用したくとも、要件に当てはまらないため受給できない事業者もあり、公助の偏在が問題である。

6．結論と提言

　ベトナム共産党と政府、またその他関係機関は、COVID-19という未曽有の困難に対処するために、人民や企業と共に多大な努力を行っている。しかしながら、感染症対策と経済的影響緩和策を両立させるための道のりは険しい。そうしたなか、筆者らによる労働者や企業経営者への聴取りからは、緊急の必要性があるいくつかの法的な改善課題も見えてきている。

　まず第一に、政策が導入されながらも実際には機能していない局面が散見されており、その改善が課題である。とくに政府による経済的支援策では、手続の煩雑さが実施を阻害していることが分かった。柔軟に、住民台帳や企業登録等のデータベースなどのＩＴ技術を活用しつつ、公助のアクセスを高める効率化が可能なはずである。

　第二に、労働者に対する支援では単に一回的な現金支給に留まらず、より包括的なサポート・パッケージが創出されるべきである。孤児の増加問題や、いまだ国民に行きわたっていない健康保険制度の確立や、失業保険制度のあり方、山猫ストを避けながらも労使紛争をより適切に解決するためのよりよい手続など、課題は多い。

　第三に、多岐にわたる関連法令の統一化も課題である。国内各地で、異なる省・市で裁量的な法の運用が見受けられ、遠隔地間の物資輸送などに大きな障

8）Ngoc & Chi（2021）他でも同様の指摘がなされている。

害をもたらしている。省間運送に関しては各地ばらばらの条例を廃止し、共通規則の定立が望まれる。その意味では、最近導入されたグリーン輸送レーンなどの国の施策は歓迎されるものであり、サプライチェーンの正常化に役立っている。またすべての国民・事業者にわかりやすく政府施策の全体像を一括して伝えるための統一的な情報発信が必要である。

第四に、COVID-19で影響を受けた事業者に対する公租公課減免等の財政的支援については、決定の迅速化が不可欠である。現在、この点につき、国会常務委員会が新たな決定草案を審議中である。

第五に、事業者に対する金融的支援の促進は、より注目を要する課題である。現在、少なからぬ企業は政府による支援にアクセスできず、また金融機関の協力も得られていない。COVID-19下の金融機関の行動はそれぞれ多様性を見せているが、一点、共通して言えることは新規融資に対する消極性である。この状況は中小企業にとって著しく不利となり、倒産や清算の急増が懸念される。ベトナム国立銀行は明解な指示を発することによって、民間セクターが債務繰り延べや債権譲渡などを合理的に自由選択できるよう環境を整えるべきである。また政府は公的信用保証制度の確立を検討すべきである。

第六に、首相が最近言及しつつある今後「COVID-19と共に生きる」精神について、政府は具体的なシナリオを示すべきである。感染症の今後の状況が収束に向かうのかまん延が拡大するのか読めないなか、医療体制のキャパシティの限界、経済的影響の限界、人々の生活スタイルの転換など、考慮すべき変数は数多い。だからこそ、国や地方の政府当局は、いくつかの具体的な見通しを慎重に検討することにより、感染症対策と経済的影響の両方を実現する目標へ向けて最適解をもたらしうるよう、現在のロックダウンの緩和を徐々に進めていくべきであろう。

参考文献

・Duong A.S., Vu K.H.D. & Phan T.H.G.（2021）*Template on the COVID-19 Response and Economic Impact Mitigation Measures: Vietnam*, Kobe University Center for Social System Innovation
・Ha A.（2021）"Interest rates fall, businesses still find it difficult to access the capital

resources," https://cand.com.vn/doanh-nghiep/Lai-suat-giam-doanh-nghiep-van-kho-tiep-can-von-re-i583008/. (参照：2021年10月28日)

・Hung T. (2021) "Distributing money to support 3rd phase: Still waiting for improving", *Tuoi Tre Online* https://tuoitre.vn/phat-tien-ho-tro-dot-3-van-cho-hoan-thien-20211014191219486.htm. (参照：2021年10月28日)

・Ministry of Health of Vietnam (2021) "Sharing difficulties, practical support for people to overcome the pandemic," https://moh.gov.vn/tin-lien-quan/-/asset_publisher/vjYyM7O9aWnX/content/chia-se-kho-khan-ho-tro-thiet-thuc-cho-nguoi-dan-cung-vuot-qua-ai-dich. (参照：2021年10月28日)

・Ngoc A. & Chi T. (2021) "Goods are difficult to pass the quarantine checkpoint," https://tuoitre.vn/hang-hoa-kho-qua-chot-kiem-dich-20210608092246393.htm. (参照：2021年10月28日)

・Nguyen P.T., Le N.L.N. & Le M.K. (2021) "DELTA Verdict - A view of the COVID-19 pandemic," an article presented in the homepage of Vietnam National University https://covid19.vnuhcm.edu.vn/bien-the-delta-goc-nhin-ve-dai-dich-covid-19/. (参照：2021年10月28日)

・Our World Data (2021) "Coronavirus Pandemic (COVID-19) - Statistics and Research," an article presented at the webpage of the Our World in Data https://ourworldindata.org/coronavirus. (参照：2021年10月28日)

・Phan A. (2021) "HCMC: What do leaders say about hundreds of cases "wrongly receiving" support for the 3rd phase?" https://nld.com.vn/thoi-su/tp-hcm-lanh-dao-nganh-xa-hoi-noi-gi-ve-hang-tram-truong-hop-nhan-nham-tien-ho-tro-dot-3-20211025193136811.htm. (参照：2021年10月28日)

索引

◉執筆者一覧（執筆順）

金子 由芳（かねこ ゆか）　序章・第1章・第6章執筆、第7章〜第10章翻訳
神戸大学社会システムイノベーションセンター副センター長、教授。博士（法学）。アジア比較法を専攻。日本法社会学会理事、日本災害復興学会副会長、また Law & Society Association や Asian Law & Society Association 他の国際学会において国際研究連携を展開。また国際協力機構（JICA）環境社会配慮ガイドライン異議申立審査役（2016~ 現在）として、持続可能な開発の実現に向けた社会実装に取り組む。主著に『アジア金融危機と法制改革』（信山社 2004）、『法整備支援論』（ミネルヴァ書房 2007）、『アジアの法整備と法発展』（大学教育出版 2010）、『震災復興学』（ミネルヴァ書房 2015）、*Asian Law in Disaster: Toward a Human-Centered Recovery*（Routledge 2016）、『ミャンマーの法と開発』（晃洋書房 2018）、『アジアの市場経済化と民事法―法体系の模索と法整備支援の課題』（神戸大学出版会 2019）、*Civil Law Reforms in Post-Colonial Asia: Beyond Western Capitalism*（Springer 2019）、*Land Law and Disputes in Asia: In Search for an Alternative Development*（Routledge 2021）、*Insolvency Law Reforms in the Asian Emerging Economies: Consequences of the Donor Model Designed for Economic Crises*（Springer 2022）等がある。

髙井 章光（たかい あきみつ）　第2章執筆
弁護士・髙井総合法律事務所、日本弁護士連合会日弁連中小企業法律支援センター副本部長、一橋大学大学院法学研究科ビジネスロー専攻特任教授、東京大学大学院法学政治学研究科非常勤講師。1993年東京大学法学部卒業後、1995年より第二東京弁護士会に登録。東京商工会議所会員、日本私法学会会員、日本民事訴訟法学会会員。2014年より日弁連中小企業法律支援センター事務局長に就任して、日弁連の中小企業法務施策の第一戦を牽引し、また司法試験考査委員（倒産法）、原子力損害賠償紛争審査会特別委員、全国倒産処理弁護士ネットワーク理事等の要職を務める。そのほか中小企業庁の事業承継施策に関する多くの検討会の委員や全国銀行協会が事務局の「中小企業の事業再生等に関するガイドライン」研究会委員を務める。主著に『継続的取引における担保の利用法』（商事法務 2020）、『事業承継法務のすべて〔第2版〕』編集・共著（きんざい 2021）、『中小企業法務のすべて』編集・共著（商事法務 2017）、「事業譲渡に対する否認権行使」『民事手続法の発展　加藤哲夫先生古稀祝賀論文集』（成文堂 2020）、「詐害行為取消権と否認権の関連性」『社会の発展と民法学　近江幸治先生古稀記念論文集』（成文堂 2019）、「実務からみた強行法・任意法」「いわゆる業法と強行法・任意法」いずれも近江幸治・椿寿夫編著『強行法・任意法の研究』（成文堂 2018）等がある。

赤西 芳文（あかにし よしふみ）　第3章執筆
弁護士・富士パートナーズ法律事務所。元・大阪高裁裁判長。元・近畿大学法科大学院教授。現在は弁護士業務の傍ら、関西学院大学大学院司法研究科非常勤講師、関西大学法学研究所委嘱研究員などの立場で教育研究活動を継続中。日本民事訴訟法学会会員、日本法社会学会会員。近時の著作として、「強制執行における日本法とミャンマー法の比較の試み」（近畿大

学法科大学院論集第 14 号 2018、また『アジアの市場経済化と民事法』神戸大学出版会 2019 所収)、「「まかせる」との遺言文言の解釈について，事実認定手法の観点からの 1 考察」(近畿大学法科大学院論集第 12 号 2016)、「システム開発訴訟における 2，3 の問題点」(『大改正時代の民法学』所収，成文堂 2017)、"Issues of Compulsory Execution in Myanmar"(*Civil Law Reforms in Post-Colonial Asia*, Springer 2019 所収)、編著『事例解説　当事者の主張にみる婚姻関係の破綻』(新日本法規出版 2019)、編著『婚姻契約　離婚協議　条項例集』(新日本法規出版 2021)、「財産承継と対抗問題に関する実務的検討」(関西大学法学研究所　研究叢書第 67 冊 2021) 等がある。

川嶋 四郎（かわしま しろう） 第 4 章執筆
同志社大学法学部・大学院法学研究科、教授。博士（法学）。専門は民事訴訟法。日本学術会議会員。日本民事訴訟法学会理事、司法アクセス学会理事、臨床法学教育学会理事、仲裁 ADR 法学会理事等を経験。ベトナム等における法整備支援に関与。民事訴訟を中核とする民事紛争解決手続を「法的救済過程」として捉え、民事手続法の領域に関する諸問題を研究。単著として、『民事訴訟過程の創造的展開』(弘文堂 2005)、『差止救済過程の近未来展望』(日本評論社 2006)、『民事救済過程の展望的指針』(弘文堂 2006)、『アメリカ・ロースクール教育論考』(弘文堂 2009)、『日本人と裁判』(法律文化社 2010)、『民事訴訟法』(日本評論社 2013)、『公共訴訟の救済法理』(有斐閣 2016)、『民事訴訟法概説〔第 3 版〕』(弘文堂 2019)、『民事訴訟の簡易救済法理』(弘文堂 2020)、『日本史の中の裁判』(法律文化社 2022〔近刊〕) のほか、共著として、『判例民事訴訟法入門』(日本評論社 2021)、『民事裁判 ICT 化論の歴史的展開』(日本評論社 2021)、『民事執行・保全法』(法律文化社 2021)、『はじめての民事手続法』(有斐閣 2020)、『民事手続法入門〔第 5 版〕』(有斐閣 2018)、『テキストブック現代司法〔第 6 版〕』(日本評論社 2015)、『レクチャー日本の司法』(法律文化社 2014)、『会社事件手続法の現代的展開』(日本評論社 2013) 等がある。

豊島 ひろ江（とよしま ひろえ） 第 5 章執筆
弁護士・中本総合法律事務所、公益社団法人日本仲裁人協会理事・関西支部事務局長、一般社団法人日本国際紛争解決センター理事を務め、日本における国際仲裁の振興に取り組む。長年にわたり大阪弁護士会中小企業支援センター協力弁護士として中小企業の海外進出等を支援する。大阪弁護士会司法委員会 IT 裁判部会に属し模擬裁判や意見書作成等に携わる。大阪弁護士会法律相談センター新型コロナウイルスに関する電話相談担当（2020 年 6 月から 2021 年 11 月まで）。アジア国際法学会日本協会理事・会員、日本民事訴訟法学会会員。近時の著作に「東南アジア 4 か国のジョイント・ベンチャー法制と実務対応——インドネシア・マレーシア・タイ・ベトナム」(共著、商事法務、2021)、「知っておきたい国際仲裁～海外ビジネストラブルへの身近な備え～（第 5 回）仲裁審理のポイント」NBL 1195 (2021.6.1) 号、「破産債権・再生債権の確定後の債権消滅・変更に対する処理——債権者表の記載と実体法上の権利関係に齟齬がある場合の事例処理を中心に，最高裁決定平成 29 年 9 月 12 日を踏まえた残された問題について若干の考察をする」(共著論文、「続・争点　倒産実務の諸問題」青林書院 2019) 等がある。

金 暎根（キム ヨングム） 第7章執筆
高麗大学グローバル日本研究院社会災難安全療養センター所長・教授。博士（国際関係論）。地域研究領域における日本学、また政治社会学者として活躍中である。研究関心は、災害後の経済的復興、安全対策におけるガバナンス、人間の安全保障、リスク社会論に及ぶ。啓明大学校准教授、エール大学客員研究員などを経て現職。最近の主要論文として、"Risk Communication in Disaster Management: COVID-19 Financial Support for Small and Medium-Sized Enterprises (SMEs) in South Korea", *Crisisonomy* (2021); "Reciprocity in South Korean Security Policy vis-à-vis North Korea and the United States," *Asian Perspective* (2013); "A Transformation of Japanese Economic Policy after Disasters: Comparative Analysis among the Great Kanto, Hanshin-Awaji, the Great East Japan Earthquake and the Post-World War Ⅱ" *Thinking after the Disaster: 92 Analyses and Proposals for Facing the 3.11 Great East Japan Earthquake* (2013) など多数。

鄭 旼政（ジョン ミンジュン） 第7章執筆
神戸大学大学院国際協力研究科博士後期課程在学。災害社会学を専攻。国連アジア太平洋経済社会委員会（UNESCAP）や国際復興支援機構（IRP）等の国際機関での経験を活かし、国際比較の見地から、災害における脆弱性の要因分析と解決策の提言に取り組んでいる。

Rudy（ルディ） 第8章執筆
インドネシア国立ランプン大学法と開発研究所所長、准教授。博士（法学）。2015年から現在までインドネシア国会上院（民族院 Dewan Perwakilan Daerah）の立法委員会顧問を務め、最近では公務員法改正、デジタル政府法など、インドネシア全土に関わる法政策の改善に取り組んでいる。主著として、『インドネシア憲法体制における慣習法と慣習コミュニティの認定』（原語 Pengakuan Hukum Adat dan Masyarakat Adat dalam Sistem Ketatanegaraan Indonesia, Rajawali 2021）があり、また国際共著として *Civil Law Reforms in Post-Colonial Asia: Beyond Western Capitalism* (Kaneko eds., Springer 2019); *Land Law and Disputes in Asia: In Search for an Alternative Development* (Kaneko, Kadomatsu & Tamanaha eds., Routledge 2021) 等がある。

Chaidir Ali（チャイディル・アリ） 第8章執筆
インドネシア国立ランプン大学法と開発研究所特任研究員。ランプン大学で学士（法学）取得後、インドネシア大学にて修士（法学）を取得。主要論文として、"The Republic of Indonesia Police Department: Legal Culture and Law Enforcement," International Journal of Innovation, Creativity and Change, 2020; Bawaslu Shifting Towards Quasi-Judicial Body: Institutional Design Failure?, 2nd Indonesia-Australia-Netherland-New Zealand-Japan (IANJ) Social Legal Studies on Indonesia, 2019 等がある。

Kristoffer Berse（クリストファー・ベルゼ） 第9章執筆
フィリピン大学レジリアンス研究所所長、同大学ディリマン校公共政策学部准教授。博士

（工学）。フィリピン大学で学位取得後、東京大学で都市工学・環境学を学び修士・博士の学位を取得した。国際レジリアンス改革助言委員会（International Advisory Board of the Reform for Resilience Commission）のアジア太平洋部門委員、また東南アジア助言ネットワーク（Southeast Asia Science Advice Network）委員など国際的に活躍し、災害ガバナンス、危機管理、気候変動対策、公共政策、地域連携の領域で成果を重ねている。2019年にはフィリピン社会科学院のVirginia Miralao優秀賞を受賞。

Kristen Dedase（クリステン・デダセ）　第9章執筆
フィリピン大学レジリアンス研究所特任研究員。フィリピン大学ディリマン校公共政策学部で極めて優秀な成績（*magna cum laude*）で学士を取得し、台湾国立政治大学で修士号を取得後、現在、フィリピン大学公共政策学部で開発ガバナンスの教鞭を執る。レジリアンス、災害リスク管理について探究するとともに、アジア太平洋諸国の開発政策、とくに中小企業・産業技術革新等の民間セクター開発について、グリーン開発と産業化の両立の視点から研究中。

Lianne Depante（リアンヌ・デパンテ）　第9章執筆
フィリピン大学レジリアンス研究所特任研究員。前職はフィリピン有数の大手銀行での課長補佐であり、大企業から中小企業にわたる企業セクターの財務審査に精通する。フィリピン大学ディリマン校公共政策学部にて優秀な成績（*cum laude*）で学士を取得、またフィリピン大学マニラ校経営学・ビジネス学研究科で最優秀の成績で修士号を取得。研究対象は災害リスク金融、持続的開発における金融、国際金融、金融グローバル化、零細中小企業金融等である。

Duong Anh Son（ズオン・アイン・ソン）　第10章執筆
ベトナム国立大学ホーチミン経済法科大学法学部長、教授。博士（法学）。1993年にモルドバのキシナウ大学で学士号を取得、2002年にモルドバ国際大学で博士号を取得。ベトナム契約法が専門であり、国内外で20余りの論文を公表している。国際商事法にも精通し、主にロシア語で多くの著作がある。主な研究成果として、政府受託科学研究事業「ベトナム契約法の改善に関する科学的証拠」（2010）、国際商事契約法の教科書（2005, 2007, 2009, 2011, 2018）等がある。

Vu Kim Hanh Dung（ヴ・キム・ハイン・デュン）　第10章執筆
ベトナム国立大学ホーチミン経済法科大学法学部講師。博士（法学）。2013年に韓国で修士号を取得、2020年に神戸大学大学院国際協力研究科で博士号を取得してのち、母校であるベトナム国立大学ホーチミン経済法科大学で教鞭を執る。国際契約法、判例法、慣習法を専攻。主な研究成果として、ベトナムの不採算国営企業の整理に関する評価研究（2018）, 国際物品売買条約（CISG）に関する国際的判例のベトナムにおける適用（2019）、ベトナムにおける判例の性格（2020）、ベトナムの商事仲裁における女性の参加に関する研究（2021）等がある。

コロナ禍の中小企業と法変化
揺れ動く日本・アジアの公助と契約文化

2022 年 8 月 30 日　初版第 1 刷発行

編者―――金子由芳

発行―――神戸大学出版会

〒 657-8501 神戸市灘区六甲台町 2-1

神戸大学附属図書館社会科学系図書館内

TEL 078-803-7315　FAX 078-803-7320

URL: https://www.org.kobe-u.ac.jp/kupress/

発売―――神戸新聞総合出版センター

〒 650-0044 神戸市中央区東川崎町 1-5-7

TEL 078-362-7140 ／ FAX 078-361-7552

URL:https://kobe-yomitai.jp/

印刷／神戸新聞総合印刷